普通高等教育经济管理类"十三五"规划教材

应用统计与实务

YINGYONG TONGJI YU SHIWU

主　编　曹玲玲
副主编　许忠荣　姜丽丽

华中科技大学出版社
http://www.hustp.com
中国·武汉

图书在版编目(CIP)数据

应用统计与实务/曹玲玲主编. —武汉:华中科技大学出版社,2019.8(2025.1重印)
普通高等教育经济管理类"十三五"规划教材
ISBN 978-7-5680-5387-7

Ⅰ.①应… Ⅱ.①曹… Ⅲ.①应用统计学-高等学校-教材 Ⅳ.①C8

中国版本图书馆 CIP 数据核字(2019)第 158281 号

应用统计与实务	曹玲玲 主编
Yingyong Tongji yu Shiwu	

策划编辑:聂亚文
责任编辑:郑小羽
封面设计:孢 子
责任监印:朱 玢
出版发行:华中科技大学出版社(中国·武汉)　　电话:(027)81321913
　　　　　武汉市东湖新技术开发区华工科技园　　邮编:430223
录　　排:华中科技大学惠友文印中心
印　　刷:武汉市籍缘印刷厂
开　　本:787mm×1092mm　1/16
印　　张:17.5
字　　数:448 千字
版　　次:2025 年 1 月第 1 版第 4 次印刷
定　　价:48.00 元

本书若有印装质量问题,请向出版社营销中心调换
全国免费服务热线:400-6679-118　竭诚为您服务
版权所有　侵权必究

前言
PREFACE

应用统计学是一门关于数据的收集、整理和分析的方法论学科,是教育部规定的高等院校经济管理类专业的一门基础课程。统计学是一门实用性很强、应用面很广的课程,社会各行各业对统计学的要求都在不断提高。为了能够更好地培养应用型技术人才,我们结合教学实际需求编写了这本教材。该教材相对于市面上其他的统计学教材具有以下特点:

第一,遵循"学以致用"的原则,简化和省略了繁杂的计算推导,重视统计实践结果的经济含义的表述,加深学生对统计思想的理解。

第二,为了强化统计学的应用性,有些章节设计了相关的拓展阅读模块。通过学习,学生可以掌握统计图、人口普查、股票指数编制、相关分析和统计综合评价等统计知识在实际经济生活中的运用。同时结合理论知识,增设了基于Excel的实验项目(以二维码形式呈现),不断增强学生的实践操作能力。

第三,为了方便教师组织教学,本书配有教学辅助资料,包括全套教学PPT课件、实验项目操作流程等。凡以本书作为统计学教材的教师均可与华中科技大学出版社联系,免费获取以上教学资源。

本书由曹玲玲担任主编,许忠荣和姜丽丽担任副主编。具体编写分工如下:全书的教学大纲由曹玲玲制订,第一章和第二章由许忠荣编写,第三章到第六章以及第九章、第十章由曹玲玲编写,第七章和第八章由姜丽丽编写。全书由曹玲玲统稿、定稿。

编写人员在编写本书的过程中参阅了大量的文献资料,同时得到了华中科技大学出版社的大力支持,在此一并表示由衷的感谢。

由于水平有限,本书难免存在不足之处,恳请各位专家和读者提出宝贵意见。

编 者
2019年5月

目录
CONTENTS

- 第一章　统计学概论 ··· 1
  - 第一节　统计学的产生与发展 ·· 2
  - 第二节　统计学的研究对象 ·· 4
  - 第三节　统计工作的基本环节和统计方法 ·· 7
  - 第四节　统计学的基本概念 ·· 9
- 第二章　数据的收集、整理与显示 ·· 13
  - 第一节　数据的收集 ··· 14
  - 第二节　数据的整理 ··· 23
  - 第三节　数据的显示 ··· 32
- 第三章　数据分布特征描述 ·· 41
  - 第一节　数据的集中趋势 ··· 42
  - 第二节　数据的离散程度 ··· 56
  - 第三节　偏度和峰度的测定 ·· 62
- 第四章　指数分析和对比分析 ··· 67
  - 第一节　相对指标 ·· 68
  - 第二节　指数的概念和种类 ·· 71
  - 第三节　综合指数 ·· 74
  - 第四节　平均指数 ·· 78
  - 第五节　指数因素分析 ·· 83
  - 第六节　常用的统计指数 ··· 91
- 第五章　参数估计 ·· 99
  - 第一节　抽样分布 ·· 100
  - 第二节　抽样误差 ·· 106
  - 第三节　点估计及其评价标准 ··· 109
  - 第四节　区间估计 ·· 110
  - 第五节　必要抽样数目的确定 ··· 115
- 第六章　假设检验 ·· 123
  - 第一节　假设检验概述 ·· 124
  - 第二节　总体参数的假设检验 ··· 126

第七章 相关与回归分析 ... 137
- 第一节 相关与回归分析概述 ... 138
- 第二节 相关图、相关系数 ... 140
- 第三节 回归分析的内容 ... 145
- 第四节 一元线性回归分析 ... 146
- 第五节 多元线性回归分析 ... 158

第八章 方差分析 ... 167
- 第一节 方差分析概述 ... 168
- 第二节 单因素方差分析 ... 171

第九章 时间序列分析 ... 177
- 第一节 时间序列分析概述 ... 178
- 第二节 时间序列的水平分析 ... 181
- 第三节 时间序列的速度分析 ... 191
- 第四节 长期趋势测定 ... 198
- 第五节 季节变动的测定 ... 210
- 第六节 时间序列预测 ... 213

第十章 统计综合评价 ... 225
- 第一节 统计综合评价概述 ... 226
- 第二节 评价指标的选取 ... 228
- 第三节 评价指标的规范化处理 ... 230
- 第四节 指标赋权 ... 233

附录 A ... 251
- 附表一 随机数表 ... 252
- 附表二 标准正态分布表 ... 253
- 附表三 t 分布临界值表 ... 255
- 附表四 χ^2 分布临界值表 ... 257
- 附表五 F 分布临界值表 ... 260
- 附表六 单样本 K-S 检验统计量表 ... 263
- 附表七 符号检验界域表 ... 264
- 附表八 游程检验临界值表 ... 265
- 附表九 相关系数临界值表 ... 267
- 附表十 Spearman 等级相关系数临界值表 ... 269
- 附表十一 Kendall 等级相关系数临界值表 ... 270
- 附表十二 控制图系数表 ... 272

参考文献 ... 274

第一章
统计学概论

YINGYONG TONGJI
YU SHIWU

在日常生活中,我们经常接触到各种数据,如每日的天气状况、每日的股市行情、每月的公司业绩、每年的 GDP 总量等。理解并掌握与数据有关的课程对普通大众是有必要的,对政治家或管理者更为重要。要管理好一个国家或地区,要经营好一家公司或企业,在制定政策及检查政策的执行情况方面,在采取措施及检验决策的效果方面,往往离不开数据。因此,一门与数据紧密相关的学科——统计学诞生了。

第一节 统计学的产生与发展

人类的统计实践活动是随着计数活动而产生的。因此,统计发展的历史可追溯到远古的原始社会。但是,将人类的统计实践上升到理论并予以总结和概括,使之成为一门系统的科学——统计学,却是近代的事情,距今只有 300 多年的历史。

一、统计学的发展历程

统计学是长期统计实践活动的理论总结。统计实践的发展,客观上要求在理论高度上对统计实践活动进行系统、科学的总结并指导实践活动,这从根本上促进了统计学理论的不断发展和完善。从统计学的产生和发展过程来看,大致可以分为三个时期:萌芽期、近代期、现代期。

(一)萌芽期(17 世纪中叶—18 世纪)——古典统计学

1. 国势学派

国势学派产生于 18 世纪的德国,代表人物主要是海尔曼·康令(H. Conring)和高特弗里德·阿亨瓦尔(G. Achenwall,1719—1772)。国势学派所做的工作主要是对国家重要事项进行记录,因此又称为"记述学派"。严格来讲,这一学派的研究对象和研究方法都不符合统计学的要求,但国势学派对统计学的创立和发展做了不少贡献:

(1)为这门新兴的学科起了一个至今仍为世界公认的名字"统计学"(statistics);

(2)提出了至今仍为统计学者所采用的一些术语,如"显著事项""统计数字资料""数字对比"等。

国势学派主要用对比的方法研究各国实力的强弱,在对比方面是较为成功的,但国势学派在分析显著事项时缺乏数字内容,大多以文字进行表述,因此只有统计学之名,无统计学之实。

2. 政治算术学派

政治算术学派产生于 17 世纪的英国,代表人物为英国的威廉·配第(W. Petty,1623—1687)和约翰·格朗特(J. Graunt,1620—1674)。政治算术学派对统计学的主要贡献:

(1)不仅进行了社会经济现象的数量登记、列表、汇总、记述等,还把这些统计经验加以全面系统的总结,并从中提炼出某些理论和原则。

(2)在搜集资料方面,提出了"大量观察法""典型调查""定期调查"等思想。

(3)在处理资料方面,广泛运用了分类、制表以及各种指标来浓缩与显现数据资料的内涵信息。

(二)近代期(18世纪末—19世纪)——近代统计学

1. 数理统计学派

数理统计学派产生于19世纪,代表人物为法国的皮埃尔-西蒙·拉普拉斯(P. S. Laplace,1749—1827)和比利时的阿道夫·凯特勒(A. Quetelet,1796—1847)。

拉普拉斯是第一个把概率论引进统计学领域的,他是一位天文学家、数学家、统计学家,他对统计学的贡献:①阐明了统计学的大数法则;②进行了大样本推断的尝试。

比利时的统计学家、数学家、天文学家凯特勒则完成了统计学和概率论的结合,使统计学开始进入更为丰富发展的新时期。国际统计学界有人称凯特勒为"近代统计学之父",就在于他发现了大量现象的统计规律性和开创性地应用了许多统计方法,他把统计学发展中的三个主要源泉(国势学派、政治算术学派、古典概率学派)加以统一、改造并融合成具有近代意义的统计学。可以说,凯特勒是古典统计学的完成者,是近代统计学的先驱者,也是数理统计学派的奠基人,在统计学发展史上具有承上启下、继往开来的地位。

2. 社会统计学派

19世纪后半叶,由德国克尼斯(Knies)首创,并以厄恩斯特·恩格尔(Engel)等为代表人物,兴起了社会统计学派。这个学派认为,统计学的研究对象是社会现象,目的在于明确社会现象内部的联系和相互关系;统计应包括资料的搜集、整理以及对资料的分析研究。他们认为,在社会统计中,全面调查(包括人口普查、工业普查、农业普查)处于重要地位。

(三)现代期(20世纪初—现在)——现代统计学

19世纪末—20世纪初,人们运用的统计学主要是描述统计学。20世纪30年代,由R. A. Fisher创立的推断统计学促使数理统计进入现代统计学范畴。

20世纪60年代以后,统计学的发展有三个明显趋势:第一,随着数学的发展,统计学依赖和吸收的数学方法越来越多;第二,向其他学科领域渗透,即以统计学为基础的边缘学科不断形成;第三,随着统计学的应用日益广泛和深入,特别是借助于计算机后,统计学所发挥的功效日益增强。

不同统计学派的对比如表1-1所示。

表1-1 不同统计学派的对比

时 期	学 派	代 表 人 物	说 明
萌芽期 (古典统计学)	政治算术学派	[英]威廉·配第 (创始人)	有实无名
	国势学派	[德]海尔曼·康令 [德]高特弗里德·阿亨瓦尔	有名无实
近代期 (近代统计学)	数理统计学派	[比]阿道夫·凯特勒 (近代统计学之父)	方法论科学
	社会统计学派	[德]厄恩斯特·恩格尔	实质性科学

二、我国社会经济统计学的发展

中国的统计学是在20世纪前期形成和发展起来的。在此之前,统计活动在中国始终处于"有实无名"的状态。1896年,华蘅芳与英国学者丁·弗勒合译的第一部中文版概率论著作《决疑数学》,拉开了统计学在中国传播的序幕。

我国社会经济统计学的发展可分为三个阶段:

第一阶段(1949—1978年)为全面学习苏联阶段。适应计划经济体制的需要,建立以专业统计学为主的统计学。

第二阶段(1978—1992年)为恢复和发展时期。1978年全国统计工作会议讨论了统计学科重建的问题,决定重新出版一批统计学教材,举办电视讲座来普及统计学知识。这一阶段社会经济统计学仍然是对实际统计工作的说明,政府统计对社会经济统计学有关键影响,理论落后于实际的状况始终难以得到改变。社会经济统计学的基本理论体系与第一阶段相比并没有质的改变。

第三阶段(1992年—现在)为探索改革时期。经济体制改革推动了社会经济统计学的发展:(1)大量外国统计学被介绍到国内,社会经济统计学中大量引进数理统计学的内容,将两者融合为统一的统计学的呼声越来越高。(2)社会经济统计学以部门统计学为主体综合发展,宏观经济统计学、企业经济统计学产生并得到了发展。宏观经济统计分析学、微观经济统计分析学的相关著作正在编写之中;市场调查与分析、统计分析、指标论、国民经济核算等方面的社会经济统计学专著已出版发行。(3)社会经济统计学不再只是政府统计的解释学,开始探讨政府统计的改革,寻求提高统计数据质量的途径和方法。(4)围绕现实经济生活中的重大问题进行研究,如社会主义市场经济下的企业统计问题、企业竞争能力和国力的综合评价、经济增长方式转变的定量评价、抽样法在社会经济统计中的应用等。

第二节 统计学的研究对象

一、统计的含义

在社会经济生活中,统计无处不在,在不同的场合有不同的含义。根据英国统计学家尤尔的解释,统计有三个含义:统计实践活动(即统计工作)、统计数据和统计学。

1. 统计实践活动

统计实践活动是人们认识客观世界总体数量变动关系和变动数量规律的活动的总称,是人们认识客观世界的一种有力手段。

2. 统计数据

统计数据是人们通过统计实践活动所得到的反映客观现象数量的数据,即统计工作的成果。

3. 统计学

统计学是研究如何测定、收集、整理、归纳和分析反映客观现象总体数量的数据,以便给出正确认识的方法论科学。

统计实践活动只有在统计科学理论方法以及其他社会经济科学和方法的指导下进行,才能取得符合客观实际、在数量和质量上满足要求的统计资料,正确反映研究对象。而对大量统计资料进行比较鉴别、分析研究,通过长期反复的统计实践活动,不断总结经验,必将形成统计理论和方法,建立和发展统计学。因此,统计实践活动、统计数据和统计学三者之间具有密切的关系,相互影响,相互促进和完善。

二、统计学的研究对象及其特点

(一)统计学的研究对象

任何一门学科都有自己特定的研究对象。统计实践活动是认识客观现象的重要手段。客观现象有诸多方面的特征,其中现象发展的规律性,现象在一定时间、空间、条件下的数量表现是主要的方面。现象发展的规律性是现象的本质特征,主要由实质性科学来研究,而统计学则研究现象的数量特征和数量关系,研究如何认识现象的数量特征和数量关系。

所谓数量特征,是指社会经济现象的规模、水平等方面的数值,而数量关系是指有关联的数量表现之间进行相除或对比的结果。例如,研究某班学生情况时,全班总人数、总成绩等为数量特征,而班级平均分、及格率即为数量关系。

(二)统计研究对象的特点

1. 数量性

数量性是统计研究对象的基本特点。常言道"数字是统计的语言",说的正是这个特点。统计数据总是客观事物的反映,所以定量认识必须建立在定性认识的基础上。

2. 总体性

统计研究是要从总体上对研究对象获得数量特征的认识,达到把握全部、认识全局的目的。例如,每次课上进行出勤统计时,先是对具体的每个学生进行调查,但考勤的目的并不仅仅是了解个别人是否出勤,而是了解全班学生的总出勤情况。

3. 变异性

每个总体都由许多个别事物组成,每个个别事物的特征表现存在差异,即变异性。正如每个人的手指有长有短,每一个统计研究对象中的各个个体间也存在差异。正因为个体间有差异,才需要用统计所特有的方法进行研究。

三、统计学的种类

统计学历经300多年的发展,目前已经成为横跨社会科学和自然科学领域的多科性科学。如前所述,"统计学是研究如何测定、收集、整理、归纳和分析反映客观现象总体数量的数据,以便给出正确认识的方法论科学。"从横向看,各种统计学都具有此含义,因而能够形成一个学科"家族"。从纵向看,统计学方法应用于各种实质性科学,它们相结合后,产生了一系列专门领域的统计学。

由此可见,统计学可以分为两大类:一类是以抽象的数量为研究对象,研究一般的收集数据方法、整理数据方法和分析数据方法的理论统计学;另一类是以各个不同领域的具体数量为研究对象的应用统计学。

理论统计学(又称数理统计学)把研究对象一般化、抽象化,以数学中的概率论为基础,从纯理论的角度,对统计方法加以推导和论证,其中心内容是以归纳方法研究随机变量的一般规律,例如统计分布理论、统计估计与假设检验理论、相关与回归分析、方差分析、时间序列分析、随机过程理论等。研究对象不论是自然现象还是社会现象,这个方法都是适用的。因此,理论统计学的特点是计量不计质,它具有通用方法论的理学性质。

应用统计学则与各个不同领域的实质性学科有着非常密切的联系,是有具体研究对象的方法论。所谓应用,既包括一般统计方法的应用,更包括各自领域实质性科学理论的应用。应用统计学从所研究的领域或专门问题出发,视研究对象的性质采用适当的指标体系和统计方法,解决所需研究的问题。应用统计学不仅要进行定量分析,还需要进行定性分析,它总是先从现象的质量分析中获得需要考察的指标,建立指标体系,然后采集数据,进行数据处理,并结合对现象的定性分析,得出符合客观现实的结论,该结论可作为制订决策的依据。所以应用统计学需要有关的专业实质性科学理论作指导,它通常具有边缘交叉型学科和复合型学科的性质。

在统计科学发展的道路上,理论统计学和应用统计学总是互相促进,共同提高的。理论统计学的研究为应用统计学的数量分析提供方法论基础,大大提高了统计分析的认识能力,而应用统计学在对统计方法的实际应用中,又常常会对理论统计学提出新的问题,开拓理论统计学的研究领域。

四、统计学与有关学科的联系与区别

数学与统计学的关系非常密切。数学与统计学都是研究数量规律的,都要利用各种公式进行运算。现代统计学中运用了大量的数学理论与数学方法。数学中的概率论,研究随机现象的数量关系和变化规律,它从数量方面体现了偶然与必然、个别与一般、局部与总体的辩证关系,为统计学提供了数量分析的理论基础。数学分析的方法适用于一切数量分析,当然也包括统计的数量分析。从某种意义上说,统计学中的理论统计学以抽象的数量为研究对象,计量不计质,其大部分内容也可以看作是数学的一个分支。

虽然统计学与数学有密切的联系,但两者之间也存在本质的区别。从研究对象看,数学撇开具体的对象,以最一般的形式研究数量的联系和空间形式。而统计学,特别是应用统计学则总是与客观的对象联系在一起。统计的过程就是分析归纳客观对象的数量表现,得到有关的数据,然后加以适当的运算,取得一定的结果。在此基础上,还要把这些结果反馈到客观对象中去,寻求这些结果的意义,提供做决策的事实依据。从研究方法来看,数学的研究方法主要是逻辑推理和演绎论证,从严格的定义、假设的命题和给定的条件出发,推证有关的结论。而统计的方法,本质上是归纳,根据通过实验或调查观察到的大量情况,归纳判断总体的情况。因此,数学家可以凭借聪明的大脑,从一定的假设出发,开展研究。而统计学家,特别是应用统计学家则需要深入实际,进行调查或实验,以取得数据,开展研究时不仅要运用统计的方法,而且要掌握某一专门领域的知识,这样才能得到有意义的结果。

统计学中的应用统计学与相关的实质性学科,如经济学等,有十分密切的联系。

首先,统计学是开展经济研究不可或缺的重要工具。经济学对经济现象及其发展变化规律进行研究时,除了要做规范性的理论分析和定性分析外,还要进行实证的数量分析。由于社会经济现象所具有的特殊性,对其数量规律的认识只能通过统计观测去进行。因此,无论是宏观经济研究还是微观经济研究,都需要运用大量的统计方法。统计的实证研究,可以帮助人们认识有关的数量规律，还可检验经济学理论的真实性和完善程度。统计通过分析归纳所获得的新知识常常为实质性学科的研究开辟新领域，这在经济学的发展历史上是屡见不鲜的。

其次，经济学等实质性学科对经济统计学等应用统计学起着十分重要的指导作用。统计学与相关实质性学科有着明显的区别。实质性学科研究该学科领域现象的本质关系并对有关规律做出合理的解释和论证。而统计学只是为实质性学科研究和认识数量规律提供专门的方法和工具，并不直接对规律产生的原因和机理做进一步的分析。例如，利用统计方法对吸烟者和不吸烟者患肺癌的数据进行分析，可以得出吸烟是人们患肺癌的重要原因的结论，而吸烟为什么会导致人们患肺癌，这仅仅依靠统计学是无法说明的，必须由医学、生物学作出解释。

第三节 统计工作的基本环节和统计方法

一、统计工作的基本环节

（一）统计设计

统计设计，就是根据统计研究对象的特点和研究目的，设计反映对象综合数量特征的指标体系、分类目标、统计调查与整理方案，并给出统一的定义、标准。统计设计是整个统计研究的前期工作，其完成质量直接关系到整个统计研究的成效。统计设计的核心是正确设计指标体系。

（二）统计调查

统计调查就是根据一定的研究目的，通过科学的调查方法，搜集社会经济现象的实际资料的活动。统计调查是认识客观经济现象的起点，也是统计整理和统计分析的基础。

（三）统计整理

统计整理是根据研究的需要，对大量统计调查的数据资料进行科学的分类、加工、汇总和整理，使之成为反映总体综合数量特征的统计指标的统计环节。统计整理是统计认识从感性上升为理性的重要环节。

（四）统计分析

统计分析的主要内容是根据统计研究的需要，计算各种分析指标，运用各种统计分析方法，揭示研究对象的总体特征，规模、水平、构成的各种比例关系，发展趋势和发展问题，并提出建议。统计数据的分析是统计学的核心内容，是通过统计方法探索数据内在规律的过程，包括统计预测和统计决策。

（五）统计资料的积累、开发与应用

通过统计整理和统计分析可以得到有关的统计资料，但统计资料的提供并不意味着统计研究的终结，统计的目的在于认识客观世界的规律，仅凭一次统计收集的统计资料，往往不能很好地发现客观现象的数量规律。因此，对于统计公布的统计资料需要加以积累，同时还要做进一步的加工，并结合相关的实质性学科的理论知识对统计资料进行分析和利用。

统计研究的全过程如图1-1所示。

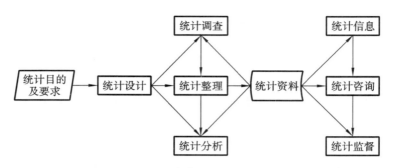

图 1-1 统计研究的全过程

二、统计方法

(一) 大量观察法

大量观察法是指对足够多的现象个体进行观察调查,以取得社会经济现象数据,其数学依据是大数法则。

大数法则又称为大数定律,它以数学形式表达并证明了在一定条件下大量重复出现的随机现象的统计规律性,即频率的稳定性与平均结果的稳定性。

正常条件下,新生婴儿的性别比为 107∶100,投掷一枚均匀的硬币时出现正面和反面的概率各为 1/2,投掷一枚骰子时出现 1～6 点的概率各为 1/6,农作物的产量与施肥量之间存在相关关系。

(二) 实验法

实验法是取得自然现象数据和工程技术数据的基本方法,其基本特点是具有可控制性和可重复性。

(三) 描述统计

描述统计是指对由实验或调查得到的数据进行登记、审核、整理、归类,并计算出各种能反映总体数量特征的综合指标,并加以分析,从中抽出有用的信息,用表格或图把它表示出来。

(四) 推断统计

推断统计是以一定的置信标准要求,根据样本数据判断总体数量特征的一种归纳推理方法。它主要包括参数估计法和假设检验法。

描述统计和推断统计是统计方法的两个组成部分。描述统计是整个统计研究的基础,它为推断统计收集可靠的统计数据,提供有效的样本信息和事实依据。由于在现实问题的研究中所获得的数据主要是样本数据,因此推断统计在现代统计学中的地位和作用越来越重要,已成为现代统计学的核心内容。

统计方法分类如图 1-2 所示。

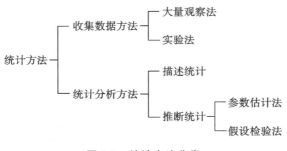

图 1-2 统计方法分类

第四节 统计学的基本概念

统计学是研究客观现象总体的数量特征和数量关系的,因此,我们需要对统计总体及其相关的概念进行界定。

一、统计总体和总体单位

(一) 统计总体

统计总体(简称"总体")是根据一定目的确定的所要研究的事物的全体,它是由客观存在的具有共同性质的许多个别事物构成的整体。例如进行城镇家庭统计调查时,所有城镇居民户就是总体。

统计总体具有三个性质:同质性、变异性和大量性。所谓同质性,就是构成总体的所有个体至少在某个方面具有相同的性质。同质性是确定总体的基本标准,根据研究的目的确定。比如研究江苏省工业生产情况时,所有工业企业的性质都是相同的,但是若要了解国有工业企业的基本情况,那么国有工业企业就构成了研究事物的总体,所有的国有工业企业是同质的。所谓变异性,就是构成总体的个体在同质性之外的其他方面应该存在差异。所谓大量性,就是统计总体应由足够数量的个别事物组成,因为现象的规律只有通过大量数据的观察才能显现。

根据总体中包含的单位的数目,总体可分为有限总体与无限总体。凡是总体单位数是有限数的,就是有限总体,例如要检验一批灯泡,以求灯泡的平均寿命,灯泡的个数总是有限的。总体单位数不易确定,甚至为无限数的,即为无限总体,例如要检验正在生产线上生产的某种产品的质量,该种产品的总体即为无限总体。

(二) 总体单位

总体单位(简称"单位")是指组成总体的每个个体。如前面提到的例子中,所有工业企业是总体,每个工业企业就是单位。

总体和总体单位的概念是相对的,随着研究目的的改变,总体和总体单位是可以相互转化的。比如研究中国各省的 GDP 发展状况时,每个省是总体单位,但是研究江苏省各个市的 GDP 发展状况时,江苏省是总体。

二、标志和指标

(一) 标志

反映单位的属性或特征的名称叫标志。例如，反映每个学生的属性的名词，如姓名、政治面貌等是标志，反映学生的特征的名词，如年龄、身高、成绩等也是标志。

根据标志性质的不同，标志分为品质标志与数量标志。品质标志是反映单位属性的特征，一般用文字、语言进行描述，诸如学生的姓名、性别，每件商品的颜色、名称等都是品质标志；而数量标志是反映单位数量的特征，比如学生的身高、成绩，商品的重量、价格等都属于数量标志。数量标志是变量，变量分为离散变量和连续变量。

按照变异情况，标志又分为不变标志和可变标志（亦称变异标志）。当一个标志在各个单位的具体表现都相同时，这个标志称为不变标志；当一个标志在各个单位的具体表现有可能不同时，这个标志称为可变标志或变异标志。

如中国第五次全国人口普查规定：人口普查的对象是具有中华人民共和国国籍并在中华人民共和国国境内常住的人。按照这一规定，在作为调查对象的人口总体中，国籍和在国境内常住是不变标志，而性别、年龄、民族、职业等则是可变标志。不变标志是构成统计总体的基础，因为至少要有一个不变标志将各总体单位联系在一起，以使其具有同质性，从而构成一个总体。可变标志是统计研究的主要内容，因为如果标志在各总体单位的表现都相同，那就没有进行统计分析研究的必要了。

(二) 指标

反映总体的综合数量特征的概念和数值叫指标，如国内生产总值、工业企业总数等。统计指标是由每一个个体的数量特征即数量标志汇总综合得出的。由标志过渡到指标，是由个体过渡到总体的认识深化的过程。一个指标有以下构成要素：指标名称、计量单位、指标数值、时间、空间、计算方法等。通常讲指标时后面的几个构成要素是默认的，主要讲述指标名称。

指标按其反映的数量特点的不同，可分为数量指标和质量指标。凡是反映现象总规模、总水平的统计指标均称为数量指标，如人口总数、国内生产总值、商品流转额、贸易额等，这些指标也称为总量指标，用绝对数表示。凡是反映现象相对水平和工作质量的指标叫质量指标，如出勤率、合格率、平均工资、人均GDP等。质量指标是总量指标的派生指标，又分为相对指标和平均指标。

指标和标志是不同的，不能混为一谈。两者的区别：第一，指标说明总体的特征，而标志则说明总体单位的特征。第二，指标只反映总体的数量特征，而标志则既有反映总体单位的数量特征的，也有反映总体单位的品质特征的。第三，指标数值是经过一定的汇总取得的，而标志中的数量标志不一定经过汇总，有可能是直接取得的。第四，标志一般不设定时间、地点等条件，但一个完整的统计指标，一定要设定时间、地点、范围。

三、统计指标体系

统计指标体系是各种互相联系的指标群构成的整体，用以说明所研究的社会经济现象各方面互相依从和互相制约的关系。

四、样本和样本容量

统计研究的目的是确定总体的数量特征,但是,当总体单位数量很多甚至无限时,没必要也不可能对构成总体的所有单位进行详细的调查。这时,需要采用一定的科学方法从所研究事物的全体中抽取一部分进行研究,样本应运而生。所谓样本,就是从总体中抽取的一部分总体单位构成的集合。抽取的总体单位数目即为样本容量。

统计学基本概念的关系如图 1-3 所示。

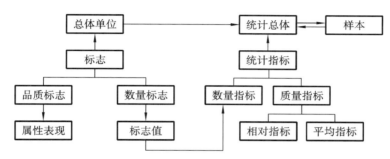

图 1-3 统计学基本概念的关系

五、参数和统计量

参数就是总体的指标,通常采用希腊字母表示。统计量是根据样本数据计算的指标,通常采用小写的英文字母表示。参数和统计量的常用符号如表 1-2 所示。

表 1-2 参数和统计量的常用符号

指 标 名 称	参 数 符 号	统 计 量 符 号
平均数	μ	$\bar{x}$
成数	π	p
标准差	σ	s

实验一

第二章

数据的收集、整理与显示

YINGYONG TONGJI
YU SHIWU

第一节 数据的收集

一、数据的计量尺度

数据是人们对客观现象进行调查研究所收集、整理、分析和解释的事实和数字,是对客观现象进行计量的结果。

(一) 数据计量尺度的分类

统计学是一门有关收集数据、整理数据与分析数据的科学。要收集数据,先要明确数据有哪些类型,即数据计量尺度的分类。按照对客观事物测度的程度或精确水平,数据的计量尺度从低到高、从粗略到精确划分为以下四种。

1. 定类尺度

定类尺度是按照某种属性对事物进行平行分类的一种测度,这是一种最粗略的测度。定类尺度的值是以文字或符号表示的,如人口统计中按性别登记、花卉统计中按颜色登记等。

定类尺度的主要特征:定类尺度的数据类别无大小之分,顺序是可改变的;定类尺度的数据可用于计算各组数据在总体数据中所占的比重和众数等,但是不可以进行加减乘除运算。定类尺度是其他计量尺度的基础,主要用于非参数的统计推断。

2. 定序尺度

定序尺度又称顺序尺度,它按照一定特征从小到大、从低到高将事物依序排列开来,这是对事物之间顺序差别(或等级差别)的测度。定序尺度的值以序数表示,如产品按质量分为一等品、二等品、三等品、不合格品等,毕业论文成绩分为优、良、中、及格、不及格。

定序尺度的主要特征:定序尺度的数据顺序不可以改变;数据不仅可以分类,还可以测定次序,即可以比较大小;数据不可以进行加减乘除的运算,可计算比重(频数)、累计频数、中位数和四分位数。因此,定序尺度包含了定类尺度的特性。

3. 定距尺度

定距尺度又称间隔尺度,是对事物类别或次序之间间距进行的一种测度。它不仅可以对数据进行平行分组和排序,还能更为精确地测量类别之间的差距。定距尺度的值用数值表示。

定距尺度的特征:不仅具有定类尺度和定序尺度的特征,还可以进行加减运算,但是不可以进行乘除运算;可以计算比重、累计频数、中位数、算术平均数等;没有绝对的零点,即可以设定任一点为零点,如温度、距离、年份等,可以说 30 ℃比 15 ℃高 15 ℃,但是不能说 30 ℃是 15 ℃的两倍。

摄氏温度和华氏温度转换表如表 2-1 所示。

表 2-1 摄氏温度和华氏温度转换表

摄氏度 ℃	华氏度 °F	摄氏度 ℃	华氏度 °F	华氏度 °F	摄氏度 ℃	华氏度 °F	摄氏度 ℃	华氏度 °F	摄氏度 ℃	华氏度 °F	摄氏度 ℃
−10	14.00	15	59.00	11	−11.67	36	2.22	61	16.11	86	30.00

续表

摄氏度 ℃	华氏度 °F	摄氏度 ℃	华氏度 °F	华氏度 °F	摄氏度 ℃	华氏度 °F	摄氏度 ℃	华氏度 °F	摄氏度 ℃	华氏度 °F	摄氏度 ℃
−9	15.80	16	60.80	12	−11.11	37	2.78	62	16.67	87	30.56
−8	17.60	17	62.60	13	−10.56	38	3.33	63	17.22	88	31.11
−7	19.40	18	64.40	14	−10.00	39	3.89	64	17.78	89	31.67
−6	21.20	19	66.20	15	−9.44	40	4.44	65	18.33	90	32.22
−5	23.00	20	68.00	16	−8.89	41	5.00	66	18.89	91	32.78
−4	24.80	21	69.80	17	−8.33	42	5.58	67	19.44	92	33.33
−3	26.60	22	71.60	18	−7.78	43	6.11	68	20.00	93	33.89
−2	28.40	23	73.40	19	−7.22	44	6.67	69	20.56	94	34.44
−1	30.20	24	75.20	20	−6.67	45	7.22	70	21.11	95	35.00
0	32.00	25	77.00	21	−6.11	46	7.78	71	21.67	96	35.56
1	33.80	26	78.80	22	−5.56	47	8.33	72	22.22	97	36.11
2	35.60	27	80.60	23	−5.00	48	8.89	73	22.78	98	36.67
3	37.40	28	82.40	24	−4.44	49	9.44	74	23.33	99	37.22
4	39.20	29	84.20	25	−3.89	50	10.00	75	23.89	100	37.78
5	41.00	30	86.00	26	−3.33	51	10.56	76	24.44	101	38.33
6	42.80	31	87.80	27	−2.78	52	11.11	77	25.00	102	38.89
7	44.60	32	89.60	28	−2.22	53	11.67	78	25.56	103	39.44
8	46.40	33	91.40	29	−1.67	54	12.22	79	26.11	104	40.00
9	48.20	34	93.20	30	−1.11	55	12.78	80	26.67	105	40.56
10	50.00	35	95.00	31	−0.56	56	13.33	81	27.22	106	41.11
11	51.80	36	96.80	32	0.00	57	13.89	82	27.78	107	41.67
12	53.60	37	98.60	33	0.56	58	14.44	83	28.33	108	42.22
13	55.40	38	100.40	34	1.11	59	15.00	84	28.89	109	42.78
14	57.20	39	102.20	35	1.67	60	15.56	85	29.44	110	43.33

4. 定比尺度

定比尺度又称比率尺度,是对事物之间比值的一种测度。定比尺度可用于参数与非参数的统计推断,其计量结果表示为数值。

定比尺度的特征:不仅可以比较大小,还可以进行加减乘除运算;有绝对零点,定比尺度中的"0"代表"没有"或"不存在";其值用比率或平均数表示;可以计算比重、累计频数、中位数、平均数等,如及格率、平均成绩。

统计数据计量尺度的比较如表 2-2 所示。

表 2-2 统计数据计量尺度的比较

计量尺度	特 征	数学特征	运算功能	可计算测度值
定类尺度	平行分组	= ≠	计数	比重、 众数
定序尺度	分组、 排序	> <	计数、 排序	比重、 众数、 中位数和四分位数
定距尺度	分组、 排序、 间距	+ −	计数、 排序、 加减	比重、 众数、 中位数和四分位数、 算术平均数
定比尺度	分组、 排序、 间距、 有绝对零点	+ − × ÷	计数、 排序、 加减、 乘除	比重、 众数、 中位数和四分位数、 各种平均数

在计量尺度的应用中,需要注意的是,同类事物用不同的尺度度量会得到不同的尺度数据,即若研究目的和研究内容不同,计量结果也会不同。

同类事物用不同尺度度量的结果如表 2-3 所示。

表 2-3 同类事物用不同尺度度量的结果

尺度 事物	定类尺度	定序尺度	定距尺度	定比尺度
登记农民收入	有/无	高/中/低	据实填写	人均收入
评定学生成绩	及格/不及格	优/良/中/及格/不及格	据实填写	平均分

(二) 数据的类型

1. 品质数据和数量数据

根据反映现象特征的不同,数据可以分为品质数据和数量数据。品质数据又称为定性数据,是鉴别事物品质的标志或名称,主要包含定类尺度数据和定序尺度数据。品质数据一般采用非数值型数据,但是为了计算机处理的便利性,有时也对品质数据赋值。

数量数据,又称为定量数据,用于反映事物的数量特征,主要包含定距尺度数据和定比尺度数据。数量数据通常采用数值表示,并且可以进行算术运算。

2. 截面数据和时间序列数据

根据数据的时间状态,数据分为截面数据和时间序列数据。截面数据,又称为静态数据,是指在同一时间对同一总体的数量进行观察形成的数据。比如,2014 年 12 月,南京大学所有在校生高等数学的考试成绩即为截面数据。

时间序列数据,又称为动态数据,是指对同一个总体的同一指标在不同时间进行度量得到的数据。比如,研究中国 2000 年到 2013 年 GDP 发展状况所得到的数据即为时间序列数据。

3. 观察数据和实验数据

根据数据收集方法的不同,数据又分为观察数据和实验数据。观察数据是指在没有对现象进行人为控制的前提下,通过调查获得的数据。社会经济的统计数据多为观察数据。实验数据是通过控制实验对象获得的数据,比如医学、卫生及自然科学的大多数据为实验数据。

4. 直接数据和间接数据

根据数据的来源渠道,数据又分为直接数据和间接数据。直接数据又称为原始数据或一手数据,是研究者直接对研究现象进行调查、观测和实验获得的数据。间接数据是研究者采用的经他人收集、整理、加工过的数据。

二、统计调查的含义和方法

(一) 统计调查的含义

统计调查(数据收集)是根据统计研究的目的和任务,运用科学的方法,有计划、有组织地从客观实际现象收集数据和其他资料的过程。主要指对原始数据的收集。

(二) 数据收集的具体方法

1. 直接观察法

直接观察法就是调查者亲自到现场对调查单位进行查看、测量和计量。直接观察法取得的数据真实性较高,但是需要大量的人力和物力,属于不经济的一种调查方法。

2. 报告法

报告法是企事业单位以各种原始记录和核算凭证为调查资料来源,根据统一的表格形式和要求,按照隶属关系,逐级向有关部门提供资料的方法。我国现行的企事业单位的统计报表就是报告法。

3. 采访法

采访法是根据被调查者的答复来搜集统计资料的方法,分为口头询问法和被调查者自填法。口头询问法是调查人员对被调查者逐一进行采访,当面填答调查表的方法。被调查者自填法是调查人员把调查表交给被调查者,向被调查者说明填表的要求和方法,并对有关注意事项加以解释,由被调查者逐一填写调查表,填好后再交给调查人员的方法。

4. 登记法

登记法是有关组织发出通告,规定当事人在某事发生后到该机构进行登记,填写所需登记的材料的方法。比如,人口的出生和死亡就是采用规定当事人到公安机关登记的方法。

5. 问卷调查法

问卷调查法是为了特定的目的,以问卷形式调查被调查者,由被调查者自愿回答的方法。问卷调查可以采用记名形式,也可以采用非记名形式。要科学地进行问卷调查,精心地设计问卷,问题要简明扼要。操作中,要保证回答率和回答质量。

6. 网络调查法

网络调查法是借助各种网络技术所提供的工具,搜集有关数据资料的方法。网络调查法因其调查数据的及时性、信息形式的多样性、信息发布的广泛性等优点,受到多数调查人员的青睐。

7. 卫星遥感法

卫星遥感法是采用卫星高分辨率照片提供地面资料的方法,该方法主要用来估计我国农作物的产量。

(三)统计调查方案的设计

为了有效进行数据的收集,应事先设计统计调查(数据收集)方案,统计调查方案的设计一般包括明确调查目的、确定调查对象和调查单位、确定调查项目、设计调查表或调查问卷、确定调查时间和调查期限、确定调查的组织实施计划等内容。

1. 明确调查目的

确定调查目的,是统计调查方案设计的首要内容。不同的调查目的,决定不同的调查内容和范围。

2. 确定调查对象和调查单位

调查对象就是在某项调查中被研究的总体,它是由性质相同的许多个体单位所组成的。确定调查对象,就是要明确规定所调查的总体范围。调查单位就是进行调查登记的标志表现的承担者。确定调查单位,就是为了明确对谁进行调查,以取得有关标志表现的具体资料。

3. 确定调查项目

确定要调查什么,拟订调查表。

4. 确定调查时间与调查期限

调查时间,指调查资料所属的时间,即调查对象所属的时间(时期或时点)。调查期限,是指调查工作的起止时间,即调查单位进行统计调查所花费的时间。例如,第六次全国人口普查,调查时间就是标准时点2010年11月1日零时,而调查期限为2010年11月1日到11月10日。

5. 确定调查的组织实施计划

成立机构、确定人员、经费、设备、资料汇总报送时间、公布调查结果时间。

三、统计调查的形式

按调查范围划分,统计调查分为全面调查和非全面调查。全面调查是对调查对象的所有单位进行调查,包括全面统计报表与普查。非全面调查是对调查对象的部分单位做调查,包括抽样调查、重点调查与典型调查等。

按调查时间划分,统计调查可以分为连续调查与间断调查。所谓连续调查,即连续不断地调查,需要随着调查对象的变化进行连续不断的登记。例如,工业生产中原材料的消耗与产品的产量、市场中各种产品的销售额、交通运输中的客流量、企事业单位每天的出勤人数等,其数值变动大,且变化快,只有进行连续登记观察,才能满足准确地、及时地认识总体的需要。连续调查一般都是定期调查。统计上通常把时间间隔低于一年的统计调查都视为连续调查。间断调查是间隔较长时间(一年或一年以上)进行的调查。例如,对于全国人口、全国耕地面积,由于其数值变化相对较小,因此可采用间断调查搜集资料。间断调查可以定期进行,也可以不定期进行,所有的普查都属于间断调查。至于重点调查、典型调查和抽样调查,要视调查时间间隔的长短而论,有时属于间断调查,有时又属于连续调查。对时期现象必须进行连续调查,对时点现象可进行间断调查。

按调查的组织形式划分,统计调查分为统计报表制度与专门调查。其中,专门调查包括普查、抽样调查、重点调查与典型调查四种。

所谓统计调查的形式,指组织收集数据的方式,如图2-1所示。

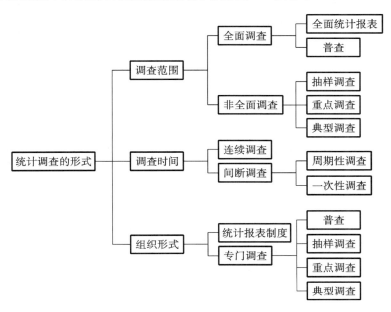

图2-1 统计调查的形式

(一) 普查

普查是为了特定的目的专门组织的一次性全面调查。普查主要用于收集不宜用定期报表统计的资料,目的在于掌握重大的国情国力的基本情况的数据,如人口普查、工业普查、第三产业普查、国土资源普查等。

普查的组织原则:(1)规定标准时点。普查一般调查一定时点上的社会经济现象的总量,比如全国人口普查就是对全国人口进行一一调查登记,规定某个特定时点作为全国统计的统计时点,以反映有关人口的自然和社会的各类特征。但也可以调查某些时期现象的总量,乃至调查一些并非总量的指标。(2)所有调查单位和调查点要同时开展工作,并要求步调一致,且在最短的时间内完成任务,以保证资料的准确性和时效性。(3)调查项目要有统一规定,一经确定,不得更改。(4)普查应尽可能定期进行。

普查的涉及面广,工作量大,时间性强。由于调查成本高,应用范围较窄。

表2-4为国内大型普查一览表。

表2-4 国内大型普查一览表

编　　号	普查名称	调查年份	标 准 时 点
1	第一次全国人口普查	1953年	1953年7月1日零时
2	第二次全国人口普查	1964年	1964年7月1日零时
3	第三次全国人口普查	1982年	1982年7月1日零时
4	第四次全国人口普查	1990年	1990年7月1日零时
5	第五次全国人口普查	2000年	2000年11月1日零时

续表

编号	普查名称	调查年份	标准时点
6	第六次全国人口普查	2010 年	2010 年 11 月 1 日零时
7	第一次全国工业普查	1950 年	—
8	第二次全国工业普查	1986 年	—
9	第三次全国工业普查	1995 年	—
10	第一次全国基本单位普查	1996 年	1996 年 12 月 31 日
11	第二次全国基本单位普查	2001 年	2001 年 12 月 31 日
12	第一次全国农业普查	1997 年	1997 年 1 月 1 日
13	第二次全国农业普查	2006 年	2006 年 12 月 31 日
14	第三次全国农业普查	2016 年	2016 年 12 月 31 日
15	第一次全国第三产业普查	1993 年	1993 年 12 月 31 日
16	第二次全国第三产业普查	2003 年	2003 年 12 月 31 日
17	第一次全国经济普查	2004 年	2004 年 12 月 31 日
18	第二次全国经济普查	2008 年	2008 年 12 月 31 日
19	第三次全国经济普查	2013 年	2013 年 12 月 31 日
20	第四次全国经济普查	2018 年	2018 年 12 月 31 日

（二）统计报表制度

统计报表制度是根据国家统一规定，按统一的表格形式、指标内容、报送时间，自下而上逐级提供统计资料的统计报告制度。按调查范围的不同，统计报表可以分为全面统计报表和非全面统计报表。

统计报表制度的特点是具备统一性、时效性、全面性、可靠性。报表资料来源于基层的原始记录，逐级上报和汇总，各级政府和领导都能获得本地区和本部门的资料。报表连续和稳定，便于积累资料和进行动态对比，适用于需要定期上报和逐级上报的全面资料的收集。我国的统计报表制度主要应用于工业、农业、批发零售业、行政事业单位、建筑业、服务业和固定资产投资等。

全面统计报表和普查同属全面调查的范畴，但全面统计报表不能代替普查，主要有三方面原因：一是全面统计报表并不全面，它没有将所有单位的所有经济活动都列入全面调查的范围，例如对工业企业的统计，平时的定期报表范围仅包括全部国有工业企业及年销售收入在 500 万元以上的非国有工业企业，对商业零售企业，只统计年营业收入在 500 万元以上、员工人数在 60 人以上的企业。对于不在这个范围中的企业以及面广量大的个体工商户，主要通过抽样调查的方法来取得其经济总量。二是全面统计报表的调查内容、统计分组等相对比较简单，不能够全面、准确地反映经济活动各种内部结构的变化。三是全面统计报表所依据的定期统计报表制度是适应计划经济体制而建立的，改革开放以来，我国经济体制发生了重大的变革，全面统计报表赖以生存的环境基础发生了巨大的变化。在我国统计调查方法改革的目标模式中明确提出，周期性的普查制度将在新的统计调查方法体系中居于基础地位，而全面统计报表主要起辅助和补充的作用。

（三）抽样调查

抽样调查是按照随机原则从调查对象中抽取部分单位作为样本进行观察,根据样本数据推断总体数量特征的非全面调查。抽样调查主要适用于两种情况:一是对不可能或不必要进行全面调查的现象的调查;二是对普查资料的必要修正。

抽样调查的特点:第一,采用随机原则抽取样本,保证每一个个体被抽中的概率相等;第二,根据部分推断总体,用样本资料推断总体资料的重要意义在于,我们可以通过对部分单位的调查,以少量的投入,取得以前只能用普查才能取得的同样的效果,得到所希望了解的现象总体的全面资料,从而节约大量的调查费用,这也是抽样调查得以广泛应用的重要原因之一;第三,抽样误差可以事先计算并加以控制;第四,时效性强,应用性广。抽样调查可以迅速、及时地获得所需要的信息。由于工作量小,抽样调查的准备时间、调查时间、数据处理时间都大大缩减,从而提高了数据的时效性。抽样调查可以获得更为广泛的信息,适用于各个领域、各个问题的调查。

抽样调查应该遵循的原则:①随机原则,在抽选调查单位时,完全排除人为的主观因素的干扰,保证现象总体中的每一个个体等概率被抽中;②最大效果原则,在既定的调查经费下使抽样估计误差最小,或者在给定的精确度下使调查经费最少。

（四）重点调查

重点调查是指选择少数重点单位做调查,以了解总体的基本概况。所谓重点单位,是指数量标志值在总体中占绝大比重的单位。选择重点单位时不带主观性,选人们公认的标志比重大、统计基础好的单位作为重点调查的单位。如,要了解全国钢铁企业生产的基本情况,可选鞍钢、首钢、武钢、宝钢等特大型公司进行调查。又如,要了解全国高校办学的基本情况,可以选择清华、北大、复旦、上交大、浙大、哈工大等高校作重点单位。

重点调查的应用范围:第一,调查的目的是反映总体的基本情况;第二,要保证调查的总体中有重点单位存在。

（五）典型调查

典型调查是指从调查对象中,有意识地选取少数典型单位做调查,以了解总体的一般情况或探索规律性的进程。

典型调查有以下几个特征:①典型调查主要是定性调查。典型调查主要依靠调查者深入基层进行调查,对调查对象直接剖析,取得第一手资料,能够透过事物的现象发现事物的本质和发展规律。它是一种定性研究,难以进行定量研究。②典型调查根据调查者的主观判断,选择少数具有代表性的单位进行调查。因此,调查者对调查单位的了解情况、思考水平和判断能力对选择典型的代表性单位起着决定作用。③典型调查的调查对象少,调查时间短,反映情况快,调查内容系统周密,了解问题深,使用调查工具不多,运用起来灵活方便,可以节省很多的人力、财力。

典型调查有两种类型:第一种是解剖麻雀型调查,通过对几个典型单位的调查,说明事物发展的一般规律;第二种是划类选典型做调查,简称划类选典。

抽样调查、重点调查与典型调查都属于非全面调查,但是它们在样本的选取方式、调查目的、适用场合等方面存在诸多差异,表2-5即为这三种非全面调查的比较。

表 2-5　抽样调查、重点调查与典型调查的比较

名称		抽样调查	重点调查	典型调查
相同点		均是非全面调查、专门调查		
不同点	样本的选取方式	按随机原则抽取	选择一部分占比绝对大的单位	有意识地选择若干有代表性的典型单位
	调查目的	根据样本指标推断总体指标	了解总体的基本情况	深入调查,发现新情况、新问题;某些场合下,估算总体数值
	适用场合	对不能或不必做全面调查的社会经济现象的调查、对普查资料进行修正	调查目的是了解总体的基本情况,总体中要有重点单位存在	需要深入调查社会经济现象;对新情况、新问题的深入研究
	推断总体的可靠程度	能提供概率保证程度及误差范围	仅了解总体的基本数量,不能提供概率保证程度和误差范围	在估算总体数值时,不能提供概率保证程度和误差范围

四、统计调查方法体系

统计调查方法体系就是若干个相互联系的统计调查方法构成的整体。

我国的统计调查方法体系是以必要的周期性普查为基础,以经常性的抽样调查为主体,以重点调查、科学核算等为补充的多种方法综合运用的统计调查方法体系。

改革开放以来我国统计调查方法体系的主要发展历程如表 2-6 所示。

表 2-6　改革开放以来我国统计调查方法体系的主要发展历程

起止时间	阶段描述	主要成果	主要特点
1978 年—1979 年	起始阶段	国家统计局恢复成立,恢复建立全面统计报表制度	统计调查制度体系由单一的统计报表制度组成
1979 年—1994 年	恢复普查和抽样调查阶段	1980 年,恢复职工家计调查;1982 年,恢复农产量抽样调查,开始全国人口抽样调查并形成制度;1984 年,组建农调队和城调队	抽样调查方法得到应用,但还没有运用到企事业单位,运用面窄,全面统计报表制度没有改变
1994 年至今	建立新的统计调查方法体系阶段	1994 年,明确抽样调查的主体地位;1994 年,周期性的普查制度得到贯彻;1996 年,组建企业调查队;2000 年,成立普查中心	对抽样调查的主体地位达成共识,新的统计调查方法体系的主体架构基本形成

第二节 数据的整理

一、数据整理的含义和步骤

(一)数据整理的含义

数据整理主要指对原始数据进行加工处理,使之系统化、条理化,以符合统计分析的需要,同时用图表形式将数据展示出来,以便简化数据,使之更容易理解和分析。

(二)数据整理的步骤

(1)根据研究目的设计整理方案。

整理方案主要包括两个方面:一是对总体的处理方法,主要考虑如何进行统计分组;二是确定反映总体的特征的相关指标。

(2)统计数据的审核与检查。

在整理数据以前,必须对所获得的数据进行审核,检验原始数据的完整性、准确性和时效性。若发现问题,要及时解决。

(3)数据分组和汇总,并计算各项指标。

按照一定的标准将原始数据进行分组,汇总每一组的单位数,并计算诸如平均值、方差等指标。

(4)通过统计表或统计图显示整理结果。

在统计分组的基础之上,计算每组的频数,并将之整理成频数分布表,绘制频数分布图。

(5)统计资料的积累、保管和公布。

二、统计分组

(一)统计分组的概念

统计分组是根据统计研究的需要,将原始数据总体按照一定的标准(标志)划分为若干个部分的方法。这些部分表现为不同的类别或组别。统计分组不仅是数据整理的主要方法,也是统计分析的重要方法。统计分组中所依据的标志叫分组标志。分组标志可以是品质标志,也可以是数量标志。

从定义来看,统计分组兼有"分"和"合"双重含义。统计分组对于总体而言是"分",而对于总体单位而言是"合",即将总体分成若干个不同的组别,不同的组别之间性质不同,同组的总体单位的性质相同。统计分组对于分组标志而言是"分",而对于其他标志而言是"合"。比如,对某班的学员按照性别进行分组,分成男生组和女生组,则统计分组对于性别而言是"分",而对于其他标志(如学员的姓名、籍贯、身高等)而言则是"合"。

(二)统计分组的作用

1. 划分社会经济现象的类型

例如,企业按所有制分组,可分为国有制、集体所有制和其他经济类型,各组的产值、人数及劳动生产率,可以揭示不同类型企业的特征。

某地区某年地区生产总值的经济成分结构如表2-7所示。

表2-7 某地区某年地区生产总值的经济成分结构

经济成分类型	地区生产总值/亿元	占地区生产总值比重/(%)
公有制经济	799.45	52.58
国有经济	447.69	29.45
集体经济	351.76	23.13
非公有制经济	721.00	47.42
私有经济	348.63	22.93
港澳台经济	272.72	17.94
外商经济	99.65	6.55
合计	1 520.45	100.00

表2-7说明了某地区某年地区生产总值的所有制结构。从表中数据可以看出,公有制经济仍占半壁江山,非公有制经济发展很快,该地区已经形成"以公有制为主体,多种所有制形式共同发展"的新格局。

2. 反映内部结构

将现象总体按某一标志分组,通过计算各组在总体中的比重,可以清楚地了解总体的内部结构以及总体内各部分之间的比例关系。不同的内部结构可以决定事物不同的类型。比较总体内部结构的动态变化,可以揭示现象发展变化的过程和规律。我国第六次全国人口普查的年龄结构如表2-8所示。

表2-8 我国第六次全国人口普查的年龄结构

按年龄分组/岁	人口数/人	占总人口比重/(%)
0~14	222 459 737	16.60
15~64	939 616 410	70.14
65及以上	177 648 705	13.26
合计	1 339 724 852	100.00

在人口按年龄分组的基础上,不同的年龄结构决定了人口增长的类型。如表2-9所示,当一个国家的人口中,0~14岁人口占总人口的比重为40%及以上,而50岁及50岁以上人口占总人口的比重为10%及以下,则该国人口为增长型;当一个国家的人口中,0~14岁人口占总人口的比重为20%及以下,而50岁及50岁以上人口占总人口的比重为30%及以上,则该国人口为减少型。

表2-9 人口增长类型

按年龄分组/岁	增长型/(%)	稳定型/(%)	减少型/(%)
0~14	40	26.5	20
15~49	50	50.5	50
50及以上	10	23.0	30

3. 分析现象之间的依存关系

客观现象之间存在着不同程度的相互联系、相互制约的依存关系,例如原材料消耗量与产品单位成本之间、商品流转额与价格之间、施肥量与亩产量之间就存在着一定的联系和依存关系。将影响因素划分为不同的组,观察计算出被影响因素每组的数值,就能揭示现象之间的联系和依存关系。例如,如表 2-10 所示,商品流转额在 100 万元以下的零售企业,其商品流通费用率为 11.2%,随着商品流转额的增加,商品流通费用率逐渐降低,当商品流转额增加到 1 000 万元以上时,零售企业的商品流通费用率下降为 4.8%。这种统计分组清楚地揭示了商品流转额与商品流通费用率之间的反比例依存关系,为进行两者相关关系的分析提供了数据依据。

表 2-10 商品流转额与商品流通费用率的关系

按商品流转额分组/万元	零售企业数/个	商品流通费用率/(%)
100 以下	25	11.2
100~200	80	10.5
200~400	130	9.8
400~600	75	6.5
600~800	40	5.8
800~1000	18	5.0
1 000 以上	10	4.8

(三) 统计分组的原则

统计分组必须遵循两个原则:穷尽原则与互斥原则。所谓穷尽原则,指分组的空间可以容纳所有单位,无一空缺,每一个单位都应该有组可归;而互斥原则指组与组之间不许交叉,任何一个单位只能归属于某一组。具体分组时要保证"组内同质,组间异质,相互排斥,不重不漏"。

(四) 统计分组的分类

1. 按照分组标志的性质分类

统计分组按照分组标志的性质分为品质分组和数量分组,对于按定类尺度或定序尺度计量的,采用品质分组,如职工按性别分组、企业按所有制分组、工人按技术等级分组等。而对于按定距尺度或定比尺度计量的,采用数量分组,如学生按成绩分组、企业按盈利能力分组。

2. 按照分组标志的数量分类

统计分组按分组标志的数量分为简单分组和复合分组。简单分组就是对总体只按一个标志进行的分组。复合分组是对总体按两个或两个以上标志结合起来,并以层叠形式表示的分组。有时事物是复杂的,需要从不同角度来分析研究,常常要采用一系列相互联系、相互补充的分组来分析,这时就需要做复合分组。例如,学生先按性别分组,在分出的每一组中再按年龄分组,如表 2-11 所示。

表 2-11 学生按性别、年龄分组

性 别	年龄/岁
男	18~20
	20~22

续表

性　　别	年龄/岁
女	18～20
	20～22

3. 按照分组作用（任务）分类

统计分组按分组作用（任务）分为类型分组、结构分组和分析分组。把总体划分为不同类型，便是类型分组；在分组的基础上计算出各组在总体中的比重，借以研究内部结构，便是结构分组；为研究现象之间的依存关系而进行的分组即为分析分组。

（五）分组方法

1. 正确选择分组标志

统计分组的关键在于选择分组标志和划分组限。分组标志一经选定，必然表现出总体在这个标志上的差异情况，同时掩盖了其他标志的差异。如果分组标志选择不当，便无法显示总体的基本特征，甚至影响统计研究。划分组限，就是要在分组标志的变化范围内划定各相邻组间的性质界限和数量界限。

（1）应根据统计研究的目的和任务选择分组标志。每一个总体都可以按照许多个标志进行分组，具体按什么标志分组主要取决于统计研究的目的和任务。例如：研究人口的年龄构成时，就应该按"年龄"分组；研究各类型的工业企业在工业生产中的地位和作用时，就应该按"经济类型"分组。

（2）在若干个同类标志中，应选择能反映问题本质的标志进行分组。有时可能有几个标志都可以达到同一研究目的，这种情况下，应该进行深入分析，选择主要的、能反映问题本质的标志进行分组。

（3）结合所研究现象所处的具体历史条件，采用具体问题具体分析的方法来选择分组标志。例如，有的标志在当时能反映问题的本质，但后来由于社会经济的发展变化，可能此标志已不再适用，此时统计分组就要选择新的分组标志来进行分组。

2. 按品质标志分组

按品质标志分组，即按事物的属性分组。按品质标志分组时，组数的确定主要取决于研究的任务和事物自身的特点。

【例2-1】　一家市场调查公司为了研究不同品牌饮料的市场占有率，对随机抽取的一家超市进行了调查。调查员在某天对50名顾客购买的饮料的品牌进行了记录，如果一个顾客购买了某一品牌的饮料，就将这一饮料品牌的名字记录一次，表2-12所示为此次市场调查中50名顾客购买的饮料的品牌。

表2-12　市场调查中50名顾客购买的饮料的品牌

旭日升冰茶	可口可乐	旭日升冰茶	汇源果汁	露露
露露	旭日升冰茶	可口可乐	露露	可口可乐
旭日升冰茶	可口可乐	可口可乐	百事可乐	旭日升冰茶
可口可乐	百事可乐	旭日升冰茶	可口可乐	百事可乐

续表

百事可乐	露露	露露	百事可乐	露露
可口可乐	旭日升冰茶	旭日升冰茶	汇源果汁	汇源果汁
汇源果汁	旭日升冰茶	可口可乐	可口可乐	可口可乐
可口可乐	百事可乐	露露	汇源果汁	百事可乐
露露	可口可乐	百事可乐	可口可乐	露露
可口可乐	旭日升冰茶	百事可乐	汇源果汁	旭日升冰茶

将表 2-12 所示的信息按照饮料品牌进行分组,并整理成频数分布表(见表 2-13)。

表 2-13 饮料品牌频数分布表

编 号	饮料品牌	频数/次	百分比/(%)
1	可口可乐	15	30
2	旭日升冰茶	11	22
3	百事可乐	9	18
4	汇源果汁	6	12
5	露露	9	18
合 计		50	100

3. 按数量标志分组

按数量标志分组,即按事物的数量特征分组。

1) 单项式分组

单项式分组就是将一个变量值作为一个组,主要适用于离散型变量并且变量值变化不大的情况。

【例 2-2】 某生产车间 24 个工人看管机器台数的资料如下:

4 5 2 4 3 4 3 4 4 2 4 3

2 6 4 4 3 2 3 4 5 3 5 4

试编制变量数列。

解:工人看管机器台数为离散型变量,变量值的最小值为 2,最大值为 6,变动范围不大,所以适宜采用单项式分组,结果如表 2-14 所示。

表 2-14 工人看管机器台数频数分布表

按工人看管机器台数分组/台	工人数/人	累计频数/人
2	4	4
3	6	10
4	10	20
5	3	23
6	1	24
合 计	24	—

2）组距式分组

组距式分组是将变量值的一个区间作为一个组。如：儿童按年龄分组，可分为未满 1 岁、1～2 岁、3～4 岁、5～9 岁、10～14 岁；学生按成绩分组，可分为 60 分以下、60～70 分、70～80 分、80～90 分、90 分以上。组距式分组主要适用于连续变量并且变量值较多的情况。

（1）连续组距式分组和间断组距式分组。

在组距式分组中，每组包含许多变量值，每一组变量值中，其最小值为下限，最大值为上限，相邻两组的界限即为组限。

如果组限是不相连的，即为间断组距式分组；如果组限是相连的，即以同一数值作为相邻两组的共同界限，即为连续组距式分组。

在连续组距式分组中，存在以同一个数值作为相邻两组共同界限的做法，而统计分组必须遵循互斥原则，凡是总体某一个单位的变量值是相邻两组的界限值，则这一个单位归入作为下限值的那一组内，即"上限不在内"原则。

（2）等距分组和异距分组。

组距式分组又分为等距分组和异距分组。等距分组是指按数量标志分组时，各组的组距都相等，即各组的标志值变动都限于相同的范围，它适用于标志值变动比较均匀的情况。

异距分组是指按数量标志分组时，各组的组距不都相等，它适用于以下三种情况。

①标志值分布很不均匀。如某标志值基本集中分布在某区间，而该区间以外分布的很少。

②标志值相等的量具有不同的意义。例如在人口疾病研究中，因为人在成长的各阶段发生的疾病非常不同，所以按异距分组来研究。按年龄分组：1 岁以下婴儿按月进行分组，1～10 岁儿童按岁分组，11～20 岁青少年按 5 岁为一组进行分组，21 岁及 21 岁以上成人一律按 10 岁为一组进行分组。

③标志值按一定比例发展变化。例如城市人口数与城市规模变化成一定的比例关系，因此在研究城市规模时，可按人口数（万人）分组：10 以下、10～30、30～80、80～100、100～200、200～400、400 以上。

（3）组距数列编制的相关概念。

①组距。

组距是上、下限之间的距离。

连续组距式分组的组距：

$$\text{组距} = \text{本组上限} - \text{本组下限} \quad \text{（公式 2.1）}$$

间断组距式分组的组距：

$$\begin{aligned}\text{组距} &= \text{本组上限} - \text{前组上限} \\ &= \text{后组下限} - \text{本组下限} \\ &= \text{本组上限} - \text{本组下限} + 1 \end{aligned} \quad \text{（公式 2.2）}$$

②组数。

组距直接关系到组数，组距大，组数就少；组距小，则组数就多。确定组数和组距时，可利用美国学者斯特吉斯（Sturges）的经验公式，即：

$$K = 1 + 3.322 \lg n$$

$$d = \frac{R}{K} = \frac{x_{\max} - x_{\min}}{1 + 3.322 \lg n} \quad \text{（公式 2.3）}$$

公式 2.3 中,K 为组数,n 为数据个数,d 为组距,R 为全距。

③开口组和闭口组。

缺上限或缺下限的组为开口组,一般进行编制的时候将之表示为"××以上"或"××以下"。闭口组即为既包含上限值又包含下限值的组。

④组中值。

各组上、下限之间的中点数值即为组中值,其计算公式为:

$$组中值 = \frac{上限 + 下限}{2} \qquad (公式\ 2.4)$$

$$缺下限开口组的组中值 = 上限 - 相邻组组距/2 \qquad (公式\ 2.5)$$
$$缺上限开口组的组中值 = 下限 + 相邻组组距/2 \qquad (公式\ 2.6)$$

(4)编制组距数列的步骤。

第一步,对原始数据进行排序,找出数据的最大值与最小值,并计算全距。

第二步,确定组数。确定的组数应该能够显示数据的分布特征和规律。在实际分组时,可以按 Sturges 提出的经验公式确定组数:$K = 1 + 3.322 \lg n$。

第三步,确定组距。组距=(最大值-最小值)/组数。注意:组距宜取 5 和 10 的整倍数,而且,最小组的下限应略小于最小值,最大组的上限应略大于最大值。

第四步,统计各组的频数并整理成频数分布表。

【例 2-3】 某车间 40 名工人完成个人生产定额的百分数(%)资料如下:

88	115	123	119	112	144	136	117	118	105
110	107	137	120	136	125	127	142	119	103
86	115	114	117	124	129	125	100	103	97
95	113	126	107	108	115	119	127	134	114

试手工编制变量数列(频数分布表)。

解:因为分组标志——完成个人生产定额的百分数为连续型变量,所以应当编制组距数列。步骤如下:

第一步,将数据由小到大排序(%)。

86	88	95	97	100	103	103	105	107	107
108	110	112	113	114	114	115	115	115	117
117	118	119	119	119	120	123	124	125	125
126	127	127	129	134	136	136	137	142	144

第二步,找出数据的最大值和最小值,并计算全距。

$$R = x_{\max} - x_{\min} = 144 - 86 = 58$$

第三步,确定组数 K 及组距 d。

$$K = 1 + 3.322 \lg n = 1 + 3.322 \lg 40 = 6.32$$
$$d = \frac{R}{K} = \frac{58}{6.32} = 9.18 = 10$$

本例中,完成个人生产定额的百分数低于 100% 的只有 4 人,综合考虑理论分组数,数据可分为 6 组,组距为 10。

第四步,确定组限。

注意：①应使最小组的下限略小于资料中的最小值,并使最大组的上限略大于(或等于)资料中的最大值；②目前常用的一种组限设置方式为无论是离散型变量还是连续型变量,都采用统一的重叠式组限设置方法。

第五步,汇总得出各组的频数,整理成频数分布表(见表2-15)。

注意：设 j 组的上限、下限分别为 L 与 H,对于在上限和下限之间的数据按以下规则来归组,当 $L \leqslant x < H$ 时,x 属于第 j 组；当 $x = H$ 时,x 属于第 $j+1$ 组(即"上限不在内"原则)。

表2-15　40名工人完成个人生产定额百分数的频数分布表

按完成个人生产定额百分数分组/(%)	频数/名
100以下	4
100～110	7
110～120	14
120～130	9
130～140	4
140以上	2
合　　计	40

由于分配数列呈现"两头小中间大"的规律,所以该车间工人完成个人生产定额情况基本上属于正态分布,情况正常。

三、频数分布的相关概念

1. 频数分布

在统计分组的基础上,将总体所有单位按所分的组进行归类排列,所形成的统计数列称为频数分布,也称分配数列。分配数列由两个要素构成：一是总体所分组,二是各组单位数,即频数。

若统计分组是按品质标志进行的,则相应的频数分布叫品质数列；若按数量标志分组,则相应的频数分布叫变量数列,其中包括单项数列与组距数列。频数分布的分类如图2-2所示。

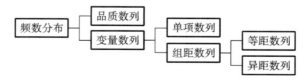

图2-2　频数分布的分类

2. 频率

频率就是各组的频数与总频数的比值,反映各组对总体所起作用的相对强度,计算公式为：

$$频率 = \frac{f_i}{\sum f_i} \qquad (公式2.7)$$

频率具有下面两个性质：

(1) 任何频率都是介于0和1之间的一个数,即 $0 \leqslant \dfrac{f_i}{\sum f_i} \leqslant 1$。

(2) 各组频率之和等于 1，即 $\sum \dfrac{f_i}{\sum f_i} = 1$。

3. 频数密度

采用异距分组时，各组频数的大小受到组距不同的影响，为了消除异距分组所造成的影响，需要计算频数密度。频数密度反映单位组距内分布的频数。在等距数列中，频数分布和频数密度分布是一致的；但是在异距数列中，二者是不一致的，只有频数密度能反映数据分布的特征。频数密度的计算公式为：

$$\text{频数密度} = \text{本组频数} \div \text{本组组距} \qquad (\text{公式} 2.8)$$

4. 累计频数和累计频率

累计频数与累计频率分为向上累计和向下累计。向上累计频数与向上累计频率是先列出各组的上限，然后从变量值小的组向变量值大的组依次累计频数与频率，它表示某组上限以下的频数和频率。向下累计频数与向下累计频率是先列出各组的下限，然后从变量值大的组向变量值小的组依次累计频数与频率，它表示某组下限以上的频数和频率。

【例 2-4】 计算例 2-3 中频数分布表的累计频数和累计频率，并举例说明其意义。

向上累计是从标志值小的组向标志值大的组累加，计算顺序如表 2-16 中左箭头方向所示。累计频数与累计频率表示某组上限以下的频数和频率，如第二组的累计频数与累计频率表示 40 名工人中，完成个人生产定额在 110% 以下的工人有 11 人，占总体工人数的 27.5%。

向下累计是从标志值大的组向标志值小的组累加，计算顺序如表 2-16 中右箭头方向所示。累计频数与累计频率表示某组下限以上的频数和频率，如第三组的累计频数与累计频率表示 40 名工人中，完成个人生产定额在 110% 以上的工人有 29 人，占总体工人数的 72.5%。

表 2-16　40 名工人完成个人生产定额的频数分布、累计频数和累计频率

按完成个人生产定额百分数分组/(%)	频数/名	频率/(%)	向上累计			向下累计		
			上限/(%)	频数/名	频率/(%)	下限/(%)	频数/名	频率/(%)
100 以下	4	10.0	100	4	10.0	—	40	100.0
100～110	7	17.5	110	11	27.5	100	36	90.0
110～120	14	35.0	120	25	62.5	110	29	72.5
120～130	9	22.5	130	34	85.0	120	15	37.5
130～140	4	10.0	140	38	95.0	130	6	15.0
140 以上	2	5.0	150	40	100.0	140	2	5.0
合　　计	40	100.0	—	—	—	—	—	—

累计频数与累计频率在现实经济分析中有很重要的作用。例如，洛伦兹曲线就是累计频数和累计频率的运用。又例如在建设社会主义新农村的进程中，想了解某地区有多少农民户达到或超过小康标准，还有多少农民户是生活困难的弱势群体，这时，需将农民户按小康的主要标准分组，统计出每组的户数，然后计算各组的向上累计频数和向上累计频率，用向上累计频数和向上累计频率来描述统计结果。

5. 频数分布的类型

由于社会经济现象的性质不同，各种统计总体有不同的频数分布，形成了不同类型的分布特征。根据分布曲线的形状,频率分布分为三种类型:钟形分布、U 形分布和 J 形分布。

1)钟形分布

钟形分布的特征是"两头小,中间大",即数据多数集中在中间,靠近两边的数据较少。钟形分布又有左偏分布、正态分布(属对称分布)和右偏分布之分。实际生活中,许多社会经济现象统计总体的分布都趋于正态分布。钟形分布如图 2-3 所示。

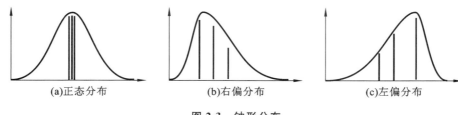

图 2-3 钟形分布

2)U 形分布

U 形分布和钟形分布刚好相反,U 形分布的特征是"两头大,中间小",即数据分布在中间的较少,多数数据分布在两端。如人口死亡率分布中,幼儿和老年人的死亡率较高,而中、青年人的死亡率较低。U 形分布如图 2-4 所示。

3)J 形分布

J 形分布有两种类型:一种是次数随着变量的增大而增多,称为正 J 形分布;另一种是次数随着变量的增大而减少,称为反 J 形分布。J 形分布如图 2-5 所示。

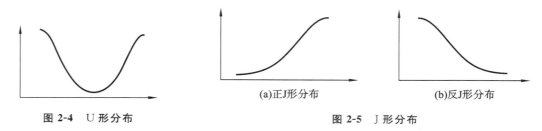

图 2-4 U 形分布　　　　图 2-5 J 形分布

第三节　数据的显示

数据经过收集、整理后,便可以用统计表或统计图直观地显示出来。统计表和统计图是整理、表达和分析客观现象的重要工具,可以避免冗长的叙述,便于理解。

一、统计表

(一)统计表的定义和结构

统计表有广义和狭义之分。广义的统计表包括调查表、登记表、过渡表及分析表,而狭义的统计表主要指分析表。

从形式上看,统计表由总标题、横向标题、纵向标题和指标数值四部分组成。从内容上看,统计表由主词和宾词组成,主词是统计表要说明的总体或总体分成的多个组,宾词是用来说明主词的指标值。

（二）统计表的种类

（1）统计表按照主词的分组情况分为简单表、简单分组表、复合分组表。

①简单表，是指主词未经过任何分组的统计表。

②简单分组表，是指主词按照一个标志分组的统计表。

③复合分组表，是指主词按照两个或两个以上标志重叠分组的统计表。

（2）根据宾词分组情况，统计表分为简单排列、平行排列和重叠排列。

①简单排列，指宾词不经任何分组，按一定顺序排列在统计表上。

②平行排列，指宾词中的各分组标志彼此分开，平行排列。

③重叠排列，指统计指标同时有层次地按两个或两个以上标志分组，各种分组层叠在一起，宾词的栏数等于各种分组的组数连乘积。

（3）按照用途，广义统计表分为调查表、整理表及分析表三种。

①调查表，是在调查中用于登记调查项目的统计表。

②整理表，是在统计整理汇总过程中使用的统计表。

③分析表，是用于统计分析的表格。

（三）统计表的设计

统计表的设计应注意以下问题。

（1）统计表的各种标题应简明、确切。

（2）主栏各行和宾栏各列按"先局部，后整体"的原则排列。在没有必要列出所有项目时，应先列总计，后列部分重要项目。

（3）主栏和计量单位栏用甲、乙等编号，宾栏用1、2等编号。

（4）数字应对准位数，要注意"0""…""－"的用法，"0"代表数字为0或不足单位起点，"…"代表缺乏的数据，"－"代表无法计算的数据。

（5）数据的计量单位相同时，可放在表的右上角标明，不同时应放在每个指标后或单列出一列标明。

（6）通常情况下，统计表的左右两边不封口，表中的上下两条横线一般用粗线，其他线用细线。

（7）必要时可在表的下方加上注释，比如数据的来源、某些数据的计算方法和计算口径等。

二、统计图

（一）条形图和柱形图

用宽度相同的条形的高度或长度来表示数据频数或数据频率的图形，即为条形图。条形图有单式、复式、分段等形式，主要用于反映分类数据的频数分布。绘制时，各组别可以放在纵轴，称为条形图，也可以放在横轴，称为柱形图。两种图都可以用来表示一组或几组分类相关的数值，可用于不同现象的比较，也可用于同一现象不同时间的比较。

【例2-5】 对例2-1中调查的数据进行整理之后绘制的柱形图如图2-6所示。

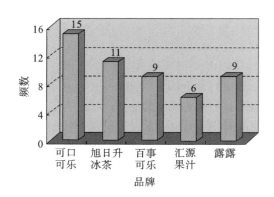

图 2-6　不同品牌饮料的频数分布柱形图

（二）饼图和环形图

用圆形及圆内扇形的面积表示数值大小的图形即为饼图，主要用于表示总体或样本中各组成部分所占的比例，对于研究结构性问题十分有用。绘制饼图时，总体中各组成部分所占的百分比用圆内各个扇形的角度表示，这些扇形的中心角度是按各部分数据百分比占360°的相应的比例确定的。

【例 2-6】 对例 2-1 中调查的数据进行整理之后绘制的饼图如图 2-7 所示。

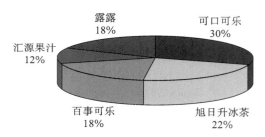

图 2-7　不同品牌饮料的构成饼图

环形图中间有一个"空洞"，总体中的每一部分数据用环中的一段表示。环形图主要用于展示分类数据和顺序数据以及结构比较研究。环形图与饼图相似，但两者又有区别，饼图只能显示一个总体中各部分所占的比例，但是环形图可以同时显示多个总体的数据系列，每一个总体的数据系列为一个环。

【例 2-7】 在一项城市住房问题的研究中，研究人员在甲、乙两座城市各抽样调查了 300 户居民，其中有一个问题是"您对您家庭目前的住房状况是否满意?"，该问题有五个可选答案：非常不满意、不满意、一般、满意、非常满意。经过数据整理后，甲、乙两座城市居民住房满意度调查频数分布表如表 2-17 所示，甲、乙两座城市居民住房满意度对比的环形图如图 2-8 所示。

表 2-17　甲、乙两座城市居民住房满意度调查频数分布表

回答类型	甲 城 市		乙 城 市	
	频数/户	频率/(%)	频数/户	频率/(%)
非常不满意	24	8	21	7
不满意	108	36	99	33

续表

回答类型	甲城市		乙城市	
	频数/户	频率/(%)	频数/户	频率/(%)
一般	93	31	78	26
满意	45	15	64	21.3
非常满意	30	10	38	12.7
合计	300	100	300	100

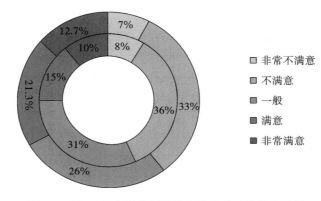

图 2-8 甲、乙两座城市居民住房满意度对比的环形图

（三）直方图

用矩形的宽度和高度来表示频数分布的图形，或者说用矩形的面积来表示各组的频数分布的图形，即为直方图。在直方图中，矩形的宽度表示各组的组距。对于等距分组的数据，矩形的高度表示各组的频数。对于不等距分组的数据，要用矩形的面积来表示各组的频数分布，或根据频数密度来绘制直方图，以准确地表示各组数据的分布特征。无论是等距分组还是异距分组，用矩形面积表示各组的频数更加合适。在直角坐标中，用横轴表示数据分组，用纵轴表示频数或频率，各组与相应的频数就形成一个矩形。矩形高度表示频率的直方图中矩形总面积应该等于1。

直方图和条形图的外表相似，但二者有很多实质上的不同。首先，条形图是用条形的高度表示各类别频数的多少，宽度是固定的，而直方图是用矩形面积表示各组频数的多少，矩形的高度表示每一组的频数或百分比，宽度则表示各组的组距，其高度和宽度均有意义。其次，直方图的各矩形通常是连续排列的，而条形图的各条形则是分开排列的。最后，条形图主要用于展示分类数据，而直方图则主要用于展示数值型数据。

【例 2-8】 某班统计学成绩调查表如表 2-18 所示，调查频数分布表如表 2-19 所示，据此绘制的直方图如图 2-9 所示。

表 2-18 某班统计学成绩调查表

序号	成绩/分	序号	成绩/分	序号	成绩/分	序号	成绩/分	序号	成绩/分
1	73	12	72	23	78	34	71	45	88
2	82	13	38	24	78	35	89	46	49

续表

序号	成绩/分	序号	成绩/分	序号	成绩/分	序号	成绩/分	序号	成绩/分
3	76	14	47	25	87	36	88	47	70
4	82	15	70	26	75	37	71	48	53
5	77	16	69	27	82	38	66	49	66
6	66	17	79	28	67	39	86	50	93
7	75	18	93	29	90	40	91	51	67
8	61	19	91	30	84	41	65	52	71
9	90	20	76	31	73	42	63	53	75
10	92	21	61	32	63	43	83	54	56
11	81	22	88	33	68	44	74	55	67

表 2-19 某班统计学成绩调查频数分布表

成绩/分	频数/人	频率/(%)
0~59	5	9.1
60~69	13	23.6
70~79	18	32.7
80~89	12	21.8
90~100	7	12.7
合计	55	100

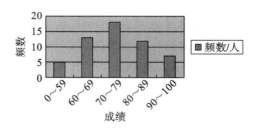

图 2-9 某班统计学成绩调查直方图

(四)折线图

折线图也叫频数多边形图,是在直方图的基础上,把直方图各个矩形顶部的中点(组中值)用直线连接起来,再把原来的直方图抹掉后形成的。折线与横轴围成的面积与直方图各矩形的面积和相同,均为1。折线图一般用于时间序列数据,用来反映事物发展变化的规律和趋势。

【例 2-9】 根据例 2-8 中的资料绘制折线图,如图 2-10 所示。

(五)曲线图

将折线图中的直线变成光滑的曲线即得到曲线图。

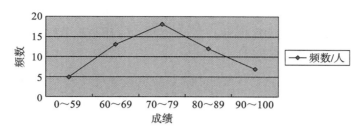

图 2-10　某班统计学成绩调查折线图

(六) 帕累托图

帕累托图又叫排列图、主次图,是按照发生频率大小顺序绘制的直方图,用于表示有多少结果是由已确认类型或范畴的原因所造成的。它是将出现的质量问题和质量改进项目按照重要程度依次排列而采用的一种图表,可以用来分析质量问题,确定产生质量问题的主要原因。

在帕累托图中,不同类别的数据根据其频率降序排列,并在同一张图中画出累计百分比图。帕累托图可以体现帕累托原则:数据的绝大部分存在于很少类别中,极少剩下的数据分散在大部分类别中。这两组数据经常被称为"至关重要的极少数"和"微不足道的大多数",所以帕累托原则又简称"20%原则"。

帕累托图的主要应用是洛伦兹曲线。洛伦兹曲线(Lorenz curve),也称为劳伦兹曲线,就是在一个总体(国家、地区)内,从最贫穷人口开始计算一直到最富有人口,以人口百分比对应的收入百分比的点组成的曲线。

图 2-11 中,横轴表示人口(按收入由低到高分组)累计百分比,纵轴表示收入累计百分比,弧线为洛伦兹曲线。

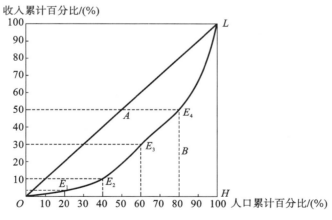

图 2-11　洛伦兹曲线

洛伦兹曲线的弯曲程度有重要意义,一般来讲,它反映了收入分配的不平等程度,弯曲程度越大,收入分配越不平等,反之亦然。特别是,当所有收入都集中在一人手中,而其余人口均一无所获时,收入分配达到完全不平等,洛伦兹曲线成为折线 OHL。若任一人口百分比均等于其收入百分比,从而人口累计百分比等于收入累计百分比,则收入分配是完全平等的,洛伦兹曲线成为通过原点的 45 度线 OL。

一般来说,一个国家的收入分配既不是完全不平等,也不是完全平等,而是介于两者之间。相应的,洛伦兹曲线既不是折线 OHL,也不是 45 度线 OL,而是图中的向横轴突出的弧线 OL。

(七)茎叶图

茎叶图又称枝叶图,它的思路是将数组中的数按位数进行比较,将数的大小基本不变或变化不大的位作为一个主干(茎),将变化大的位作为分枝(叶)列在主干的后面,这样就可以清楚地看到每个主干后面的几个数,每个数具体是多少。

茎叶图有三列数:左边的一列数表示茎,也就是变化不大的位数;中间一列数表示数组中的变化位,它按照一定的间隔将数组中每个变化的数一一列出来,像一条枝上抽出的叶子一样;右边的一列数表示每根茎上叶子的总数。

茎叶图的特征如下所述。

首先,用茎叶图表示数据有两个优点:一是统计图上没有原始数据信息的损失,所有数据信息都可以从茎叶图中得到;二是茎叶图中的数据可以随时记录,随时添加,方便记录与表示。

其次,茎叶图便于表示两位有效数字的数据,而且茎叶图只方便记录两组数据,两组以上的数据虽然能够记录,但是没有表示两组数据那么直观、清晰。

最后,茎叶图对重复出现的数据要重复记录,不能遗漏。

茎叶图是一个与直方图相类似的特殊工具,但又与直方图不同,茎叶图保留了原始资料的信息,直方图则失去了原始资料的信息。将茎叶图的茎和叶按逆时针方向旋转 90 度,实际上就可得到一个直方图,可以从中统计出次数,计算出各数据段的频率或百分比,进而看出分布是否与正态分布逼近。

【例 2-10】 根据例 2-8 中的资料,绘制茎叶图,如图 2-12 所示。

树 茎	树 叶	每根茎上叶子的总数
3	8	1
4	7 9	2
5	3 6	2
6	6 1 9 1 7 3 8 6 5 3 6 7 7	13
7	3 6 7 5 2 0 9 6 8 8 5 3 1 1 4 0 1 5	18
8	2 2 1 8 7 2 4 9 8 6 3 8	12
9	0 2 3 1 0 1 3	7

图 2-12 某班统计学成绩调查茎叶图

第六次全国人口普查

全国人口普查,是指在国家统一规定的时间内,按照统一的方法、统一的项目、统一的调查表和统一的标准时点,对全国人口普遍地、逐户逐人地进行的一次性调查登记。全国人口普查工作包括人口资料的搜集、数据汇总、资料评价、分析研究、编辑出版等全部过程,它是当今世界各国广泛采用的搜集人口资料的一种最基本的科学方法,是提供全国人口基本数据的主要来源。具体环节如下所述。

第一步,确定普查对象和范围。

在某城市某行政辖区内居住的全部人口,不论其户籍是否在该地区均应进行普查登记。户口落在该区行政辖区内,但现在不在该区行政辖区内居住的,其户口所在地要采集相应信息。

全国人口普查以户为单位,在现住地进行登记,户分为家庭户和集体户。家庭户是指以家庭成员关系为主,居住一处共同生活的人口。单身居住独自生活的人口,也为一个家庭户。集体户是指相互之间没有家庭成员关系,集体居住共同生活的人口。

第二步,明确普查内容和普查表式。

(1)普查的主要内容。人口普查主要调查人口和住户的基本情况,内容包括:性别、年龄、民族、受教育程度、行业、职业以及迁移流动、社会保障、婚姻生育、死亡、住房情况等。

(2)普查的表式。普查表共分为第六次全国人口普查表短表、第六次全国人口普查表长表、第六次全国人口普查表短表(供港澳台和外籍人员使用)和第六次全国人口普查死亡人口调查表。其中,普查表长表由按国家方案抽中的10%样本户进行填报,其余户则填报普查表短表。

第三步,规定普查的标准时间。

第六次全国人口普查的标准时间:2010年11月1日零时。

第四步,明确登记原则与调查方法。

登记原则:原则上实行在所在地登记,但户口落在该管辖区而目前人不在该管辖区范围内居住的,户口所在地普查机构也应进行调查登记。

调查方法:采用普查员上门逐户登记的方式,由负责普查登记工作的普查员按各自负责区域逐一上门入户,按普查报表指标的登记内容对普查对象进行询问,并根据普查对象提供的资料情况据实填报。

普查员调查完一户后,应向普查对象当面宣读填写的内容,进行核对。调查登记完成后,普查对象、普查员都要在普查表上签名确认。

第五步,普查的组织实施。

普查组织实施分两个阶段进行:

第一阶段,清查摸底。普查机构在规定时间内对辖区的普查对象进行全面的清查,确保本辖区、本单位的调查对象无一遗漏。通过收集相关信息和实地访问,编制普查区域内全部住户及单位名录,判定、筛选出普查登记对象。清查摸底工作是搞好现场登记工作的基础,是确保人口普查数据质量的关键。

第二阶段,登记填报和复查。普查登记填报根据国家普查方案规定采用两种调查办法分别进行长、短表的登记。其中长表由按国家规定方案抽中的10%样本普查对象户填写,其余的普查对象户填写短表。现场登记完成后,普查指导员要组织普查员按普查规定进行复查。

普查的具体组织实施:

普查的具体组织实施工作由城区人口普查办公室(简称人普办)统一部署,各镇、街道及各主管单位人普办负责具体实施,村、社区人口普查小组负责具体落实。各有关单位负责按照城区统一工作部署,认真组织落实人口普查工作,配合所在地普查机构做好普查登记,共同完成普查工作任务。

(1)城区人普办负责组织、领导、协调、管理全城区人口普查工作,制订全城区人口普查工作实施方案、工作计划和经费预算,具体部署全城区人口普查工作,督促检查各镇、街道及各主管单位普查工作落实情况,组织开展全城区普查人员选调、普查区域划分、普查区域图绘制、普查宣传、户主姓名底册编制、普查业务培训、入户登记填报、工作质量抽查验收、普查资料的审核与整理保管、手工汇总上报及分析等工作。

(2) 各镇(街道)人普办负责组织、领导、协调本辖区的人口普查工作,负责制订本级人口普查工作计划,组织、指导各村(社区)及各单位选调普查人员、成立普查小组、划分普查区域和绘制普查区域图,做好人口普查宣传工作,负责组织基层普查人员培训、户主姓名底册编制、入户登记填报、普查资料审核、普查质量控制等工作,负责做好普查登记质量检查和普查表审核、手工汇总、保管、复查、装订及上报工作。

第六步,普查质量的监控。

为保证普查的质量,普查机构必须遵循"统一组织,分级负责,层层把关,不重不漏,真实反映,确保质量"的原则,按照"区域划清、人头点清、去向查清"的目标,加强普查全过程的质量监控工作,确保摸底清查、业务培训、登记填报、数据审核、数据处理等普查工作的质量。

被抽查的普查小区,如差错率小于规定的要求,即予以通过;如差错率大于规定要求,则该普查小区的普查工作要全面返工重做。属现场检查项目的要重新到实地进行检查,属人工逻辑检查项目的要重新进行人工逻辑检查,然后再随机抽取1/10普查小区进行检查,合格即予以通过,仍不合格的返工重做,直至达到指标要求为止。

第七步,进行数据处理,并做相关的分析。

通过调查获得数据,进而对数据进行汇总整理。最后分析本次普查结果与上次普查结果的不同之处,如人口出生率、人口死亡率、流动人口数量的变动等。

实验二　　实验三　　实验四

第三章
数据分布特征描述

YINGYONG TONGJI YU SHIWU

频数分布能全面地描述总体的分布规律,但在许多实际问题中,这样的"全面描述"有时并不会使人感到方便。例如要比较两个品种母鸡的年产量(蛋),通常只要比较两个品种母鸡年产量的平均值就可以了,这时如果不去比较它们的平均值,而只看它们的频数分布,虽然"全面",但却使人不得要领,既难以掌握数据特征,又难以迅速做出判断。因此需要对数据的描述特征进行分析。

统计数据分布特征有三个方面:一是分布的集中趋势,反映各总体单位标志值向其中心值靠拢或聚集的倾向;二是分布的离散程度,反映各总体单位标志值远离其中心值的趋势和程度;三是分布的形状,反映数据分布的偏度和峰度。本章从上述三个方面论述了数据分布特征测定的意义、指标计算方法及注意问题。

第一节 数据的集中趋势

一、集中趋势的含义和作用

(一)集中趋势的概念

集中趋势是指一组数据向其中心值靠拢的倾向,它反映一组数据中心点位置的所在。测定集中趋势就是寻找数据水平的代表值或中心值。集中趋势是数据分布的重要特征值。集中趋势示意图如图 3-1 所示。

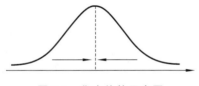

图 3-1 集中趋势示意图

(二)集中趋势指标

测定集中趋势的指标有两类:位置代表值和数值平均数。

1. 位置代表值

位置代表值是在总体中将变量按顺序排列后得到的数列中某个特殊位置的值。反映集中趋势的位置代表值主要有众数、中位数和分位数等。位置代表值既适用于品质数列,也适用于数值型数列。

2. 数值平均数

数值平均数就是均值,是对总体中的所有数据计算平均值,反映所有数据的一般水平。根据计算方法的不同,数值平均数又分为算术平均数、调和平均数和几何平均数。

(三)集中趋势的作用

测定集中趋势是为了表示社会经济现象总体各单位某一标志在一定时间、地点、条件下所达到的一般水平。主要作用如下:

第一,反映总体各单位变量分布的一般水平。客观现象总体各单位的变量值往往越靠近中心值,单位数就越多,也就是说,围绕在中心值周围的标志值个数在总体单位数中所占的比重较大。集中趋势的特征值用于反映总体各单位变量分布的一般水平的代表性。

第二,比较同类现象在不同单位的发展水平。不能采用总量指标比较不同单位同类现象的发展水平,因为总量指标会受到规模大小的影响,比如评价两家同行业企业的职工工资水平,既不能用每一个职工的工资一一进行比较,也不能用总工资进行比较,而应该采用平均工资进行比较。

第三,比较同类现象在不同时期的发展变化趋势或规律。集中趋势的测定可以不受现象规模的影响,且能够消除偶然因素的作用,客观地反映现象总体变化的基本趋势。

第四,分析现象的依存关系。研究客观现象的依存关系,不能取现象的某个具体的值,而应该采用均值。比如研究受教育程度和收入水平之间的关系,应该研究受教育程度和月均收入水平之间的关系。

下面按照数据的计量尺度,从低级向高级讲述集中趋势指标值的测定。

二、位置代表值

(一) 众数

众数是总体中出现次数最多的变量值,用 M_O 表示。在频数分布中,众数指频数或频率最大的标志值。因为分布数列中最常出现的标志值最具代表性,所以众数可以反映数列的一般水平。

众数的特点:其一,众数的稳定性差,即众数具有不唯一性。如果数据没有明显的集中趋势或最高峰值,众数就不存在,如果数据有多个峰值,则众数就有多个。众数示意图如图 3-2 所示。其二,众数不受极端值的影响。其三,众数对数据等级的要求是最低的,各计量尺度的数据都可以计算众数。

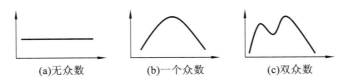

图 3-2 众数示意图

确定众数时需要确定数据是分组资料还是未分组资料。当数据是未分组资料时,出现次数最多的变量值即为众数;当数据是分组资料时,首先确定频数最大的组为众数组,然后再计算众数。

1. 定类尺度数列计算众数

【例 3-1】 对例 2-1 中的分组资料计算众数。

解:如表 2-13 所示,变量为"饮料品牌",是个分类变量,不同类型的饮料就是变量值。在所调查的 50 人中,购买可口可乐饮料的人数最多,为 15 人,占总调查人数的 30%,因此众数为"可口可乐"这一饮料品牌,即 M_O = 可口可乐。

2. 定序尺度数列计算众数

【例 3-2】 对例 2-7 中甲城市的分组资料计算众数,甲城市居民住房满意度调查频数分布表如表 3-1 所示。

表 3-1 甲城市居民住房满意度调查频数分布表

回答类型	甲 城 市		
	频数/户	频率/(%)	累计频数/户
非常不满意	24	8	24
不满意	108	36	132

续表

回答类型	甲 城 市		
	频数/户	频率/(%)	累计频数/户
一般	93	31	225
满意	45	15	270
非常满意	30	10	300
合　　计	300	100	—

解：这里的数据为顺序数据，变量为"回答类型"。

甲城市中对住房表示不满意的户数最多，为 108 户，因此众数为"不满意"这一回答类型，即 $M_O=$ 不满意。

3．单项数列计算众数

【例 3-3】 对例 2-2 中的单项数列计算众数。

解：如表 2-14 所示，这里的数据为单项式分组数列，变量为"工人看管机器台数"。看管 4 台机器的工人数最多，为 10 人，因此 $M_O=4$。

4．组距数列计算众数

对于组距数列计算众数，先确定众数组，然后通过插值法计算众数。在等距分组条件下，众数组是出现次数最多的那一组。在异距分组条件下，众数组是频数密度最大的那一组。众数值是依据众数组的频数与众数组相邻两组的频数的关系采用插值法推算出来的。组距数列众数计算示意图如图 3-3 所示。

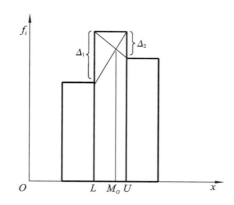

图 3-3　组距数列众数计算示意图

下限公式（当向上累计时）：

$$M_O = L + \frac{f_{M_O} - f_{M_O-1}}{(f_{M_O} - f_{M_O-1}) + (f_{M_O} - f_{M_O+1})} \times d_{M_O} = L + \frac{\Delta_1}{\Delta_1 + \Delta_2} \times d_{M_O}$$

（公式 3.1）

上限公式（当向下累计时）：

$$M_O = U - \frac{f_{M_O} - f_{M_O+1}}{(f_{M_O} - f_{M_O-1}) + (f_{M_O} - f_{M_O+1})} \times d_{M_O} = U - \frac{\Delta_2}{\Delta_1 + \Delta_2} \times d_{M_O} \quad \text{（公式 3.2）}$$

式中，L 是众数所在组的下限，U 是众数所在组的上限，f_{M_O} 是众数组的频数，f_{M_O-1} 是众数组前一组（数据较小一组）的频数，f_{M_O+1} 是众数组后一组（数据较大一组）的频数，Δ_1 是众数所在组频数与前一组频数之差，Δ_2 是众数所在组频数与后一组频数之差，d_{M_O} 是众数所在组的组距。

【例 3-4】 某车间工人日生产零件数分组资料如下：

日生产零件数/个	工人数/人
40～50	20
50～60	40
60～70	80
70～80	50
80～90	10
合　计	200

要求：计算众数。

解：因为"60～70"出现的次数最多，所以"60～70"为众数组，将有关数据代入公式，可得：

$$M_O = L + \frac{f_{M_O} - f_{M_O-1}}{(f_{M_O} - f_{M_O-1}) + (f_{M_O} - f_{M_O+1})} \times d_{M_O}$$

$$= [60 + \frac{80-40}{(80-40)+(80-50)} \times 10] \text{个}$$

$$= (60 + 5.71) \text{个} = 65.71 \text{个}$$

众数是按照数据的位置计算的，其优点在于不受极端值的影响。在数据分布存在明显的集中趋势，并且有显著的极端值存在的情况下，众数的适用性较强。但是众数的灵敏性、计算功能和稳定性比较差，因此当数据分布的集中趋势不明显或存在两个以上众数时，不适合采用众数。

（二）中位数

中位数是对总体中的数据进行排序之后，处在数列中点位置上的那个数据值或变量值；或者中位数是累计频率数列中累计频率等于 0.5 位置上所对应的变量值。

中位数也是位置代表值，但是中位数不适用于定类尺度数列，只能在定序尺度数列及更高级别的数列中应用，因此又叫次序统计量，用 M_e 表示。中位数代表总体所有变量的一般水平，也可以避免受极端值的影响，在某些特定情况下，更具有代表性。比如，人口的平均年龄会受到个别特别长寿人口年龄的影响，使计算结果产生较大偏差，而年龄的中位数可以较好地体现人口年龄结构的特征。国际上通常采用人口年龄的中位数作为人口老龄化的一个判断标准。

中位数的计算方法要根据掌握的资料而定，资料主要有两种：一是未分组资料；二是分组资料。

1. 未分组资料计算中位数

未分组资料确定中位数：将总体中的所有数据按照从小到大进行排序，确定数列的最中间位置，处在最中间位置上的数据就是中位数。

当数据个数为奇数的时候,中位数就是最中间位置上的变量值;当数据个数为偶数的时候,中位数是处在中间位置上的两个数据的均值。

$$M_e = \begin{cases} x_{\frac{n+1}{2}}, & n\text{ 为奇数} \\ \frac{1}{2}(x_{\frac{n}{2}} + x_{\frac{n}{2}+1}), & n\text{ 为偶数} \end{cases}$$ (公式3.3)

【例3-5】 9个家庭的人均月收入数据(元)如下。
原始数据: 1 500　750　780　1 080　850　960　2 000　1 250　1 630
排　　序: 750　780　850　960　1 080　1 250　1 500　1 630　2 000
位　　置: 1　　2　　3　　4　　5　　6　　7　　8　　9

$$\text{最中间位置} = \frac{n+1}{2} = \frac{9+1}{2} = 5$$

因此,$M_e = 1\ 080$ 元。

【例3-6】 10个家庭的人均月收入数据(元)如下。
排　　序: 660　750　780　850　960　1 080　1 250　1 500　1 630　2 000
位　　置: 1　　2　　3　　4　　5　　6　　7　　8　　9　　10

$$\text{最中间位置} = \frac{n+1}{2} = \frac{10+1}{2} = 5.5$$

因此,$M_e = \frac{960 + 1\ 080}{2}$ 元 $= 1\ 020$ 元。

2. 分组资料计算中位数

分组资料计算中位数:首先计算各组的累计频数,向上累计频数首次超过 $\frac{\sum f}{2}$ 的组即为中位数组,再根据不同尺度计量的数据选择不同的计算公式。

1) 定序尺度数据计算中位数

【例3-7】 对例2-7中甲城市的分组资料计算中位数。

解:如表3-1所示,这里的数据为顺序数据,变量为"回答类型"。

第三组累计频数 $225 > \frac{\sum f}{2} = 150$,因此第三组为中位数组,$M_e = $ 一般 。

2) 单项数列计算中位数

【例3-8】 对例2-2中的单项数列计算中位数。

解:如表2-14所示,这里的数据为单项式分组数列,变量为工人看管机器台数。

第三组累计频数 $20 > \frac{\sum f}{2} = 12$,因此第三组为中位数组,$M_e = 4$ 。

3) 组距数列计算中位数

组距数列确定中位数,首先要计算各组的累计频数,向上累计频数首次超过 $\frac{\sum f}{2}$ 的组即为中位数组,再利用插值法按比例计算中位数的近似值。

下限公式(当向上累计时):

$$M_e = L + \frac{\frac{\sum f}{2} - S_{M_e-1}}{f_{M_e}} \times d_{M_e} \qquad \text{(公式 3.4)}$$

上限公式（当向下累计时）：

$$M_e = U - \frac{\frac{\sum f}{2} - S_{M_e+1}}{f_{M_e}} \times d_{M_e} \qquad \text{(公式 3.5)}$$

式中，$\frac{\sum f}{2}$ 是中位数位次，L 是中位数所在组下限，U 是中位数所在组上限，S_{M_e-1} 是中位数所在组以前各组的累计频数，S_{M_e+1} 是中位数所在组以后各组的累计频数，f_{M_e} 是中位数所在组的频数，d_{M_e} 是中位数所在组的组距。

【例 3-9】 对例 3-4 中的分组资料计算中位数。

日生产零件数/个	工人数/人	累计频数/人
40～50	20	20
50～60	40	60
60～70	80	140
70～80	50	190
80～90	10	200
合　　计	200	—

解：因为"60～70"组的向上累计频数 $140 > \frac{\sum f}{2} = \frac{200}{2} = 100$，所以"60～70"为中位数组，将有关数据代入公式，可得：

$$M_e = L + \frac{\frac{\sum f}{2} - S_{M_e-1}}{f_{M_e}} \cdot d_{M_e} = \left(60 + \frac{\frac{200}{2} - 60}{80} \times 10\right) \text{个} = (60 + 5) \text{个} = 65 \text{个}$$

计算中位数时，假定中位数所在组的频数在该组内是均匀分布的，由于中位数也是一个位置代表值，所以中位数也不受极端值的影响。中位数还具有一个很好的性质，就是变量值与中位数的离差绝对值代数和最小，即 $\sum_{i=1}^{n} |x_i - M_e|$ 最小，说明中位数与各变量值的距离之和是最小的，这在工程设计中有一定的实用价值。

（三）四分位数

四分位数是将所有变量值按大小排序并分成四等份，处于三个分割点位置的变量值。处在 25% 和 75% 位置上的变量值分别是下四分位数和上四分位数。下四分位数用 Q_L 表示，上四分位数用 Q_U 表示，如图 3-4 所示。

四分位数也是位置代表值，代表总体所有变量的一般水平，也可以避免受极端值的影响，在某些特定情况下，更具有代表性。四分位数的计算方法和中位数的相似。

1. 未分组资料计算四分位数

$$Q_L \text{ 的位置} = \frac{n+1}{4} \qquad \text{(公式 3.6)}$$

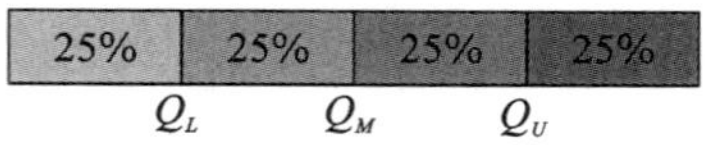

图 3-4 四分位数示意图

$$Q_U \text{ 的位置} = \frac{3(n+1)}{4} \quad \text{（公式 3.7）}$$

找到上、下四分位数的位置后，用插值法按照平均分布比例计算得到最终上、下四分位数的数值。

【例 3-10】 9 个家庭的人均月收入数据（元）如下。

原始数据： 1 500　750　780　1 080　850　960　2 000　1 250　1 630
排　　序： 750　780　850　960　1 080　1 250　1 500　1 630　2 000
位　　置： 1　　2　　3　　4　　5　　6　　7　　8　　9

$$Q_L \text{ 的位置} = \frac{n+1}{4} = \frac{9+1}{4} = 2.5$$

$$Q_U \text{ 的位置} = \frac{3(n+1)}{4} = \frac{3\times(9+1)}{4} = 7.5$$

因此，$Q_L = \frac{780+850}{2}$ 元 = 815 元，$Q_U = \frac{1\,500+1\,630}{2}$ 元 = 1 565 元。

【例 3-11】 10 个家庭的人均月收入数据（元）如下。

排　　序： 660　750　780　850　960　1 080　1 250　1 500　1 630　2 000
位　　置： 1　　2　　3　　4　　5　　6　　7　　8　　9　　10

$$Q_L \text{ 的位置} = \frac{n+1}{4} = \frac{10+1}{4} = 2.75$$

$$Q_U \text{ 的位置} = \frac{3(n+1)}{4} = \frac{3\times(10+1)}{4} = 8.25$$

因此，$Q_L = [750+0.75\times(780-750)]$ 元 = 772.5 元，$Q_U = [1\,500+0.25\times(1\,630-1\,500)]$ 元 = 1 532.5 元。

2. 分组资料计算四分位数

分组资料计算四分位数：首先计算各组的累计频数，向上累计频数首次超过 $\frac{\sum f}{4}$ 的组即为下四分位数组，向上累计频数首次超过 $\frac{3\sum f}{4}$ 的组即为上四分位数组，再根据不同尺度计量的数据选择不同的计算公式。

1) 定序尺度数据计算四分位数

【例 3-12】 对例 2-7 中甲城市的分组资料计算四分位数。

解：如表 3-1 所示，这里的数据为顺序数据，变量为"回答类型"。

$$Q_L \text{ 的位置} = \frac{300}{4} = 75 \quad Q_U \text{ 的位置} = 3\times\frac{300}{4} = 225$$

从累计频数看，Q_L 在"不满意"这一组别中，Q_U 在"一般"这一组别中，因此 Q_L = 不满意，Q_U = 一般。

2）单项数列计算四分位数

【例 3-13】 对例 2-2 中的单项数列计算四分位数。

解：如表 2-14 所示，这里的数据为单项式分组数列，变量为工人看管机器台数。

$$Q_L \text{ 的位置} = \frac{24}{4} = 6 \quad Q_U \text{ 的位置} = 3 \times \frac{24}{4} = 18$$

从累计频数看，Q_L 在"3"这一组别中，Q_U 在"4"这一组别中，因此 $Q_L = 3$ 台，$Q_U = 4$ 台。

三、数值平均数

数值平均数又称为均值，是根据总体中的所有数据计算出来的平均数，反映总体数据的一般水平，是测定集中趋势最重要的指标。数值平均数包含算术平均数、调和平均数和几何平均数。

（一）算术平均数

算术平均数用 $\bar{x}$ 表示。根据掌握资料的不同和计算形式的不同，算术平均数又分为简单算术平均数和加权算术平均数。

1. 简单算术平均数

简单算术平均数主要用于对没有分组的资料测算均值。假设有一组变量值为 $x_1, x_2, x_3, \cdots, x_n$，则其简单算术平均数的计算公式为：

$$\bar{x} = \frac{x_1 + x_2 + \cdots + x_n}{n} = \frac{\sum_{i=1}^{n} x_i}{n} \tag{公式 3.8}$$

【例 3-14】 8 名工人日产零件数（件）分别为 17、19、20、22、23、23、24、25，求 8 名工人平均日产零件数。

解：$\bar{x} = \dfrac{\sum_{i=1}^{n} x_i}{n} = \dfrac{173}{8}$ 件/人 = 21.625 件/人

【例 3-15】 现有一组学员，其年龄分布表如表 3-2 所示，计算其平均年龄。

表 3-2　学员年龄分布表

男性	22	22	25	25	25	25	25	30	30	50
女性	22	22	25	25	25	25	25	30	30	30

解：简单算术平均数为

$$\bar{x} = \frac{\sum_{i=1}^{n} x_i}{n} = \frac{538}{20} \text{ 岁} = 26.9 \text{ 岁}$$

对上述年龄进行单项式分组，得到表 3-3 所示的学员年龄分布频数表。

表 3-3　学员年龄分布频数表

年龄/岁	人数/人
22	4

续表

年龄/岁	人数/人
25	10
30	5
50	1
合　　计	20

2．加权算术平均数

因为各组变量的频数不等，分组资料计算均值应该采用加权算术平均数。假设有一组变量值为 $x_1,x_2,x_3,\cdots,x_n$，相应的频数为 $f_1,f_2,f_3,\cdots,f_n$，则加权算术平均数的计算公式为：

$$\overline{x}=\frac{x_1\cdot f_1+x_2\cdot f_2+\cdots+x_n\cdot f_n}{f_1+f_2+\cdots+f_n}=\frac{\sum_{i=1}^{n}x_i\cdot f_i}{\sum_{i=1}^{n}f_i} \qquad （公式3.9）$$

1）权数的定义

各组标志值的单位数，即频数的多少对平均数的大小起到权衡轻重的作用，因此将其称为权数。权数的具体形式有两种：一种是绝对权重，即 f_i；另一种是相对权重，即 $\dfrac{f_i}{\sum f_i}$。因此，加权算术平均数受两个因素的影响：一个是变量值的大小，另一个是各变量值所对应的权数。当各组的频数相等的时候，加权算术平均数就是简单算术平均数。

【例3-16】 甲、乙两组各有10名学生，学生考试成绩分布表如表3-4所示。

表3-4　学生考试成绩分布表

甲 组		乙 组	
考试成绩 x/分	人数 f/人	考试成绩 x/分	人数 f/人
0	1	0	8
20	1	20	1
100	8	100	1
合　计	10	合　计	10

根据以上资料，理解权数的意义和作用。

解：根据以上资料，不需计算就可以明显看出，甲组的平均成绩一定高于乙组，因为甲组高分学生的人数远多于乙组，而两组的变量值均相等，因此人数的多少在这里对平均数的大小起到决定性作用。各组变量值频数的多少对平均数的大小有权衡轻重的作用，所以称各组变量值的频数为权数，这种计算方法称为加权算术平均数。可以看出，加权平均数的大小受两个因素的影响：一是各组变量值(x)，二是各组频数(f)。该例中人数即权数，用公式计算如下：

$$甲组平均成绩=\frac{\sum xf}{\sum f}=\left(\frac{0\times1+20\times1+100\times8}{1+1+8}\right)分=\frac{820}{10}分=82分$$

$$乙组平均成绩=\frac{\sum xf}{\sum f}=\left(\frac{0\times8+20\times1+100\times1}{8+1+1}\right)分=\frac{120}{10}分=12分$$

2) 加权算术平均数的形式

由于权重有两种具体形式,因此加权算术平均数的计算公式也有两种形式,公式如下:

$$\bar{x} = \frac{\sum_{i=1}^{n} x_i \cdot f_i}{\sum_{i=1}^{n} f_i} = \sum_{i=1}^{k} x_i \frac{f_i}{\sum_{i=1}^{k} f_i} \qquad (公式3.10)$$

【例3-17】 某化工厂生产出三批硫酸,第一批产量为 80 吨,纯度为 90%;第二批产量为 100 吨,纯度为 91%;第三批产量为 60 吨,纯度为 89%。求该厂三批硫酸的平均纯度。

解:已知 x——纯度,f——产量。

$$平均纯度 = \frac{\sum(硫酸含量)}{\sum(产量)} = \frac{\sum(产量 \times 纯度)}{\sum(产量)}$$

$$= \frac{\sum xf}{\sum f} = \frac{0.9 \times 80 + 0.91 \times 100 + 0.89 \times 60}{80 + 100 + 60}$$

$$= \frac{216.4}{240} \times 100\% = 90.17\%$$

【例3-18】 某农村播种粮食的耕地分为三个类型,平原占 6 成,估计亩产 800 斤;丘陵占 3 成,估计亩产 500 斤;山地占 1 成,估计亩产 300 斤。据此估计该农村平均粮食亩产。

解:已知 x——粮食亩产,$\frac{f}{\sum f}$——比重权数。

$$\bar{x} = \sum x \frac{f}{\sum f} = (800 \times 0.6 + 500 \times 0.3 + 300 \times 0.1) 斤/亩$$

$$= (480 + 150 + 30) 斤/亩 = 660 斤/亩$$

3. 组距数列计算算术平均数

由于组距数列隐含着数据的真实值,因此采用组中值代替变量值。

【例3-19】 对例3-4中的分组资料计算加权算术平均数。

解:整理原始分组资料的组中值与标志总量,可得下表。

日生产零件数/个	工人数/人	组中值 x	标志总量 xf
40~50	20	45	900
50~60	40	55	2 200
60~70	80	65	5 200
70~80	50	75	3 750
80~90	10	85	850
合 计	200	—	12 900

$$\bar{x} = \frac{\sum xf}{\sum f} = \frac{12\,900}{200} 个 = 64.5 个$$

4. 是非标志变量计算算术平均数

某标志只能取两个值,就是非标志变量。例如性别有男性和女性,产品质量有合格和不合格,计划完成程度有完成计划和未完成计划。

用"1"表示"是"的变量值,用"0"表示"非"的变量值。p 为取"是"的频率,q 为取"非"的频率。

变量值 x	频率
1	p
0	q
合　计	1

$$\bar{x} = \sum x \frac{f}{\sum f} = 1 \times p + 0 \times q = p \qquad (公式3.11)$$

5. 算术平均数的数学性质

① 算术平均数与标志值个数的乘积等于各标志值之和。

$$n\bar{x} = \sum x \qquad \bar{x} \sum f = \sum xf$$

② 各标志值与算术平均数的离差之和等于零。

$$\sum_{i=1}^{n}(x_i - \bar{x}) = 0 \qquad \sum_{i=1}^{n}(x_i - \bar{x})f_i = 0$$

③ 各标志值与算术平均数离差的平方和最小。

$$\sum_{i=1}^{n}(x_i - \bar{x})^2 = \min \qquad \sum_{i=1}^{n}(x_i - \bar{x})^2 f_i = \min$$

6. 算术平均数、众数和中位数的关系

1) 分布形态

当总体呈正态分布时,$\bar{x} = M_e = M_O$;当总体呈右偏态分布时,$\bar{x} > M_e > M_O$;当总体呈左偏态分布时,$\bar{x} < M_e < M_O$。

众数、中位数和算术平均数在数据分布中的关系如图3-5所示。

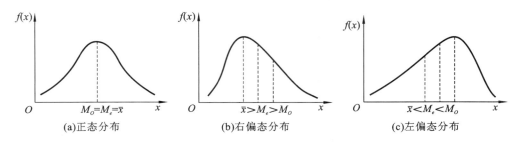

(a)正态分布　　(b)右偏态分布　　(c)左偏态分布

图3-5　众数、中位数和算术平均数在数据分布中的关系

【例3-20】　例3-4中的组距数列,判断数据的分布形态。

解:因为 $\bar{x} < M_e < M_O$,所以该数据呈左偏态分布。

2) 等价公式

描述总体分布的偏斜程度时,$\bar{x}$、M_e、M_O 满足皮尔逊公式:

$$(\bar{x} - M_O) \approx 3 \cdot (\bar{x} - M_e) \qquad (公式3.12)$$

若 $\bar{x} - M_O = 0$,说明总体分布呈正态分布;若 $\bar{x} - M_O > 0$,说明总体分布右偏;若 $\bar{x} - M_O < 0$,

说明总体分布左偏。

【例 3-21】 抽查一批零件直径尺寸的结果:直径尺寸大于 800 mm 者占全部零件的一半,直径尺寸为 805 mm 的零件最多。试估计该批零件直径尺寸的算术平均数,并指出该批零件直径尺寸分布的偏斜情况。

解:已知 $M_e = 800$ mm,$M_O = 805$ mm。

根据皮尔逊公式可得

$$\bar{x} \approx \frac{3M_e - M_O}{2} = \frac{3 \times 800 - 805}{2} \text{ mm} = 797.5 \text{ mm}$$

由于 $\bar{x} < M_e < M_O$,所以该批零件直径尺寸分布为左偏态分布。

算术平均数是测定集中趋势最重要的指标,它有良好的数学性质,易于计算和推导。但算术平均数的大小易受极端值的影响,在数据存在极端值时,其对数据的代表性会降低。

(二) 调和平均数

调和平均数是各个变量值倒数的算术平均数的倒数,用 H 表示。调和平均数也有简单和加权两种形式。

1. 简单调和平均数

简单调和平均数主要用于没有分组的资料。假设有一组变量值为 $x_1, x_2, x_3, \cdots, x_n$,则其简单调和平均数的计算公式为:

$$H = \frac{1}{\frac{\frac{1}{x_1} + \frac{1}{x_2} + \cdots + \frac{1}{x_n}}{n}} = \frac{n}{\frac{1}{x_1} + \frac{1}{x_2} + \cdots + \frac{1}{x_n}} = \frac{n}{\sum_{i=1}^{n} \frac{1}{x_i}} \quad \text{(公式 3.13)}$$

【例 3-22】 某种蔬菜早、中、晚市的价格分别为每斤 0.7 元、每斤 0.68 元和每斤 0.74 元,各买 1 元,求平均价格。

解:平均价格=交易额÷交易量,即

$$\text{平均价格 } H = \frac{n}{\sum \frac{1}{x}} = \frac{1+1+1}{\frac{1}{0.7} + \frac{1}{0.68} + \frac{1}{0.74}} \text{元/斤} = \frac{3}{4.25} \text{元/斤} = 0.71 \text{元/斤}$$

2. 加权调和平均数

假设有一组变量值为 $x_1, x_2, x_3, \cdots, x_n$,相应的频数为 $m_1, m_2, m_3, \cdots, m_n$,则其加权调和平均数的计算公式为:

$$H = \frac{\sum_{i=1}^{n} m_i}{\sum_{i=1}^{n} \frac{m_i}{x_i}} \quad \text{(公式 3.14)}$$

【例 3-23】 某工厂生产某产品,四月份开支总成本为 15 000 元,平均单位成本为 15 元;五月份开支总成本为 25 000 元,平均单位成本下降为 10 元;六月份开支总成本为 45 000 元,平均单位成本下降为 8 元。求该厂第二季度产品的平均单位成本。

解:已知 x——平均单位成本,m——总成本。

$$\text{平均单位成本 } H = \frac{\sum (\text{总成本})}{\sum (\text{产量})} = \frac{\sum (\text{总成本})}{\sum \left(\frac{\text{总成本}}{\text{平均单位成本}} \right)}$$

$$= \frac{\sum m}{\sum \frac{m}{x}} = \left(\frac{15\,000 + 25\,000 + 45\,000}{\frac{15\,000}{15} + \frac{25\,000}{10} + \frac{45\,000}{8}}\right) 元$$

$$= \frac{85\,000}{9\,125} 元 = 9.32 元$$

3. 算术平均数和调和平均数的关系

从公式上我们不难发现,当 $xf = m$ 时,调和平均数就是算术平均数的变形。因此调和平均数和算术平均数都是计算均值的,只不过选取的数据不同而已。给定均值的计算总公式,如果已知基本公式的分母资料,采用算术平均数进行计算;如果已知基本公式的分子资料,采用调和平均数进行计算。

【例 3-24】 某公司旗下三个企业生产同种产品,该公司某年实际产量、计划完成程度及实际优质品率的资料如下:

企 业	实际产量/万件	计划完成程度/(%)	实际优质品率/(%)
甲	100	120	95
乙	150	110	96
丙	250	80	98

试计算:(1)该公司产量平均计划完成程度。
(2)该公司实际的平均优质品率。
解:(1)整理资料得下表。

企 业	计划完成程度 x/(%)	实际产量 m/万件	计划产量/万件
甲	120	100	83.33
乙	110	150	136.36
丙	80	250	312.50
合 计	—	500	532.19

$$平均计划完成程度\ H = \frac{\sum(实际产量)}{\sum(计划产量)} = \frac{\sum(实际产量)}{\sum\left(\frac{实际产量}{计划完成程度}\right)} = \frac{\sum m}{\sum\left(\frac{m}{x}\right)}$$

$$= \frac{100 + 150 + 250}{\frac{100}{1.2} + \frac{150}{1.1} + \frac{250}{0.8}} = \frac{500}{83.33 + 136.36 + 312.50}$$

$$= \frac{500}{532.19} \times 100\% = 93.95\%$$

(2)整理资料得下表。

企 业	实际优质品率 x/(%)	实际产量 f/万件	实际优质品数/万件
甲	95	100	95
乙	96	150	144

续表

企业	实际优质品率 x/（%）	实际产量 f/万件	实际优质品数/万件
丙	98	250	245
合计	—	500	484

$$\text{平均优质品率 } \bar{x} = \frac{\sum(\text{实际优质品数})}{\sum(\text{实际产量})} = \frac{\sum(\text{实际优质品率} \times \text{实际产量})}{\sum(\text{实际产量})}$$

$$= \frac{\sum xf}{\sum f} = \frac{484}{500} \times 100\% = 96.8\%$$

值得注意的是,当一组变量值中有 0 的时候,不宜采用调和平均数;调和平均数也会受到极端值的影响。

（三）几何平均数

几何平均数是 n 个变量乘积的 n 次方根,用 G 表示。几何平均数主要适用于计算在时间上有联系或有先后顺序关系的比率数据的均值,当各个变量值的连乘积等于总比率或总速度时,需要采用几何平均数计算平均比率或平均速度。

1. 简单几何平均数

简单几何平均数主要用于没有分组的资料。假设有一组变量值为 $x_1, x_2, x_3, \cdots, x_n$,则几何平均数的计算公式为:

$$G = \sqrt[n]{x_1 \cdot x_2 \cdots x_n} = \sqrt[n]{\prod_{i=1}^{n} x_i} \qquad (公式 3.15)$$

若将变量值取对数,几何平均数就变成均值的形式,计算公式为:

$$\lg G = \frac{1}{n}(\lg x_1 + \lg x_2 + \cdots + \lg x_n) = \frac{\sum_{i=1}^{n} \lg x_i}{n} \qquad (公式 3.16)$$

【例 3-25】 设某产品有四道工序,每道工序产品的合格率分别为 95%、92%、96% 和 98%,求成品合格率。

解:因为四道工序的总合格率等于各道工序合格率的乘积,所以应运用简单几何平均数计算成品合格率:

$$\text{成品合格率 } G = \sqrt[n]{\prod x} = \sqrt[4]{0.95 \times 0.92 \times 0.96 \times 0.98} \times 100\%$$

$$= \sqrt[4]{0.8222592} \times 100\% = 95.225\%$$

2. 加权几何平均数

当计算几何平均数的各个变量值的次数不相等时,应采用加权几何平均数。加权几何平均数是各变量值 f_i 次方的连乘积的 $\sum_{i=1}^{n} f_i$ 次方根,计算公式为:

$$G = \sqrt[f_1+f_2+\cdots+f_n]{x_1^{f_1} \cdot x_2^{f_2} \cdots x_n^{f_n}} = \sqrt[\sum_{i=1}^{n} f_i]{\prod_{i=1}^{n} x_i^{f_i}} \qquad (公式 3.17)$$

【例 3-26】 某投资银行的年利率按复利计算,一笔钱投资 10 年,10 年的利率分配是:前 3

年为 3%,第 4～6 年为 3.8%,最后 4 年为 4.1%,求 10 年的平均利率。

解:

$$\text{平均利率 } G = \sqrt[10]{(1+3\%)^3 \times (1+3.8\%)^3 \times (1+4.1\%)^4} - 100\%$$
$$= 3.6789\%$$

当各变量值的连乘积等于总比率或总速度时,必须使用几何平均数的算法计算平均数。几何平均数也易受极端值的影响。若数列中有一个标志值等于 0,或者有一个标志值是负数,且要开偶次方,则无法计算几何平均数。

(四)测定集中趋势时应注意的问题

(1) 根据同一组数据计算的结果:调和平均数≤几何平均数≤算术平均数。
(2) 集中趋势指标只适用于同质总体。
(3) 要用组平均数和分配数列来补充说明总平均数。
(4) 集中趋势指标要与离散程度指标和具体分析相结合。
(5) 不同尺度计量的数据,测定集中趋势的指标值不同。

数据类型和所适用的集中趋势测度值如表 3-5 所示。

表 3-5 数据类型和所适用的集中趋势测度值

数据类型	分类数据	顺序数据	间隔数据	比率数据
适用的集中趋势测度值	众数	中位数	均值	均值
	—	四分位数	众数	调和平均数
	—	众数	中位数	几何平均数
	—	—	四分位数	中位数
	—	—	—	四分位数
	—	—	—	众数

第二节 数据的离散程度

一、离散程度的含义和作用

(一)离散程度的概念

离散程度又称为变异程度或离中趋势,用以综合说明变量远离中心值的程度。因此集中趋势是总体或变量分布同质性的表现,离散程度是总体或变量分布变异性的表现。

离散程度示意图如图 3-6 所示。

(二)测定离散程度的作用

(1) 说明社会经济现象变动的稳定性和均衡性。比如在检验产品质量的时候,如果测定的变异指标值比较小,说明产品的质量比较稳定,反之,则说明产品的质量差异较大。
(2) 衡量对应的集中趋势值代表性的好坏。离散程度指标值越大,说明集中趋势值代表性越差;离散程度指标值越小,说明集中趋势值代表性越好。

(3) 离散程度指标值的大小,有助于确定抽样调查时的样本容量。一般而言,离散程度指标值越大,抽取的样本容量越大;离散程度指标值越小,抽取的样本容量可适当减少。

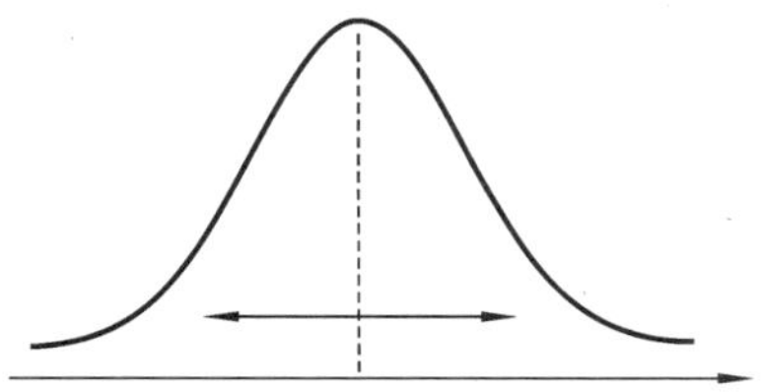

图 3-6 离散程度示意图

二、离散程度的测度值

(一) 极差

极差也称作全距,是总体各单位标志值中最大值与最小值之差,是测定离散程度最简单的指标,一般用 R 表示,计算公式为:

$$R = \max(x_i) - \min(x_i)$$ （公式 3.18）

对于组距数列,极差的计算公式为:

$$R = 最高组上限 - 最低组下限$$

极差用于反映中位数代表性的好坏,极差越小,说明数据越集中,离散程度越小,中位数的代表性就越好;反之,极差越大,说明数据越离散,离散程度越大,中位数的代表性就越差。

极差是根据两个极端值计算的,没有考虑中间各个标志值的变动情况,因此只能说明总体中两个极端值的差异范围,不能全面反映所有标志值的综合变动情况,实际使用范围较窄。

(二) 异众比率

异众比率又称为离异比率或变差比,是非众数组的频数在总频数中所占的比重,用 v_r 表示。异众比率主要用于衡量众数的代表性的好坏。异众比率越大,说明数列的分布越离散,众数的代表性就越差。异众比率的计算公式为:

$$v_r = \frac{\sum f_i - f_m}{\sum f_i} = 1 - \frac{f_m}{\sum f_i}$$ （公式 3.19）

【例 3-27】 对例 2-1 中的分组资料计算异众比率。

解:分析表 2-13 可知,众数组为"可口可乐",其频数为 15,则:

$$v_r = \frac{50 - 15}{50} \times 100\% = (1 - \frac{15}{50}) \times 100\% = 70\%$$

在所调查的 50 人当中,购买众数组以外其他品牌饮料的人数占 70%,异众比率比较大。因此,用"可口可乐"代表消费者购买饮料品牌的状况,其代表性不是很好。

(三) 四分位差

四分位差又称为内距,是上四分位数和下四分位数之差的平均数,用 Q_D 表示,反映的是中位数到上、下四分位数的平均距离,用于衡量中位数的代表性。由于四分位差采用四分位数计算,因此其结论不会受到极端值的影响,是对极差的改进。四分位差的计算公式为:

$$Q_D = \frac{Q_U - Q_L}{2}$$ （公式 3.20）

【例 3-28】 对例 2-7 中甲城市的分组资料计算四分位差。

解:如表 3-1 所示,对回答类型进行编号:非常不满意为 1;不满意为 2;一般为 3;满意为 4;非常满意为 5。

根据累计频数,我们得到:
$$Q_U = 一般 = 3 \quad Q_L = 不满意 = 2$$
四分位差为:
$$Q_D = \frac{Q_U - Q_L}{2} = \frac{3-2}{2} = 0.5$$

【例 3-29】 9 个家庭的人均月收入数据(元)如下,计算下列数据的内距。

原始数据: 1 500 750 780 1 080 850 960 2 000 1 250 1 630
排　　序: 750 780 850 960 1 080 1 250 1 500 1 630 2 000
位　　置: 1   2   3   4   5   6   7   8   9

因此,$Q_L = \dfrac{780 + 850}{2}$ 元 $= 815$ 元,$Q_U = \dfrac{1\,500 + 1\,630}{2}$ 元 $= 1\,565$ 元。

$$Q_D = \frac{Q_U - Q_L}{2} = \frac{1\,565 - 815}{2} 元 = 375 元$$

(四) 平均差

平均差是指各变量值与其算术平均数的离差绝对值的平均数,用 M_d 表示。平均差用于衡量均值的代表性,反映的是各总体单位与均值的平均离散程度。由于各变量值与其算术平均数的离差之和等于零,无法计算离差的算术平均数,因此应该取离差绝对值的算术平均数。掌握的数据不同,选取的计算公式也不同。

简单平均差:
$$M_d = \frac{\sum_{i=1}^{n} |x_i - \overline{x}|}{n} \quad (公式 3.21)$$

加权平均差:
$$M_d = \frac{\sum_{i=1}^{k} |x_i - \overline{x}| f_i}{\sum f} \quad (公式 3.22)$$

【例 3-30】 对例 3-4 中的分组资料计算平均差。

解:整理分析原始数据,可得下表。

日生产零件数/个	工人数/人	组中值 x	$\lvert x_i - \overline{x} \rvert f_i$
40～50	20	45	390
50～60	40	55	380
60～70	80	65	40
70～80	50	75	525
80～90	10	85	205
合　　计	200	—	1 540

$$M_d = \frac{\sum_{i=1}^{k} |x_i - \overline{x}| f_i}{\sum f} = \frac{1\,540}{200} 个 = 7.7 个$$

平均差主要用来衡量均值的代表性,平均差越大,说明数据越离散,均值的代表性就越差。平均差考虑了每一个变量值和均值的离差,能够较全面地反映数据的离散状况。但是平均差的计算功能较差,在使用上具有一定的局限性。在实际生产生活中,平均差的应用并不多。

(五) 方差和标准差

方差是各个变量值与其均值的离差平方的算术平均数,标准差是方差的平方根。方差和标准差是衡量变量分布离散程度最重要的指标,在统计中具有非常重要的作用。方差用 σ^2 表示,标准差用 σ 表示。

标准差相对于平均差,数据性质较好,避免了绝对值的计算,同时也能衡量每一个变量值与算术平均数的平均离散程度。标准差也用于衡量算术平均数代表性的好坏。

1. 数值型变量标准差的计算

标准差的计算也有简单和加权之分。

简单标准差:

$$\sigma = \sqrt{\frac{\sum_{i=1}^{n}(x_i - \overline{x})^2}{n}} \quad \text{(公式 3.23)}$$

加权标准差:

$$\sigma = \sqrt{\frac{\sum_{i=1}^{n}(x_i - \overline{x})^2 \cdot f_i}{\sum_{i=1}^{n} f_i}} \quad \text{(公式 3.24)}$$

【例 3-31】 8 名工人日产零件数(件)分别为 17、19、20、22、23、23、24、25,求 8 名工人日产零件数的标准差。

解:$\sigma = \sqrt{\dfrac{\sum_{i=1}^{n}(x_i - \overline{x})^2}{n}} = \sqrt{\dfrac{(17-21.625)^2 + \cdots + (25-21.625)^2}{8}}$ 件 $= \sqrt{\dfrac{51.875}{8}}$ 件 $= 2.55$ 件

【例 3-32】 对例 3-4 中的分组资料计算标准差。

解:整理分析原始数据,可得下表。

日生产零件数/个	工人数/人	组中值 x	$(x_i - \overline{x})^2 \cdot f_i$
40~50	20	45	7 605
50~60	40	55	3 610
60~70	80	65	20
70~80	50	75	5 512.5
80~90	10	85	4 202.5
合 计	200	—	20 950

$$\sigma = \sqrt{\frac{\sum_{i=1}^{n}(x_i-\overline{x})^2 \cdot f_i}{\sum_{i=1}^{n} f_i}} = \sqrt{\frac{20\ 950}{200}} \text{个} = 10.23 \text{个}$$

2. 是非标志变量标准差的计算

用"1"表示"是"的变量值，用"0"表示"非"的变量值。p 为取"是"的频率，q 为取"非"的频率。

变量值 x	频 率
1	p
0	q
合 计	1

$$\sigma = \sqrt{\frac{\sum_{i=1}^{n}(x_i-\overline{x})^2 \cdot f_i}{\sum_{i=1}^{n} f_i}} = \sqrt{\sum_{i=1}^{n}(x_i-\overline{x})^2 \cdot \frac{f_i}{\sum_{i=1}^{n} f_i}}$$

$$= \sqrt{(1-p)^2 p + (0-p)^2 q} = \sqrt{pq} = \sqrt{p(1-p)} \qquad \text{(公式 3.25)}$$

【例 3-33】 已知一批产品共 3 000 件，其中合格品 2 700 件，不合格品 300 件。要求计算该批产品的平均合格率和标准差。

解：

该批产品的平均合格率为：

$$p = \frac{N_1}{N} = \frac{2\ 700}{3\ 000} \times 100\% = 90\%$$

该批产品的标准差为：

$$\sigma = \sqrt{p(1-p)} = \sqrt{0.9 \times (1-0.9)} \times 100\% = 30\%$$

3. 方差的数学性质

① 变量的方差等于变量平方的平均数减去变量平均数的平方。

$$\sigma^2 = \overline{x^2} - (\overline{x})^2 = \frac{\sum x^2}{n} - \left(\frac{\sum x}{n}\right)^2 \qquad \text{(公式 3.26)}$$

$$\sigma^2 = \overline{x^2} - (\overline{x})^2 = \frac{\sum x^2 f}{\sum f} - \left(\frac{\sum xf}{\sum f}\right)^2 \qquad \text{(公式 3.27)}$$

【例 3-34】 对例 3-4 中的分组资料计算标准差。

解： 整理分析原始资料，可得下表。

日生产零件数/个	工人数/人	组中值 x	$x^2 f$
40～50	20	45	40 500
50～60	40	55	121 000
60～70	80	65	338 000

续表

日生产零件数/个	工人数/人	组中值 x	$x^2 f$
70～80	50	75	281 250
80～90	10	85	72 250
合　　计	200	—	853 000

$$\sigma^2 = \frac{\sum x^2 f}{\sum f} - \left(\frac{\sum xf}{\sum f}\right)^2 = \left[\frac{853\ 000}{200} - \left(\frac{12\ 900}{200}\right)^2\right]个 = 104.75 个$$

$$\sigma = \sqrt{\sigma^2} = 10.23 个$$

②变量对算术平均数的方差小于对任意常数的方差。

$$\frac{\sum (x-\bar{x})^2}{n} < \frac{\sum (x-x_0)^2}{n} \quad \frac{\sum (x-\bar{x})^2 f}{\sum f} < \frac{\sum (x-x_0)^2 f}{\sum f}$$

③n 个同性质独立变量和的方差等于各个变量方差的和。

已知 $x = x_1 + x_2 + \cdots + x_n$，则 $\sigma_x^2 = \sigma_{x_1}^2 + \sigma_{x_2}^2 + \cdots + \sigma_{x_n}^2$

④n 个同性质独立变量平均数的方差等于各个变量方差平均数的 $1/n$。

已知 $\bar{x} = \frac{x_1 + x_2 + x_3 + \cdots + x_n}{n}$，则 $\sigma_{\bar{x}}^2 = \frac{\sigma_1^2 + \sigma_2^2 + \sigma_3^2 + \cdots + \sigma_n^2}{n^2} = \frac{1}{n}\overline{\sigma_i^2}$

⑤变量线性变换的方差等于变量的方差乘以变量系数的平方。

已知 $y = a + bx$，则 $\sigma_y^2 = b^2 \sigma_x^2$

(六) 变异系数

极差、四分位差、平均差和标准差都用于反映数据的绝对离散程度，它们的数值大小取决于原变量值本身水平的高低，即与变量值的均值大小有关，变量值绝对水平高的，离散程度的测度值自然也就大；变量值绝对水平低的，离散程度的测度值自然也就小。再者，极差、四分位差、平均差和标准差的计量单位与原变量相同，对于不同计量单位的变量，其离散程度不能比较。为了消除变量值水平高低和计量单位不同对离散程度的影响，需要引进变异系数。

变异系数也称离散系数、标准差系数，是各离散程度指标值与其相应的算术平均数的比值，是测定离散程度的相对指标，是一个无量纲的值，适用于比较不同总体同一指标均值和方差均不等或者同一总体不同指标均值和方差均不等的情况。变异系数的计算公式为：

$$v_\sigma = \frac{\sigma}{\bar{x}} \times 100\%$$

（公式 3.28）

【例 3-35】 甲数列的标准差为 11.8 公斤，平均数为 98 公斤；乙数列的标准差为 4 公斤，平均数为 8 公斤。试比较两数列算术平均数的代表性。

解：由于两数列的平均水平不同，所以必须计算两数列的标准差系数，以此消除数列水平对差异程度指标的影响，比较两数列真正的差异程度。

甲数列的标准差系数　　$v_\sigma = \frac{\sigma}{\bar{x}} = \frac{11.8}{98} \times 100\% = 12.04\%$

乙数列的标准差系数　　$v_\sigma = \frac{\sigma}{\bar{x}} = \frac{4}{8} \times 100\% = 50\%$

因为甲数列的标准差系数小于乙数列的标准差系数,所以甲数列的差异程度小于乙数列,甲数列平均数的代表性好于乙数列。

第三节 偏度和峰度的测定

为了全面了解变量的分布特征,我们不仅要观察其集中趋势和离散程度,还需要观察其分布形状。变量的分布形状要用形状指标来反映,形状指标就是反映变量分布的具体形状,如左右是否对称、偏斜程度与陡峭程度的指标。因此变量的分布形状主要研究两个方面:一是偏度,二是峰度。

一、矩

(一) 矩的概念

矩也称为动差,反映的是总体中所有变量值与任意常数的离差的 k 次方的算术平均数,用 ω_k 表示。矩的计算公式也有简单和加权之分。

未分组资料　　　　　　　　$\omega_k = \dfrac{\sum (x-a)^k}{n}$　　　　　　（公式 3.29）

已分组资料　　　　　　　　$\omega_k = \dfrac{\sum (x-a)^k f}{\sum f}$　　　　　　（公式 3.30）

(二) 矩的种类

1. 原点矩

当常数取 0 时,矩就变为原点矩,即变量的 k 次方的算术平均数。

未分组资料　　　　　$\omega_k = \dfrac{\sum (x-0)^k}{n} = \dfrac{\sum x^k}{n}$　　　　（公式 3.31）

已分组资料　　　　　$\omega_k = \dfrac{\sum (x-0)^k f}{\sum f} = \dfrac{\sum x^k f}{\sum f}$　　　（公式 3.32）

当 $k=1$ 时,一阶原点矩即为算术平均数。

2. 中心矩

当常数取 $\overline{x}$ 时,矩就变为中心矩,即各变量值与其算术平均数的离差的 k 次方的算术平均数。

未分组资料　　　　　　　　$\omega_k = \dfrac{\sum (x-\overline{x})^k}{n}$　　　　　　（公式 3.33）

已分组资料　　　　　　　　$\omega_k = \dfrac{\sum (x-\overline{x})^k f}{\sum f}$　　　　　（公式 3.34）

当 $k=1$ 时,一阶中心矩为 0;当 $k=2$ 时,二阶中心矩为方差。

二、偏度

(一) 偏度的概念

1895 年 Pearson 首次提出偏度的概念,偏度是反映数据分布不对称程度或偏斜程度的指标。数据只要不对称,就会呈现一定的偏态。

(二) 偏度的度量

以正态分布曲线为标准,度量偏度的指标为偏度系数,用 S_k 表示。

简单偏度系数的计算公式 $$S_k = \frac{\sum (x - \overline{x})^3 / n}{\sigma^3}$$ （公式 3.35）

加权偏度系数的计算公式 $$S_k = \frac{\sum (x - \overline{x})^3 f / \sum f}{\sigma^3}$$ （公式 3.36）

当 $S_k = 0$ 时,为正态分布;当 $S_k > 0$ 时,为右偏(正偏斜);当 $S_k < 0$ 时,为左偏(负偏斜)。偏度系数对偏度的测量如图 3-7 所示。

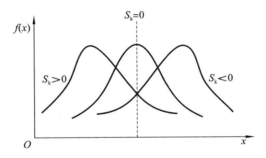

图 3-7　偏度系数对偏度的测量

三、峰度

(一) 峰度的概念

峰度又称为峭度,指的是数据分布图形的尖峭程度或峰凸程度。峰度是分布集中趋势高峰的形状。相对于正态分布,分布形状比正态分布更高更瘦的是尖峰分布,分布形状比正态分布更矮更胖的则是平峰分布或者扁平分布。

数据峰度的分布图如图 3-8 所示。

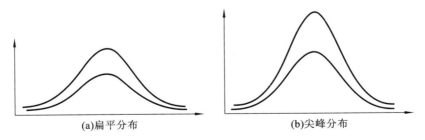

图 3-8　数据峰度的分布图

(二) 峰度的度量

度量峰度的指标为峰度系数，用 K_{ur} 表示。

简单峰度系数的计算公式： $K_{ur} = \dfrac{\sum\limits_{i=1}^{n}(x_i - \overline{x})^4}{\sigma^4} - 3$ （公式3.37）

加权峰度系数的计算公式： $K_{ur} = \dfrac{\sum\limits_{i=1}^{n}(x_i - \overline{x})^4 \cdot f_i}{\sigma^4 \cdot \sum\limits_{i=1}^{n} f_i} - 3$ （公式3.38）

当 $K_{ur}=0$ 时，表示正态分布；当 $K_{ur}>0$ 时，表示数据分布比正态分布更集中在平均数周围，呈现尖峰态；当 $K_{ur}<0$ 时，表示数据分布比正态分布更分散，呈现低峰态。

峰度系数对峰度的测量如图 3-9 所示。

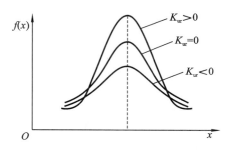

图 3-9 峰度系数对峰度的测量

【例 3-36】 根据下表数据资料，试用动差法计算偏度系数和峰度系数，并说明数据资料的偏斜程度和峰度。

日产量/只	工人数/人
35～45	10
45～55	20
55～65	15
65～75	5

解：整理数据资料，可得下表。

日产量/只	工人数/人	x	$(x-\overline{x})^2 f$	$(x-\overline{x})^3 f$	$(x-\overline{x})^4 f$
35～45	10	40	1 690	−21 970	285 610
45～55	20	50	180	−540	1 620
55～65	15	60	735	5 145	36 015
65～75	5	70	1 445	24 565	417 605
合　　计	50	—	4 050	7 200	740 850

$$\overline{x} = \frac{\sum xf}{\sum f} = \frac{40 \times 10 + 50 \times 20 + 60 \times 15 + 70 \times 5}{50} \text{只} = 53 \text{只}$$

$$\sigma = \sqrt{\frac{\sum (x - \overline{x})^2 f}{\sum f}} = \sqrt{\frac{4\,050}{50}} \text{只} = 9 \text{只}$$

三阶中心距 $\omega_3 = \dfrac{\sum (x - \overline{x})^3 f}{\sum f} = \dfrac{7\,200}{50} \text{只} = 144 \text{只}$

四阶中心距 $\omega_4 = \dfrac{\sum (x - \overline{x})^4 f}{\sum f} = \dfrac{740\,850}{50} \text{只} = 14\,817 \text{只}$

偏度系数 $S_k = \dfrac{\omega_3}{\sigma^3} = \dfrac{144}{9^3} = 0.20$

峰度系数 $K_{ur} = \dfrac{\omega_4}{\sigma^4} - 3 = \dfrac{14\,817}{9^4} - 3 = 2.26 - 3 = -0.74$

所以该数据分布属于轻微的右偏分布，属于平顶峰度。

实验五　　实验六

第四章
指数分析和对比分析

YINGYONG TONGJI
YU SHIWU

日常生活中我们经常会听到各种物价指数,比如居民消费价格指数、商品零售价格指数、工业总产值指数等。本章主要介绍什么是指数以及指数是如何进行编制的。

第一节　相对指标

统计指标按其反映的数量特点的不同,分为数量指标和质量指标。数量指标也称为总量指标,是反映一定时间、地点、条件下总规模和工作总量的综合指标。质量指标是反映现象的相对水平和工作质量的指标。质量指标又分为相对指标和平均指标。

相对指标就是两个有联系的总量指标的对比值,是反映现象相对水平的指标。相对指标是进行对比分析的有力工具。在某些不可用绝对数或平均数进行对比的情况下,运用相对指标能合理而清晰地展现事物之间的差异程度。根据研究对象的不同,相对指标又分为结构相对数、比例相对数、比较相对数、动态相对数、计划完成相对数、强度相对数。

(一) 结构相对数

结构相对数是说明总体内部各个部分在总体中所占比重的相对数,反映现象总体的内部结构。比如考试及格率、商品合格率、恩格尔系数等。结构相对数要事先对总体进行分组,然后由各组总量与总体总量对比形成。计算公式为:

$$结构相对数 = \frac{总体内部分数值}{总体全部数值} \times 100\% \qquad (公式4.1)$$

结构相对数的特点:①结构相对数一般用百分数表示,取值介于0和1之间;②对于同一总体,各部分的结构相对数之和等于1。

(二) 比例相对数

比例相对数是反映总体内部各个组成部分之间对比关系的指标,比如国民经济产业比例、人口性别比例等。计算公式为:

$$比例相对数 = \frac{总体内一部分数值}{总体内另一部分数值} \qquad (公式4.2)$$

(三) 比较相对数

比较相对数反映的是同类指标在不同空间之间数据的对比值,说明现象在不同总体条件下的对比关系。计算公式为:

$$比较相对数 = \frac{甲总体某指标}{乙总体同一指标} \qquad (公式4.3)$$

比较相对数对比的指标可以是总量指标,也可以是相对指标或平均指标。比较相对数通过对比反映同类现象在不同总体之间的差异。根据研究目的和方式的不同,比较相对数的分子和分母是可以互换的。

(四) 动态相对数

动态相对数反映的是现象在不同时间的两个指标数值的对比值,反映的是现象的发展变化规律。比如我国2014年的GDP是2013年的107%。动态相对数也称为发展速度,计算公式为：

$$动态相对数 = \frac{报告期水平}{基期水平} \times 100\%$$ （公式 4.4）

报告期就是所要研究的当期，也称为计算期；基期就是作为对比的基础时期。根据研究目的的不同，基期的选择有三种：一是报告期的前一期，二是固定为某一时期，三是上一年的同期。

（五）强度相对数

强度相对数是两个性质不同，但有联系的总体指标值的对比值，用于说明现象发展的强度、密度和普遍程度。计算公式为：

$$强度相对数 = \frac{甲总体某指标}{有联系的甲总体另一种指标}$$ （公式 4.5）

强度相对数的表现形式有两种：一是有名数，单位为复合单位，比如人均国内生产总值（万元/人）、人口密度（人/平方公里）等；二是无名数，即用系数、倍数、百分数、千分数等表示，比如资本周转次数、人口出生率等。

强度相对数的分子和分母一般可以互换，互换后就有正指标和逆指标之分。正指标指标值越大，经济现象越好；逆指标指标值越小，经济现象越好。比如：

正指标　　　每千人拥有的病床数 $= \dfrac{某地区医院床位}{该地区总人口}$

逆指标　　　每张床位负担的人口数 $= \dfrac{某地区总人口}{该地区医院床位}$

此外，还需要注意强度相对数和平均数的区别，两者的本质区别在于分子与分母的关系不同。平均数的分子和分母有直接的汇总关系；强度相对数的分子和分母没有汇总关系，分子的总量指标不受分母总量指标的影响。

强度相对数的主要作用有三个：一是反映经济实力的强弱，比如人均国内生产总值；二是反映负荷程度，比如人口密度；三是反映普遍程度，如人口死亡率。

（六）计划完成相对数

计划完成相对数是计划完成程度指标，是用来检查、监督计划执行情况的相对数。基本的计算公式为：

$$计划完成相对数 = \frac{实际完成数}{计划完成数} \times 100\%$$ （公式 4.6）

计划完成相对数一般用百分数表示，要求分子和分母在指标内容、计算方法、计量单位等方面完全一致。由于计划完成数可以是绝对数，也可以是相对数或平均数，因此计划完成相对数在计算形式上有三种情况。

①计划完成数为绝对数，计划完成相对数的计算公式：

$$计划完成相对数 = \frac{实际完成绝对数}{计划完成绝对数} \times 100\%$$

②计划完成数为平均数，计划完成相对数的计算公式：

$$计划完成相对数 = \frac{实际完成的平均水平}{计划完成的平均水平} \times 100\%$$

③计划完成数为相对数,计划完成相对数的计算公式:

$$\text{计划完成相对数} = \frac{\text{上期实际完成绝对数}(1\pm\text{实际提高(降低)百分比})}{\text{上期实际完成绝对数}(1\pm\text{计划提高(降低)百分比})}\times 100\%$$

$$= \frac{1\pm\text{实际提高(降低)百分比}}{1\pm\text{计划提高(降低)百分比}}\times 100\%$$

【例 4-1】 某企业计划规定报告年的产值要比基年提高 4%,产值实际提高了 5%,求该企业产值提高计划完成相对数。

解: $$\text{产值提高计划完成相对数} = \frac{1+\text{实际提高百分比}}{1+\text{计划提高百分比}}\times 100\%$$

$$= \frac{1+5\%}{1+4\%}\times 100\% = 100.96\%$$

说明企业产值实际提高程度比计划提高程度多出了 0.96%,完成了计划。

【例 4-2】 某企业计划规定本月某产品的单位成本要比上月降低 2%,单位成本实际降低了 3%,求该企业单位成本降低计划完成相对数。

解:单位成本降低计划完成相对数 $= \frac{1-\text{实际降低百分比}}{1-\text{计划降低百分比}}\times 100\%$

$$= \frac{1-3\%}{1-2\%}\times 100\% = 98.98\%$$

说明企业产品单位成本实际降低程度比计划降低程度还低了 1.02%,完成了计划。

相对指标是进行对比分析的重要工具,对比分析又是统计分析中最基本、最简单、最有效、最常用的分析方法。每种相对指标的计算并不难,但正确区分相对指标的种类,并将各种相对指标结合起来,全面分析和正确认识客观社会经济现象,却是相对指标学习的难点。

【例 4-3】 某地区的土地面积为 2.4 万平方公里。某年年末,该地区的城市人口为 360 万人,农村人口为 240 万人,合计人口为 600 万人。试根据以上资料,计算出所有可能计算的相对指标,并指出其种类;将这些相对指标结合起来,对该地区的人口状况做分析。

解:
(1) 结构相对指标:

$$\text{城市人口比重} = \frac{360}{600}\times 100\% = 60\% \quad \text{农村人口比重} = \frac{240}{600}\times 100\% = 40\%$$

(2) 比例相对指标:

$$\text{城市与农村人口的比例} = \frac{360}{240} = 1.5$$

(3) 强度相对指标(人口密度):

$$\frac{600 \text{万人}}{2.4 \text{万平方公里}} = 250 \text{人/平方公里}$$

(4) 根据以上计算结果,可以对该地区人口状况做出如下分析。

该地区某年年末,城市人口、农村人口占总人口的比重分别是 60%、40%;城市人口为农村人口的 1.5 倍,说明该地区城市化程度较高;人口密度为 250 人/平方公里。

第二节 指数的概念和种类

一、简单现象总体和复杂现象总体

（一）简单现象总体

一般的相对数是用来反映简单现象总体的数量对比关系的。简单现象总体是指构成总体的项目是单一的、具有相同计量单位的，因此总体内部的数量可直接相加。相对数直接是报告期数值与基期数值的比值。

（二）复杂现象总体

复杂现象总体是指构成总体的项目不单一，总体中项目的计量单位不完全相同，因此总体内部的数量不可直接相加。比如研究某超市三种商品总的销售量和零售价格的变化情况，就是研究复杂现象总体的变动，这时就不能简单地将三种商品的销售量或零售价格相加来进行对比，而应该解决如何研究项目计量单位不一致的总体的均衡变动情况的问题，统计指数便应运而生。

二、统计指数的概念

指数产生于 17 世纪末。最早计算的指数是个体物价指数，用现行价格与基期价格对比，反映价格变动的方向和程度。随着社会经济的发展，指数的概念和应用也在不断发展和完善。

统计指数的含义有广义和狭义之分。广义的统计指数是指一切能说明社会经济现象数量变动的相对数，包括结构相对数、比例相对数、比较相对数、动态相对数、计划完成相对数等。狭义的统计指数特指不能直接相加的用于说明复杂社会经济现象总体综合变动情况的相对数。

统计指数是一种特殊的相对数，既有一般相对数的特征，还有其独特的性质。

（一）相对性

指数通常是不同时间的现象水平的对比，也可以是不同空间的现象水平的对比，亦或是现象的实际水平与计划水平的对比，具有相对数的特征。

（二）综合性

狭义的指数，反映一组变量在不同场合下的综合变动水平。没有综合性，指数就不可能发展成一种独立的理论和方法体系。指数综合反映复杂社会经济现象的数量变化关系，比如居民消费价格指数。

（三）平均性

指数所表示的综合变动是所研究现象总体中每一个项目共同变动的一般水平，也就是总体的平均变动水平。比如居民消费价格指数为 103.8%，说明各种商品的平均价格上涨了 3.8%，其中每一种商品的价格有涨有落。

三、统计指数的种类

(一) 按反映现象范围的不同,统计指数分为个体指数和总指数

1. 个体指数

个体指数,是指度量某一社会经济现象总体中个体的数量变动的相对数,一般用 k 表示。比如研究一家超市一种商品的销售量指数或销售价格指数就是个体指数。个体指数就是一般的相对数,属于广义的指数。

个体指数分为数量指标个体指数和质量指标个体指数。数量指标用 q 表示,质量指标用 p 表示,用下标 1 表示相应指标报告期的数值,用下标 0 表示相应指标基期的数值。

数量指标个体指数的计算公式为

$$k_q = \frac{q_1}{q_0} \tag{公式4.7}$$

质量指标个体指数的计算公式为

$$k_p = \frac{p_1}{p_0} \tag{公式4.8}$$

【例 4-4】 某超市三种商品的销售量和零售价格的资料如下:

商品名称	计量单位	销售量		零售价格/元	
		基期	报告期	基期	报告期
A	公斤	40 000	60 000	20	22
B	台	800	1 000	5 000	4 800
C	件	4 000	4 750	800	760

试计算:(1)每一种商品的零售价格上涨或下降的百分比。
(2)每一种商品的销售量上涨或下降的百分比。

解:经过分析与计算,得到如下结果。

商品名称	计量单位	销售量		零售价格/元		数量指标个体指数 k_q/(%)	质量指标个体指数 k_p/(%)
		基期 q_0	报告期 q_1	基期 p_0	报告期 p_1		
A	公斤	40 000	60 000	20	22	150	110
B	台	800	1 000	5 000	4 800	125	96
C	件	4 000	4 750	800	760	118.75	95

2. 总指数

总指数,是指综合反映某一社会经济现象总体所含全部个体的数量变动的相对数,或者说是反映复杂现象总体综合变动的相对数,一般用 $\overline{K}$ 表示。比如研究一家超市所有商品的销售量指数就是总指数。总指数属于狭义的指数。

总指数和个体指数的区别不仅在于研究范围不同,其计算方法也存在很大的差异。个体指数的编制非常简单,将个体的前后数据进行对比即可。总指数的编制较为复杂,一般有两种形式:综合指数和平均指数。

(二)按指数化指标性质的不同,统计指数分为数量指标指数和质量指标指数

所谓指数化指标,就是利用指数形式反映其数量变化或对比关系的指标或变量。比如销售量指数的指数化指标就是销售量,股价指数的指数化指标就是股价。

1. 数量指标指数

指数化指标为数量指标的,其对比形成的相对数即为数量指标指数。比如销售量指数即为数量指标指数。数量指标指数分为数量指标个体指数和数量指标总指数。数量指标个体指数就是反映个别事物数量指标变动的相对数,用 k_q 表示。数量指标总指数就是反映复杂社会经济现象总体数量指标综合变动的相对数,用 $\overline{K_q}$ 表示。

2. 质量指标指数

指数化指标为质量指标的,其对比形成的相对数即为质量指标指数。比如销售价格指数即为质量指标指数。质量指标指数分为质量指标个体指数和质量指标总指数。质量指标个体指数就是反映个别事物质量指标变动的相对数,用 k_p 表示。质量指标总指数就是反映复杂社会经济现象总体质量指标综合变动的相对数,用 $\overline{K_p}$ 表示。

(三)按指数对比性质的不同,统计指数分为动态指数和静态指数

1. 动态指数

动态指数是通过对不同时间上的同类现象水平进行对比形成的指数,反映的是同类现象的某种数量在不同时间上的发展变化规律,也就是同一总体的同一指标在不同时间上对比形成的相对数。根据基期选择的不同,动态指数又分为环比指数和定基指数。如果所选基期是报告期的前一期,则该指数为环比指数;如果所选基期为固定一期,则该指数为定基指数。

2. 静态指数

静态指数,又包括空间指数和计划完成程度指数。空间指数就是将不同空间(不同国家、地区、企业等)的同类现象进行比较的结果,反映同类现象在不同空间的差异程度,也就是不同总体的同一指标在同一时间上对比形成的相对数。比如江苏省和浙江省人均国内生产总值对比的指数就是空间指数。计划完成程度指数就是反映同一总体的实际指标值和计划指标值对比关系的指数,说明计划的执行情况或完成程度,比如单位成本降低计划完成程度指数。

四、统计指数的作用

第一,反映复杂社会经济现象总体的数量综合变动的方向及程度,这是总指数的基本作用。

第二,分析复杂社会经济现象总体的变动中各个因素变动的程度和实际效果,这需要借助指数因素分析来实现。复杂现象总体的变动是各种因素综合影响的结果,而各种因素自身变动的幅度和方向常常不一致,对总体变动的影响也不尽相同。

第三,对复杂社会经济现象总体进行综合评价与测定。

第四,分析研究复杂社会经济现象总体的长期变化趋势。

第三节 综合指数

一、综合指数的概念及其编制原理

(一) 综合指数

综合指数是总指数的一种,是通过"先综合,后对比"的方式编制得到的总指数。原本复杂现象总体的内部指数化指标通常不能直接加总,它通过同度量因素转化为相同度量的指标,解决了复杂现象总体的内部指数化指标的加总综合问题。

综合指数又分为数量指标综合指数和质量指标综合指数。

(二) 同度量因素

狭义指数(总指数)是反映由不能直接加总的多要素组成的社会经济现象(复杂现象总体)的综合变动的一种特殊的相对数。在编制数量指标指数和质量指标指数时,因为总体中所包含的个体的数量指标值和质量指标值的计量单位不相同,不能直接相加和直接对比,因此,要寻找一个媒介,通过媒介使不能直接相加的指标转化为能够直接相加的指标,这个就是同度量因素,它是编制指数的共同尺度(指标)。

同度量因素的作用有两个:一个是转化作用,解决导致指标不能直接相加和对比的关键问题;另一个是权数作用,采用不同的同度量因素对指数计算结果是有影响的。

同度量因素的选择要注意以下问题:

①在编制综合指数时,根据指标间的客观联系选择同度量指标。

例如:多种商品的销售量不能直接相加,而销售额可以直接相加,由于销售量×销售价格=销售额,因此可用销售价格作为编制销售量指数的同度量因素;同样,可用销售量作为编制销售价格指数的同度量因素。

②在编制综合指数时,要将同度量因素(指标)的时期固定在同一时期,这样才能测定另一因素(指标)的综合变动方向和程度。

③同度量因素的时期可固定在基期,也可固定在报告期,从指数编制的理论看,都是可以的,但计算结果不相同。为了使指数的经济意义更明确,一般,编制数量指标综合指数时将同度量因素固定在基期,编制质量指标综合指数时将同度量因素固定在报告期,这样便于形成综合指数体系,从而对总价值量的变动做因素分析。

(三) 综合指数编制的原理

第一,确定指数化指标的性质。

第二,确定同度量因素。

同度量因素一般选取与其指数化指标性质相反的指标,比如数量指标选取质量指标作为其同度量因素,质量指标选取数量指标作为其同度量因素。

第三,确定同度量因素的时间。根据同度量因素时间的不同,综合指数又分为拉氏指数和帕氏指数。拉氏指数是将同度量因素固定在基期,拉氏指数及其公式由德国人拉斯贝尔在1864年提出;而帕氏指数是将同度量因素固定在报告期,帕氏指数及其公式由德国人帕煦在

1874年提出。从实践经验总结来看,一般计算数量指标指数时选取拉氏指数,而计算质量指标指数时选取帕氏指数。

二、数量指标综合指数的编制

【例4-5】 某超市三种商品的销售量和零售价格的资料如下:

商品名称	计量单位	销售量		零售价格/元	
		基 期	报 告 期	基 期	报 告 期
A	千克	40 000	60 000	20	22
B	台	800	1 000	5 000	4 800
C	件	4 000	4 750	800	760

试计算:总体来看,三种商品的销售量上涨或下降的百分比。

解题思路:

第一,确定指数化指标的性质,销售量为数量指标。

第二,确定同度量因素。

三种商品销售量的计量单位不同,不能直接相加。

$$销售量 \times 零售价格 = 销售额$$

在这里,"零售价格"的作用是使不能直接相加的指标转化为可以直接相加的指标,称为同度量因素,也叫作权数。

第三,确定同度量因素的时间。

(1) 用拉氏指数计算数量指标指数。

以基期的零售价格作为同度量因素,即为拉氏指数,则拉氏数量指标指数为:

$$\overline{k_{L_q}} = \frac{\sum p_0 q_1}{\sum p_0 q_0}$$

则三种商品的销售量指数为:

$$\overline{k_{L_q}} = \frac{\sum p_0 q_1}{\sum p_0 q_0} = \frac{1\ 000}{800} \times 100\% = 125.00\%$$

$$\sum p_0 q_1 - \sum p_0 q_0 = (1\ 000 - 800)\text{万元} = 200\text{万元}$$

计算表明,三种商品的销售量在报告期比基期增长了25%,由于销售量增长,销售额增加了200万元。

(2) 用帕氏指数计算数量指标指数。

以报告期的零售价格作为同度量因素,即为帕氏指数,则帕氏数量指标指数为:

$$\overline{k_{P_q}} = \frac{\sum p_1 q_1}{\sum p_1 q_0}$$

则三种商品的销售量指数为:

$$\overline{k_{P_q}} = \frac{\sum p_1 q_1}{\sum p_1 q_0} = \frac{973}{776} \times 100\% = 125.39\%$$

$$\sum p_1 q_1 - \sum p_1 q_0 = (973 - 776)\text{万元} = 197\text{万元}$$

计算表明，三种商品的销售量在报告期比基期增长了 25.39%，由于销售量增长，销售额增加了 197 万元。

拉氏指数和帕氏指数的计算结果不同，用哪个更好？用基期价格作权数是在假定价格不变的条件下反映报告期销售量的综合变动，不仅可以反映销售量的综合变动，也符合计算指数的要求，所以，实际中一般用拉氏指数计算数量指标指数，即计算数量指标指数时，一般将权数固定在基期。数量指标综合指数的计算公式为：

$$\overline{K_q} = \frac{\sum p_0 q_1}{\sum p_0 q_0} \qquad (\text{公式 4.9})$$

三、质量指标综合指数的编制

【例 4-6】 某超市三种商品的销售量和零售价格的资料如下：

商品名称	计量单位	销售量		零售价格/元	
		基期	报告期	基期	报告期
A	公斤	40 000	60 000	20	22
B	台	800	1 000	5 000	4 800
C	件	4 000	4 750	800	760

试计算：总体来看，三种商品的零售价格上涨或下降的百分比。

解题思路：

第一，确定指数化指标的性质，零售价格为质量指标。

第二，确定同度量因素。

三种商品零售价格的计量单位不同，不能直接相加。

$$\text{零售价格} \times \text{销售量} = \text{销售额}$$

在这里，"销售量"的作用是使不能直接相加的指标转化为可以直接相加的指标，称为同度量因素，也叫作权数。

第三，确定同度量因素的时间。

(1) 用拉氏指数计算质量指标指数。

以基期的销售量作为同度量因素，即为拉氏指数，则拉氏质量指标指数为：

$$\overline{k_{L_p}} = \frac{\sum p_1 q_0}{\sum p_0 q_0}$$

则三种商品的零售价格指数为：

$$\overline{k_{L_p}} = \frac{\sum p_1 q_0}{\sum p_0 q_0} = \frac{776}{800} \times 100\% = 97.00\%$$

$$\sum p_1 q_0 - \sum p_0 q_0 = (776 - 800)\text{万元} = -24\text{万元}$$

计算表明，总体来看，三种商品的零售价格在报告期比基期下降了 3%，由于零售价格下降，销售额减少了 24 万元。

（2）用帕氏指数计算质量指标指数。

以报告期的销售量作为同度量因素，即为帕氏指数，则帕氏质量指标指数为：

$$\overline{k_{P_p}} = \frac{\sum p_1 q_1}{\sum p_0 q_1}$$

则三种商品的零售价格指数为：

$$\overline{k_{P_p}} = \frac{\sum p_1 q_1}{\sum p_0 q_1} = \frac{973}{1\,000} \times 100\% = 97.30\%$$

$$\sum p_1 q_1 - \sum p_0 q_1 = (973 - 1\,000)\text{万元} = -27\text{万元}$$

计算表明，总体来看，三种商品的零售价格在报告期比基期下降了2.7%，由于零售价格的下降，销售额减少了27万元。

拉氏指数和帕氏指数的计算结果不同，用哪个更好？用基期销售量做权数是在假定销售量不变的条件下反映报告期零售价格的综合变动，符合计算指数的要求，但是其经济意义不实际，人们更关心在报告期销售量条件下零售价格变动对实际生活的影响。所以，实际中一般用帕氏指数计算质量指标指数，即计算质量指标指数时，一般将权数固定在报告期。质量指标综合指数的计算公式为：

$$\overline{K_p} = \frac{\sum p_1 q_1}{\sum p_0 q_1} \quad\quad\quad\quad （公式4.10）$$

【例4-7】 某企业三种产品的单位成本与产量的资料如下：

产品名称	计量单位	产量		单位成本/元	
		基期 q_0	报告期 q_1	基期 p_0	报告期 p_1
甲	万件	80	120	24	20
乙	万只	60	60	18	18
丙	万盒	50	30	15	19

(1) 计算各种产品的单位成本个体指数；
(2) 计算各种产品的产量个体指数；
(3) 计算三种产品的单位成本总指数及由于单位成本变动对总成本的影响额；
(4) 计算三种产品的产量总指数及由于产量变动对总成本的影响额。

解：

产品名称	单位成本个体指数/(%) $k_p = \frac{p_1}{p_0}$	产量个体指数/(%) $k_q = \frac{q_1}{q_0}$	总成本/元		
			基期 $q_0 p_0$	报告期 $q_1 p_1$	假定期 $q_1 p_0$
甲	83.33	150.00	1 920	2 400	2 880
乙	100.00	100.00	1 080	1 080	1 080
丙	126.67	60.00	750	570	450
合计	—	—	3 750	4 050	4 410

单位成本总指数：

$$\overline{K}_p = \frac{\sum q_1 p_1}{\sum q_1 p_0} = \frac{4\ 050}{4\ 410} \times 100\% = 91.84\%$$

$$\sum q_1 p_1 - \sum q_1 p_0 = (4\ 050 - 4\ 410)\text{元} = -360\text{元}$$

产量总指数：

$$\overline{K}_q = \frac{\sum q_1 p_0}{\sum q_0 p_0} = \frac{4\ 410}{3\ 750} \times 100\% = 117.6\%$$

$$\sum q_1 p_0 - \sum q_0 p_0 = (4\ 410 - 3\ 750)\text{元} = 660\text{元}$$

第四节　平均指数

一、平均指数的概念及其编制原理

（一）平均指数的概念

平均指数也是总指数的一种，是通过"先对比，后平均"的方式编制得到的总指数，具体而言就是以某一时间的总价值量（$p_0 q_0$ 或 $p_1 q_1$）为权数对个体指数进行加权平均而编制成的总指数。

总指数是反映总体平均变动状况的，而总体的变动是由总体中每一个个体的变动组成的，因此总指数可以由反映个体变动状况的个体指数平均得到。

（二）平均指数的编制原理

第一，计算复杂现象总体内部各个个体的个体指数，即要计算数量指标个体指数 $k_q = \frac{q_1}{q_0}$ 和质量指标个体指数 $k_p = \frac{p_1}{p_0}$。

第二，以某一时间的总价值量（$p_0 q_0$ 或 $p_1 q_1$）为权数对个体指数进行加权平均。由于总体中的不同个体变动对总体变动的影响程度不尽相同，因此，在计算平均指数的时候要考虑权重的问题。个体指数是不同水平在两个时间对比的结果，因此加入的权重要与所要编制的指数密切相关，这样才能保证计算结果具有实际意义。因此选取的权重主要是基期的总价值量 $p_0 q_0$ 和报告期的总价值量 $p_1 q_1$。

根据对个体指数进行平均时所采用的计算方法的不同，平均指数又分为加权算术平均指数和加权调和平均指数。

二、加权算术平均指数的编制

加权算术平均指数是以基期的总价值 $p_0 q_0$ 为权重，对个体指数进行加权平均，相应的计算公式如下。

质量指标平均指数：

$$\overline{K_p} = \frac{\sum \frac{p_1}{p_0} p_0 q_0}{\sum p_0 q_0} = \frac{\sum k_p p_0 q_0}{\sum p_0 q_0}$$

数量指标平均指数：

$$\overline{K_q} = \frac{\sum \frac{q_1}{q_0} p_0 q_0}{\sum p_0 q_0} = \frac{\sum k_q p_0 q_0}{\sum p_0 q_0}$$

【例 4-8】 某超市三种商品的销售资料如下：

商品名称	计量单位	销售额/万元		价格个体指数 k_p/(%)	销售量个体指数 k_q/(%)
		基期 $p_0 q_0$	报告期 $p_1 q_1$		
A	公斤	80	132	110	150
B	台	400	480	96	125
C	件	320	361	95	118.75

试计算：三种商品的销售量和价格的总指数。

解：

销售量总指数为：

$$\overline{K_q} = \frac{\sum k_q p_0 q_0}{\sum p_0 q_0} = \frac{1.5 \times 80 + 1.25 \times 400 + 1.1875 \times 320}{80 + 400 + 320} \times 100\% = \frac{1\,000}{800} \times 100\% = 125\%$$

$$\sum k_q p_0 q_0 - \sum p_0 q_0 = (1\,000 - 800) \text{万元} = 200 \text{万元}$$

计算结果表明，报告期与基期相比，三种商品的销售量总的（平均）提高了 25%，由于销售量提高，销售额增加了 200 万元。

价格总指数为：

$$\overline{K_p} = \frac{\sum k_p p_0 q_0}{\sum p_0 q_0} = \frac{1.10 \times 80 + 0.96 \times 400 + 0.95 \times 320}{80 + 400 + 320} \times 100\% = \frac{776}{800} \times 100\% = 97\%$$

$$\sum k_p p_0 q_0 - \sum p_0 q_0 = (776 - 800) \text{万元} = -24 \text{万元}$$

计算结果表明，报告期与基期相比，三种商品的价格总的（平均）降低了 3%，由于价格下降，销售额减少了 24 万元。

通过对比不难发现，数量指标的拉氏综合指数就是数量指标的算术平均指数，质量指标的拉氏综合指数就是质量指标的算术平均指数。也就是说，以基期的总价值加权的算术平均指数就是拉氏综合指标的变形：

$$\overline{K_p} = \frac{\sum \frac{p_1}{p_0} p_0 q_0}{\sum p_0 q_0} = \frac{\sum k_p p_0 q_0}{\sum p_0 q_0} = \frac{\sum p_1 q_0}{\sum p_0 q_0}$$

$$\overline{K_q} = \frac{\sum \frac{q_1}{q_0} p_0 q_0}{\sum p_0 q_0} = \frac{\sum k_q p_0 q_0}{\sum p_0 q_0} = \frac{\sum p_0 q_1}{\sum p_0 q_0}$$

由于数量指标的综合指数我们选取的是拉氏指数，为保证两种总指数的编制方法的计算结

果相同,数量指标的平均指数采用算术平均的形式,计算公式为:

$$\overline{K_q} = \frac{\sum k_q p_0 q_0}{\sum p_0 q_0} \qquad (公式 4.11)$$

三、加权调和平均指数的编制

加权调和平均指数是以报告期的总价值 $p_1 q_1$ 为权重,对个体指数进行加权平均。相应的计算公式如下。

质量指标平均指数:

$$\overline{K_p} = \frac{\sum p_1 q_1}{\sum \frac{1}{p_1/p_0} p_1 q_1} = \frac{\sum p_1 q_1}{\sum \frac{1}{k_p} p_1 q_1}$$

数量指标平均指数:

$$\overline{K_q} = \frac{\sum p_1 q_1}{\sum \frac{1}{q_1/q_0} p_1 q_1} = \frac{\sum p_1 q_1}{\sum \frac{1}{k_q} p_1 q_1}$$

【例 4-9】 某超市三种商品的销售资料如下:

商品名称	计量单位	销售额/万元		价格个体指数 k_p/(%)	销售量个体指数 k_q/(%)
		基期 $p_0 q_0$	报告期 $p_1 q_1$		
A	公斤	80	132	110	150
B	台	400	480	96	125
C	件	320	361	95	118.75

试计算:三种商品的销售量和价格的总指数。

解:

销售量总指数为

$$\overline{K_q} = \frac{\sum p_1 q_1}{\sum \frac{1}{k_q} p_1 q_1} = \frac{132+480+361}{\frac{132}{1.50}+\frac{480}{1.25}+\frac{361}{1.1875}} \times 100\% = \frac{973}{776} \times 100\% = 125.39\%$$

$$\sum p_1 q_1 - \sum \frac{1}{k_q} p_1 q_1 = (973-776) 万元 = 197 万元$$

计算结果表明,报告期与基期相比,三种商品的销售量总的(平均)提高了 25.39%,由于销售量提高,销售额增加了 197 万元。

价格总指数为

$$\overline{K_p} = \frac{\sum p_1 q_1}{\sum \frac{1}{k_p} p_1 q_1} = \frac{132+480+361}{\frac{132}{1.10}+\frac{480}{0.96}+\frac{361}{0.95}} \times 100\% = \frac{973}{1\,000} \times 100\% = 97.3\%$$

$$\sum p_1 q_1 - \sum \frac{1}{k_p} p_1 q_1 = (973-1\,000) 万元 = -27 万元$$

计算结果表明,报告期与基期相比,三种商品的价格总的(平均)降低了 2.7%,由于价格下降,销售额减少了 27 万元。

通过对比不难发现,数量指标的帕氏综合指数就是数量指标的调和平均指数,质量指标的帕氏综合指数就是质量指标的调和平均指数。也就是说,以报告期的总价值加权的调和平均指数就是帕氏综合指标的变形:

$$\overline{K_p} = \frac{\sum p_1 q_1}{\sum \frac{1}{p_1/p_0} p_1 q_1} = \frac{\sum p_1 q_1}{\sum \frac{1}{k_p} p_1 q_1} = \frac{\sum p_1 q_1}{\sum p_0 q_1}$$

$$\overline{K_q} = \frac{\sum p_1 q_1}{\sum \frac{1}{q_1/q_0} p_1 q_1} = \frac{\sum p_1 q_1}{\sum \frac{1}{k_q} p_1 q_1} = \frac{\sum p_1 q_1}{\sum p_1 q_0}$$

由于质量指标的综合指数我们选取的是帕氏指数,为保证两种总指数的编制方法的计算结果相同,质量指标的平均指数采用调和平均的形式,计算公式为:

$$\overline{K_p} = \frac{\sum p_1 q_1}{\sum \frac{1}{k_p} p_1 q_1} \tag{公式 4.12}$$

【例 4-10】 某企业三种产品的生产费用与产量增长率的资料如下:

产品名称	计量单位	生产费用/万元		产量增长率/(%)
		基期	报告期	
甲	打	250	290	10
乙	只	180	160	20
丙	盒	500	540	5

试计算:三种产品的产量总指数和产量增长对生产费用的影响额。

解:

产品名称	计量单位	生产费用/万元		产量个体指数/(%)
		基期 $q_0 p_0$	报告期 $q_1 p_1$	k_q
甲	打	250	290	110
乙	只	180	160	120
丙	盒	500	540	105
合 计	—	930	990	—

三种产品的产量平均指数为:

$$\overline{K_q} = \frac{\sum k_q q_0 p_0}{\sum q_0 p_0}$$

$$= \frac{110\% \times 250 + 120\% \times 180 + 105\% \times 500}{250 + 180 + 500} = \frac{1\,016}{930} \times 100\% = 109.25\%$$

产量增长对生产费用的影响额:

$$\sum k_q q_0 p_0 - \sum q_0 p_0 = (1\,016 - 930) \text{万元} = 86 \text{万元}$$

【例 4-11】 手机、空调、电脑和彩电的销售价格要下调。某家电公司这四种商品的销售价格的下调幅度及调价后一个月的销售额的资料如下：

商品名称	调价幅度/(%) $k_p - 1$	销售额/万元 $q_1 p_1$
手机	−11.5	52
空调	−10.0	103
电脑	−8.0	350
彩电	−13.5	25

试计算：与本次调价前一个月的价格水平相比，上述四种商品的价格平均下调了百分之几，以及价格下调使这四种商品少收入多少万元。

解：四种商品的个体价格指数分别为 88.5%、90%、92%、86.5%，具体计算如下。

$$\overline{K_p} = \frac{\sum q_1 p_1}{\sum \dfrac{q_1 p_1}{k_p}}$$

$$= \frac{52 + 103 + 350 + 25}{\dfrac{52}{0.885} + \dfrac{103}{0.9} + \dfrac{350}{0.92} + \dfrac{25}{0.865}} \times 100\% = \frac{530}{582.54} \times 100\% = 90.98\%$$

$$\sum q_1 p_1 - \sum \frac{q_1 p_1}{k_p} = (530 - 582.54) \text{万元} = -52.54 \text{万元}$$

四种商品的价格平均下调了 9.02%，少收入 52.54 万元。

四、平均指数和综合指数的特点和关系

综合指数和平均指数是编制总指数的两种方法，其有密切联系，又有区别。综合指数与平均指数的区别如表 4-1 所示。

表 4-1 综合指数与平均指数的区别

	综合指数	平均指数
计算公式不同	$\overline{K_q} = \dfrac{\sum q_1 p_0}{\sum q_0 p_0}$ $\overline{K_p} = \dfrac{\sum q_1 p_1}{\sum q_1 p_0}$	$\overline{K_q} = \dfrac{\sum k_q q_1 p_1}{\sum q_1 p_1}$ $\overline{K_p} = \dfrac{\sum q_1 p_1}{\sum \dfrac{q_1 p_1}{k_p}}$
计算繁简不同	计算较繁	计算较简
需要资料不同	需要收集总体所包括的每个个体基期和报告期的数量指标和质量指标的全面资料，较困难	可采用非全面资料，仅收集样本个体的个体指数及相应的总价值量，较容易
计算步骤不同	先综合，后对比	先对比，后平均

续表

	综合指数	平均指数
计算结果的经济内容有差别	①相对数说明复杂总体指数化指标的综合变动程度；②分子减分母说明变动的绝对数	①相对数说明总体指数化指标的变动程度；②若采用的是样本资料，分子减分母不能说明总体变动的绝对数

编制综合指标时，要求掌握全面资料，"全面"资料具备两个特征：①时间上"全面"，既有基期的，又有报告期的；②指标上"全面"，既有数量指标的，又有质量指标的。因此，已知 q_0、q_1、p_0、p_1，用综合指数公式，已知 k_q 与 p_0q_0，用算术平均指数公式，已知 k_p 与 p_1q_1，用调和平均指数公式。

当采用的权数为 q_0p_0 和 q_1p_1 时，平均指数为综合指数的变形，若二者采用的是同一总体的全面资料，则其计算结果的经济意义是一致的。但是平均指数不仅仅是综合指数的变形，更有其相对的独立性，应用更为广泛。平均指数可以采用相对权重的形式进行计算，以数量指标的算术平均指数为例：

$$\overline{K_q} = \frac{\sum k_q p_0 q_0}{\sum p_0 q_0} = \sum k_q \frac{p_0 q_0}{\sum p_0 q_0} = \sum k_q \omega$$

在实际工作中，往往采用经济发展比较稳定的某一时期的总价值比例为固定权重进行指数编制，这样不仅可以避免每次编制指数时权数不全的现象，也较为方便地用于不同时期的对比。

五、总值指数

由两个不同时间的总价值量对比形成的指数即为总值指数。总值指数属于广义指数，比如销售额指数、工业总产值指数、产品总成本指数等。计算公式为：

$$\overline{K_{pq}} = \frac{\sum p_1 q_1}{\sum p_0 q_0} \tag{公式4.13}$$

第五节 指数因素分析

一、指数体系概述

（一）指数体系的概念

指数体系是指由三个或三个以上在经济上有联系、在数量上保持一定关系的指数所组成的整体。

（二）指数体系的基本要求

(1) 一个总变动指数等于两个或两个以上因素指数的乘积。
(2) 总变动指数的总变动额等于各因素指数变动额的代数和。
(3) 两个因素指数中，通常一个为数量指数，另一个为质量指数，且同度量因素一个固定在基期,另一个固定在报告期。

(三) 指数体系的种类

1. 个体指数体系

个体指数体系用于对个体数量变动做因素分析,计算公式为:

$$\frac{p_1 q_1}{p_0 q_0} = \frac{q_1}{q_0} \times \frac{p_1}{p_0} \qquad (公式\ 4.14)$$

2. 综合指数体系

综合指数体系用于对总价值量指标的变动做因素分析。例如:

$$销售额指数 = 销售量综合指数 \times 价格综合指数$$

$$\frac{\sum q_1 p_1}{\sum q_0 p_0} = \frac{\sum q_1 p_0}{\sum q_0 p_0} \times \frac{\sum q_1 p_1}{\sum q_1 p_0}$$

3. 平均指数体系

平均指数体系用于对总价值量指标的变动做因素分析。例如:

$$销售额指数 = 销售量综合指数 \times 价格综合指数$$

$$\frac{\sum q_1 p_1}{\sum q_0 p_0} = \frac{\sum k_q q_1 p_1}{\sum q_1 p_1} \times \frac{\sum q_1 p_1}{\sum \frac{q_1 p_1}{k_p}}$$

(四) 指数体系的作用

1. 因素分析

指数体系的主要作用是进行因素分析,即分析现象的总变动中各有关因素的影响方向和影响程度,因素分析是指数体系在实践中的重要运用,是经济分析的重要内容。总价值量是指总产值、总销售额、总成本、总工资额、原材料费用总额等,它们的变动受两个或两个以上因素的影响,通过因素分析,可以确定现象的总变动中各有关因素的影响方向和影响程度。因素分析又可分为两因素分析和多因素分析。

2. 指数推算

指数推算是指利用指数体系之间的数量关系,根据已知的指数推算未知的指数。

【例 4-12】 价格调整后,同样多的货币少购买 10% 的商品,问价格指数是多少?

解: $$价格指数 = \frac{购买额指数}{购买量指数} = \frac{100\%}{90\%} = 111.11\%$$

二、两因素指数分析

在指数分析中,除了要分析复杂现象总体的数量综合变动的方向及程度外,还要分析复杂现象总体变动受各个因素变动的影响程度和实际效果,这就要求基于指数体系做因素分析。

社会经济现象的总价值量指标变动是由两个或两个以上影响因素变动形成的。并且,众多影响因素,总可以分解为数量指标因素与质量指标因素。因此,进行总价值量指标的因素分析,就是研究总价值量指数与数量指标指数、质量指标指数之间的数量变动关系,而其中两因素分析法是多因素分析法的基础。

总价值量指标变动的两因素分析,主要考察数量指标和质量指标的变动对总价值量指标变

动的影响程度,需要从相对数和绝对数两个方面测度影响的数值,基本步骤为:

第一,建立指数体系。为了使指数体系形成严密的数量关系,两个因素指数中通常一个为数量指数,另一个为质量指数,且同度量因素一个固定在基期,另一个固定在报告期。

第二,利用指数体系进行因素变动的影响分析。

(一) 综合指数的两因素分析

综合指数两因素分析的基本步骤如下。

第一步,根据问题条件,用 q 代表数量指标,用 p 代表质量指标,并用 0 代表基期,用 1 代表报告期。

第二步,计算三个总和数。

$$\sum p_0 q_0, \quad \sum p_1 q_1, \quad \sum p_0 q_1$$

第三步,计算三个总指数。

$$\frac{\sum p_1 q_1}{\sum p_0 q_0}, \quad \frac{\sum p_1 q_1}{\sum p_0 q_1}, \quad \frac{\sum p_0 q_1}{\sum p_0 q_0}$$

第四步,计算三个总差数。

$$\sum p_1 q_1 - \sum p_0 q_0, \quad \sum p_1 q_1 - \sum p_0 q_1, \quad \sum p_0 q_1 - \sum p_0 q_0$$

第五步,写指数体系。

相对数指数体系为:

$$\frac{\sum q_1 p_1}{\sum q_0 p_0} = \frac{\sum q_1 p_0}{\sum q_0 p_0} \times \frac{\sum q_1 p_1}{\sum q_1 p_0} \quad \text{(公式 4.15)}$$

绝对数指数体系为:

$$\sum q_1 p_1 - \sum q_0 p_0 = \left(\sum q_1 p_0 - \sum q_0 p_0\right) + \left(\sum q_1 p_1 - \sum q_1 p_0\right) \quad \text{(公式 4.16)}$$

【例 4-13】 某企业三种产品的单位成本与产量的资料如下:

产品名称	计量单位	产量		单位成本/元	
		基期 q_0	报告期 q_1	基期 p_0	报告期 p_1
甲	万件	80	120	24	20
乙	万只	60	60	18	18
丙	万盒	50	30	15	19

(1) 计算三种产品的单位成本总指数及单位成本变动对总成本的影响额。
(2) 计算三种产品的产量总指数及产量变动对总成本的影响额。
(3) 计算三种产品的总成本指数及增加额。
(4) 用上述(1)~(3)的计算结果验证指数体系,并说明分析结果。

解:
(1) 单位成本总指数为:

$$\overline{K_p} = \frac{\sum q_1 p_1}{\sum q_1 p_0} = \frac{4\,050}{4\,410} \times 100\% = 91.84\%$$

$$\sum q_1 p_1 - \sum q_1 p_0 = (4\ 050 - 4\ 410)\ \text{元} = -360\ \text{元}$$

（2）产量总指数为：

$$\overline{K_q} = \frac{\sum q_1 p_0}{\sum q_0 p_0} = \frac{4\ 410}{3\ 750} \times 100\% = 117.6\%$$

$$\sum q_1 p_0 - \sum q_0 p_0 = (4\ 410 - 3\ 750)\ \text{元} = 660\ \text{元}$$

（3）总成本指数和增加额分别为：

$$\overline{K} = \frac{\sum q_1 p_1}{\sum q_0 p_0} = \frac{4\ 050}{3\ 750} \times 100\% = 108\%$$

$$\sum q_1 p_1 - \sum q_0 p_0 = (4\ 050 - 3\ 750)\ \text{元} = 300\ \text{元}$$

（4）指数体系为：

$$\begin{cases} \dfrac{\sum q_1 p_1}{\sum q_0 p_0} = \dfrac{\sum q_1 p_0}{\sum q_0 p_0} \times \dfrac{\sum q_1 p_1}{\sum q_1 p_0} \\ \sum q_1 p_1 - \sum q_0 p_0 = \left(\sum q_1 p_0 - \sum q_0 p_0\right) + \left(\sum q_1 p_1 - \sum q_1 p_0\right) \end{cases}$$

$$\begin{cases} 108\% = 117.6\% \times 91.84\% \\ 300 = 660 + (-360) \end{cases}$$

计算结果表明，三种产品的总成本报告期比基期增长了 8%，这是三种产品单位成本降低了 8.16% 和产量增长了 17.6% 这两个因素共同作用的结果；三种产品的总成本报告期比基期增加了 300 元，其中单位成本降低使总成本减少了 360 元，产量增长使总成本增加了 660 元。

（二）平均指数的两因素分析

相对数指数体系为：

$$\frac{\sum p_1 q_1}{\sum p_0 q_0} = \frac{\sum k_q p_0 q_0}{\sum p_0 q_0} \times \frac{\sum p_1 q_1}{\sum \frac{1}{k_p} p_1 q_1} \quad \text{（公式 4.17）}$$

绝对数指数体系为：

$$\sum p_1 q_1 - \sum p_0 q_0 = \left(\sum k_q p_0 q_0 - \sum p_0 q_0\right) + \left(\sum p_1 q_1 - \sum \frac{1}{k_p} p_1 q_1\right)$$

（公式 4.18）

【例 4-14】 某企业三种产品的生产费用与产量增长率的资料如下：

产品名称	计量单位	生产费用/万元		产量增长率/(%)
		基期 $q_0 p_0$	报告期 $q_1 p_1$	
甲	打	250	290	10
乙	只	180	160	20
丙	盒	500	540	5

试计算：（1）三种产品的生产费用指数及生产费用增加额。

（2）三种产品的产量指数和产量增长对生产费用的影响额。

(3) 推算出单位产品成本指数及其对生产费用的影响额。

解：

(1) 三种产品的生产费用指数及生产费用增加额为：

$$\overline{K_{qp}} = \frac{\sum q_1 p_1}{\sum q_0 p_0} = \frac{990}{930} \times 100\% = 106.45\%$$

$$\sum q_1 p_1 - \sum q_0 p_0 = (990 - 930) \text{万元} = 60 \text{万元}$$

(2) 三种产品的产量指数和产量增长对生产费用的影响额为：

$$\overline{K_q} = \frac{\sum k_q q_0 p_0}{\sum q_0 p_0}$$

$$= \frac{110\% \times 250 + 120\% \times 180 + 105\% \times 500}{250 + 180 + 500}$$

$$= \frac{1\,016}{930} \times 100\% = 109.25\%$$

$$\sum k_q q_0 p_0 - \sum q_0 p_0 = (1\,016 - 930) \text{万元} = 86 \text{万元}$$

(3) 根据指数体系，有：

生产费用指数＝产量指数×单位成本指数

生产费用增加额＝产量增加影响额＋单位成本降低影响额

可推算出单位产品成本指数及其对生产费用的影响额为：

$$\overline{K_p} = \frac{\overline{K_{qp}}}{\overline{K_q}} = \frac{106.45\%}{109.25\%} = 97.43\%$$

$$\left(\sum q_1 p_1 - \sum q_0 p_0\right) - \left(\sum k_q q_0 p_0 - \sum q_0 p_0\right) = (60 - 86) \text{万元} = -26 \text{万元}$$

（三）平均指标指数变动的两因素分析

在总体分组的情况下，总平均指标 $\overline{x} = \frac{\sum xf}{\sum f} = \sum x \frac{f}{\sum f}$，这说明总平均指标既受变量水平的影响，又受结构 $\frac{f}{\sum f}$ 的影响。进行总平均指标变动的两因素分析，就是分别确定上述两个因素的变动对总体平均数变动的影响方向与影响程度。

对总平均指标做因素分析时，首先对两个影响因素进行统计学的性质分类，将其中一个视为数量指标，另一个则为质量指标。很明显，总平均指标已被分解为两部分：一部分是组平均数 x，另一部分是各组结构 $\frac{f}{\sum f}$，对这两部分做综合衡量，各组结构 $\frac{f}{\sum f}$ 的数量指标色彩较组平均数 x 浓厚，因此，我们将各组结构 $\frac{f}{\sum f}$ 视为数量指标，将组平均数 x 视为质量指标。参照两因素总量指标因素分析的做法，对总平均指标做因素分析的具体操作如下。

1. 可变结构指数

研究总平均数综合变动情况的指标称为可变结构指数，也称为平均指标指数。

相对数方面：

$$\text{可变结构指数} = \frac{\sum x_1 \frac{f_1}{\sum f_1}}{\sum x_0 \frac{f_0}{\sum f_0}} = \frac{\frac{\sum x_1 f_1}{\sum f_1}}{\frac{\sum x_0 f_0}{\sum f_0}} \qquad (公式4.19)$$

绝对数方面：

$$\frac{\sum x_1 f_1}{\sum f_1} - \frac{\sum x_0 f_0}{\sum f_0} \qquad (公式4.20)$$

2. 结构影响指数

分析总体结构对总平均数的影响的指标就是结构影响指数。

相对数方面：

$$\text{结构影响指数} = \frac{\sum x_0 \frac{f_1}{\sum f_1}}{\sum x_0 \frac{f_0}{\sum f_0}} = \frac{\frac{\sum x_0 f_1}{\sum f_1}}{\frac{\sum x_0 f_0}{\sum f_0}} \qquad (公式4.21)$$

绝对数方面：

$$\frac{\sum x_0 f_1}{\sum f_1} - \frac{\sum x_0 f_0}{\sum f_0} \qquad (公式4.22)$$

3. 固定结构指数

相对数方面：

$$\text{固定结构指数} = \frac{\sum x_1 \frac{f_1}{\sum f_1}}{\sum x_0 \frac{f_1}{\sum f_1}} = \frac{\frac{\sum x_1 f_1}{\sum f_1}}{\frac{\sum x_0 f_1}{\sum f_1}} \qquad (公式4.23)$$

绝对数方面：

$$\frac{\sum x_1 f_1}{\sum f_1} - \frac{\sum x_0 f_1}{\sum f_1} \qquad (公式4.24)$$

4. 指数体系

为了分析组平均数和各组结构这两个因素对平均数变动的影响程度和影响额，根据指数编制的基本原理，构建了平均指标指数体系：

可变结构指数＝固定结构指数×结构影响指数

相对数方面：

$$\frac{\frac{\sum x_1 f_1}{\sum f_1}}{\frac{\sum x_0 f_0}{\sum f_0}} = \frac{\frac{\sum x_1 f_1}{\sum f_1}}{\frac{\sum x_0 f_1}{\sum f_1}} \times \frac{\frac{\sum x_0 f_1}{\sum f_1}}{\frac{\sum x_0 f_0}{\sum f_0}} \qquad (公式4.25)$$

绝对数方面：

$$\frac{\sum x_1 f_1}{\sum f_1} - \frac{\sum x_0 f_0}{\sum f_0} = \left(\frac{\sum x_1 f_1}{\sum f_1} - \frac{\sum x_0 f_1}{\sum f_1}\right) + \left(\frac{\sum x_0 f_1}{\sum f_1} - \frac{\sum x_0 f_0}{\sum f_0}\right)$$

(公式 4.26)

平均指标指数体系中，三个指数的名称均带有"结构"二字，显然，因素分析的重点在于总体结构变动对平均数变动的影响，将平均指标指数体系写成下列形式可清楚地看到这一点。

$$\frac{\sum x_1 \frac{f_1}{\sum f_1}}{\sum x_0 \frac{f_0}{\sum f_0}} = \frac{\sum x_1 \frac{f_1}{\sum f_1}}{\sum x_0 \frac{f_1}{\sum f_1}} \times \frac{\sum x_0 \frac{f_1}{\sum f_1}}{\sum x_0 \frac{f_0}{\sum f_0}}$$

(公式 4.27)

【例 4-15】 某企业的有关资料如下表所示。

工人类别	人 数		劳动生产率/(件/人)	
	基期 f_0	报告期 f_1	基期 x_0	报告期 x_1
熟练工	150	80	240	260
非熟练工	50	120	180	190

试从相对数和绝对数两方面对该企业总平均生产率的变动做因素分析。

解：

工人类别	人 数		人 数 结 构		劳动生产率/(件/人)		总产量/件		
	基期 f_0	报告期 f_1	基期 $\frac{f_0}{\sum f_0}$	报告期 $\frac{f_1}{\sum f_1}$	基期 x_0	报告期 x_1	基期 $x_0 f_0$	报告期 $x_1 f_1$	假定 $x_0 f_1$
熟练工	150	80	0.75	0.40	240	260	36 000	20 800	19 200
非熟练工	50	120	0.25	0.60	180	190	9 000	22 800	21 600
合　　计	200	200	1.00	1.00	—	—	45 000	43 600	40 800

根据上表资料，可得：

$$\overline{x_0} = \frac{\sum x_0 f_0}{\sum f_0} = \frac{45\ 000}{200} \text{件/人} = 225 \text{件/人}$$

$$\overline{x_1} = \frac{\sum x_1 f_1}{\sum f_1} = \frac{43\ 600}{200} \text{件/人} = 218 \text{件/人}$$

$$\overline{x_{假定}} = \frac{\sum x_0 f_1}{\sum f_1} = \frac{40\ 800}{200} \text{件/人} = 204 \text{件/人}$$

从以上计算结果可以看到一个矛盾的现象：报告期熟练工和非熟练工的劳动生产率均比基期有所提高，但报告期的平均劳动生产率却低于基期（218＜225）。这是为什么？因为报告期的工人人数结构发生了变化：与基期相比，报告期熟练工的人数占比从75％下降为40％，而非熟练工的人数占比从25％上升为60％。非熟练工的劳动生产率低于熟练工，因此，报告期的劳动生产率低于基期。

利用平均指标指数体系可以计算出：

$$\frac{\overline{x_1}}{\overline{x_0}} = \frac{\overline{x_1}}{\overline{x_{假定}}} \times \frac{\overline{x_{假定}}}{\overline{x_0}}$$

$$\frac{218}{225} = \frac{218}{204} \times \frac{204}{225}$$

$$96.89\% = 106.86\% \times 90.67\%$$

$$\overline{x_1} - \overline{x_0} = (\overline{x_1} - \overline{x_{假定}}) + (\overline{x_{假定}} - \overline{x_0})$$

$$218 - 225 = (218 - 204) + (204 - 225)$$

$$-7 = 14 + (-21)$$

计算结果表明：该企业报告期工人平均劳动生产率比基期降低了3.11％，人均产量减少了7件。其中，由于熟练工和非熟练工的劳动生产率都提高了，平均劳动生产率提高了6.86％，人均产量增加了14件；由于工人人数结构变化（非熟练工的比重提高了），平均劳动生产率降低了9.33％，人均产量减少了21件。

三、多因素指数分析

很多情况下，总量指标的变动是由多个因素共同引起的，这就要求用更多的指标来建立指标体系和进行因素分析。比如，原材料消耗额受产品产量、单位产品原材料消耗量和单位原材料价格三个因素的影响。

建立多因素指数体系的要求如下所述。

①将因素指数排序，原则是相邻的两个指标相乘有经济意义；数量指标在前，质量指标在后。比如：原材料消耗额＝产品产量×单位产品原材料消耗量×单位原材料价格，其中产品产量×单位产品原材料消耗量＝原材料消耗量，单位产品原材料消耗量×单位原材料价格＝单位产品原材料消耗额。

②分析第一个因素对总变动的影响时，只有第一个因素变动，其余因素均固定在基期。

③分析第二个因素对总变动的影响时，将第一个因素固定在报告期，第二个因素变动，其余因素仍固定在基期。

④依次类推，建立多因素指数体系。

三因素指数体系的建立如下。

相对数方面：

$$\frac{\sum a_1 b_1 c_1}{\sum a_0 b_0 c_0} = \frac{\sum a_1 b_0 c_0}{\sum a_0 b_0 c_0} \times \frac{\sum a_1 b_1 c_0}{\sum a_1 b_0 c_0} \times \frac{\sum a_1 b_1 c_1}{\sum a_1 b_1 c_0} \quad (公式4.28)$$

绝对数方面：

$$\sum a_1 b_1 c_1 - \sum a_0 b_0 c_0 = (\sum a_1 b_0 c_0 - \sum a_0 b_0 c_0) \\ + (\sum a_1 b_1 c_0 - \sum a_1 b_0 c_0) + (\sum a_1 b_1 c_1 - \sum a_1 b_1 c_0) \quad (公式4.29)$$

第六节　常用的统计指数

一、居民消费价格指数

(一) 居民消费价格指数的概念

居民消费价格指数(CPI),是一个反映居民家庭一般所购买的消费商品和服务项目的价格水平变动情况的宏观经济指标。它是一组相对数,用来反映居民家庭所购买消费商品及服务项目的价格水平的变动情况。

居民消费价格指的是消费商品和服务项目的最终价格,它一方面同人民群众的生活密切相关,另一方面在整个国民经济价格体系中具有重要的地位。它是进行经济分析和决策、价格总水平监测和调控、国民经济核算的重要指标,其变动率在一定程度上反映了通货膨胀或紧缩的程度。一般来讲,物价全面、持续地上涨就被认为发生了通货膨胀。

(二) 居民消费价格指数的作用

1. 度量通货膨胀(或通货紧缩)

CPI 是度量通货膨胀的一个重要指标。通货膨胀表现为物价水平普遍而持续地上升。CPI 的高低可以在一定水平上说明通货膨胀的严重程度。通货膨胀率的计算公式为:

$$通货膨胀率 = \frac{报告期居民消费价格指数 - 基期居民消费价格指数}{基期居民消费价格指数} \times 100\%$$

2. 参与国民经济核算

在国民经济核算中,要用各种价格指数,如居民消费价格指数(CPI)、生产者价格指数(PPI)以及 GDP 平减指数,对 GDP 进行核算,从而剔除价格因素的影响。

3. 指导契约指数化调整

例如在薪资报酬谈判中,雇员希望名义薪资能等于或高于 CPI 且希望名义薪资会随着 CPI 的升高而自动调整。名义薪资调整的时机通常为发生通货膨胀之后,调整幅度较实际通货膨胀率为低。

4. 反映货币购买力的变动

货币购买力是指单位货币能够购买到的消费商品和服务项目的数量。居民消费价格指数上涨,货币购买力下降;反之,则货币购买力上升。居民消费价格指数的倒数就是货币购买力指数。

$$货币购买力指数 = \frac{1}{居民消费价格指数} \times 100\%$$

5. 反映职工实际工资

居民消费价格指数的提高意味着职工实际工资的减少,居民消费价格指数的下降意味着职工实际工资的提高。因此,利用居民消费价格指数可将名义工资转化为实际工资。

$$实际工资 = \frac{名义工资}{居民消费价格指数}$$

6. 影响股市

一般情况下,物价上涨,股价上涨;物价下跌,股价也下跌。

7. 缩减经济序列

用经济序列的实际观察值除以居民消费价格指数,以剔除价格变动对观察值的影响,从而获得剔除价格变动后事物数量的真实变动情况。

【**例 4-16**】 已知 2000—2012 年我国的国内生产总值(GDP)序列和居民消费价格指数(CPI)序列,用居民消费价格指数序列对 GDP 进行缩减。

解:

年 份	GDP/亿元	CPI/(%)	缩减后的 GDP/亿元
2000	99 214.6	108.6	91 357.8
2001	109 655.2	106.1	103 350.8
2002	120 332.7	107.0	112 460.5
2003	135 822.8	107.1	126 818.7
2004	159 878.3	108.1	147 898.5
2005	184 937.4	108.2	170 921.8
2006	216 314.4	109.8	197 007.7
2007	265 810.3	110.9	239 684.7
2008	314 045.4	109.0	288 115.0
2009	340 902.8	110.3	309 068.7
2010	401 512.8	108.2	371 083.9
2011	473 104.0	110.3	428 924.8
2012	518 942.1	109.4	474 352.9

(三)居民消费价格指数的编制过程

我国的居民消费价格指数针对城、乡分别进行编制,具体的编制过程与零售价格指数类似,不同的是居民消费价格指数包括消费商品价格和服务项目价格两部分。每一种消费商品或服务项目所对应的具体权重根据抽样的城、乡居民家庭的消费支出构成确定。具体的编制过程如下所述。

1. 将居民的消费商品和服务项目进行分类

目前我国的 CPI 指数统一执行国家统计局规定的八大类体系,即 CPI 指数的构成包括食品烟酒、衣着、生活用品及服务、医疗保健、交通和通信、教育文化和娱乐、居住、其他用品和服务等八大类,每个大类又包含若干个具体专类,总共有 300 多类。

2. 确定代表规格品

代表规格品是根据商品零售资料和 5 万户城市居民、7 万户农村居民的消费支出记账资料,按有关规定筛选的。筛选原则:①与社会生产和人民生活密切相关;②销售数量(或金额)大;③市场供应保持稳定;④价格变动趋势有代表性;⑤所选代表规格品之间的差异大。

现行的国家统计方法制度对调查内容规定到基本分类,以及每个基本分类包括的代表规格品的最低数量。代表规格品由各省、市、自治区自行确定,可以适当增加一些具有地方消费特色的商品。代表规格品一经确定,一年内不能更换。

3. 抽选价格调查点

首先对各种类型的商业网点的销售额进行由高到低的排序,然后进行等距抽样。要考虑到大中小型商店兼顾、各种经济类型兼顾、综合性商店与专业性商店兼顾、各种商业业态兼顾、布局合理等因素,对抽样结果进行修正。价格调查点每年调整一次。

4. 确定居民消费价格指数代表规格品的权数

权数是反映所调查消费商品或服务项目的价格变动在总指数形成中的影响程度的指标,是根据居民家庭用于各种消费商品或服务项目的开支占总支出的比重计算的。基本分类及代表规格品的权数在一年内固定不变。

5. 调查价格并计算平均价格

根据商品或服务项目与人民生活的相关程度和价格的变动频率,确定价格调查的次数。鲜菜、鲜果、肉禽蛋、水产品等的价格,每五天调查一次;粮食、油脂、烟酒饮料、餐饮及其他穿用商品的价格,每十天调查一次;由国家和地方政府定价的商品或服务项目的价格,每十五天调查一次。价格调查是定时、定点、定人的直接调查。

价格资料收集完毕后,计算月平均价格,即把每一种代表规格品在所有调查点的时点价格进行简单算术平均。例如,某种服装的价格每月调查3次,每次有6个调查点,月平均价格就是将18个时点价格相加,然后再除以18。

6. 计算居民消费价格指数

月平均价格计算出来后,就可计算其与不同基期相比的月度价格指数。首先,计算单个商品或服务项目的价格指数,然后再对单项价格指数进行几何平均,计算出基本分类价格指数,再由基本分类价格指数依次加权计算出类指数和总指数。计算公式为:

$$\overline{k_p} = \frac{\sum k_p w}{100}$$

(公式4.30)

居民消费价格基本分类指数如表4-2所示。

表4-2 居民消费价格基本分类指数

年份	居民消费价格总指数/(%)	食品烟酒类居民消费价格指数/(%)	生活用品及服务类居民消费价格指数/(%)	衣着类居民消费价格指数/(%)	医疗保健类居民消费价格指数/(%)	交通和通信类居民消费价格指数/(%)	教育文化和娱乐类居民消费价格指数/(%)	居住类居民消费价格指数/(%)
2018	103							
2017	102							
2016	101							
2015	102	102	102	104	100	103	101	103
2014	102	103	100	100	100	99	103	101

续表

年份	居民消费价格总指数/(%)	食品烟酒类居民消费价格指数/(%)	生活用品及服务类居民消费价格指数/(%)	衣着类居民消费价格指数/(%)	医疗保健类居民消费价格指数/(%)	交通和通信类居民消费价格指数/(%)	教育文化和娱乐类居民消费价格指数/(%)	居住类居民消费价格指数/(%)
2013	103	105	100	102	100	99	104	106
2012	103	107	102	101	101	99	102	104
2011	106	111	103	103	104	102	100	109
2010	102	106	101	98	102	101	99	105
2009	99	102	102	98	100	96	98	90
2008	105	116	106	99	102	98	98	103
2007	102	109	102	100	100	96	99	104
2006	101	103	100	100	101	99	99	101
2005	102	105	100	100	98	98	100	106
2004	101	105	101	99	99	96	102	101
2003	100	103	100	97	100	98	98	102
2002	98	98	101	96	100	100	97	102
2001	103	102	102	100	99	101	114	104

二、股票价格指数

(一) 股票价格指数的概念

股票价格指数就是用于反映整个股票市场上各种股票的价格的总体水平及变动情况的指标,简称股票指数。股票价格指数是以样本股报告期市价总值除以基期市价总值再乘以基期指数值而得到的。它是由证券交易所或金融服务机构编制的表明股票行市变动情况的一种供参考的指示数字。

计算股票指数时,要考虑三个因素:一是抽样,即在众多股票中抽取少数具有代表性的成份股;二是加权,按单价或总值加权平均,或不加权平均;三是计算程序,计算算术平均数、几何平均数,或兼顾价格与总值。

股票指数是反映不同时点上股价变动情况的相对指标。通常将报告期的股票价格与定的基期股票价格相比,将两者的比值乘以基期的指数值即可得到该报告期的股票指数。股票指数的计算方法有三种:一是相对法,二是综合法,三是加权法。

(二) 我国的主要股票价格指数

1. 上证股票指数

上证股票指数是由上海证券交易所编制的股票指数,1990年12月19日正式开始发布。

该股票指数的样本为所有在上海证券交易所挂牌上市的股票,其中新上市的股票在挂牌的第二天纳入股票指数的计算范围。

该股票指数的权数为上市公司的总股本。我国上市公司的股票有流通和非流通股之分,其流通量与总股本并不一致,所以总股本较大的股票对股票指数的影响就较大,上证股票指数常常就成为机构大户造市的工具,从而股票指数的走势与大部分股票的涨跌相背离。

2. 深圳综合股票指数

深圳综合股票指数是由深圳证券交易所编制的股票指数,以1991年4月3日为基期。该股票指数的计算方法基本上与上证股票指数相同,其样本为所有在深圳证券交易所挂牌上市的股票,权数为股票的总股本。由于以所有挂牌上市的股票为样本,所以深圳综合股票指数的代表性非常广泛,且它与深圳股市的行情资讯同步发布,故它是股民和证券从业人员研判深圳股市股票价格变化趋势必不可少的参考依据。前些年,由于深圳证券交易所的股票交投不如上海证券交易所那么活跃,深圳证券交易所改变了股票指数的编制方法,采用成份股指数,其中只有40只股票入选并于1995年5月开始发布。

3. 上证180指数

上海证券交易所正式对外发布的上证180(行情资讯)指数,用于取代原来的上证30指数。新编制的上证180指数的样本数量为180只,入选的个股均是一些规模大、流动性好、行业代表性强的股票。该指数不仅在编制方法的科学性、成分选择的代表性和成分的公开性上有所突破,而且恢复和提升了成份指数的市场代表性,从而能更全面地反映股价的走势。统计表明,上证180指数的流通市值占沪市流通市值的50%,成交金额的占比也达到47%。它的推出,有利于推动指数化投资,引导投资者理性投资,促进市场对"蓝筹股"的关注。

4. 沪深300指数

沪深300指数是以从上海证券市场和深圳证券市场中选取的300只A股作为样本而编制成的成份股指数。沪深300指数的样本覆盖了沪深股票市场六成左右的市值,具有良好的市场代表性。沪深300指数是上海证券交易所和深圳证券交易所第一次联合发布的反映A股市场整体走势的指数。它的推出,丰富了股票市场的指数体系,增加了一项用于反映股票市场走势的指标,有利于投资者全面把握股票市场的运行状况,进一步为股票指数投资产品的创新和发展提供了基础条件。

马埃指数不满足指数体系,理想指数满足指数体系

一、相关知识

1. 马埃指数

马埃指数由英国经济学家马歇尔(A. Marshall)和埃奇沃思(F. Y. Edgeworth)于1887—1890年提出,该指数是对拉氏指数和帕氏指数的同度量因素进行简单算术平均的结果,具体公式如下:

数量指标指数 $\quad \overline{k_q} = E_q = \dfrac{\sum q_1 \left(\dfrac{p_0 + p_1}{2}\right)}{\sum q_0 \left(\dfrac{p_0 + p_1}{2}\right)} = \dfrac{\sum q_1 (p_0 + p_1)}{\sum q_0 (p_0 + p_1)}$

质量指标指数 $\quad \overline{k_p} = E_p = \dfrac{\sum p_1 \left(\dfrac{q_0 + q_1}{2}\right)}{\sum p_0 \left(\dfrac{q_0 + q_1}{2}\right)} = \dfrac{\sum p_1 (q_0 + q_1)}{\sum p_0 (q_0 + q_1)}$

马埃指数是一种特殊形式的综合指数,其计算结果介于拉氏指数和帕氏指数之间,数学上可以证明,马埃指数不满足指数体系,即

$$\frac{\sum p_0 q_1 + \sum p_1 q_1}{\sum p_0 q_0 + \sum p_1 q_0} \times \frac{\sum p_1 q_0 + \sum p_1 q_1}{\sum p_0 q_0 + \sum p_0 q_1} \neq \frac{\sum p_1 q_1}{\sum p_0 q_0}$$

2. 理想指数

理想指数最早由美国经济学家沃尔什(G. M. Walsh)和庇古(P. C. Pigou)等人于1901年和1902年先后提出,后来统计学家费雪(Irving Fisher)比较验证了其所具有的优良性,将其命名为理想指数。该指数是对拉氏指数和帕氏指数的同度量因素进行简单几何平均的结果,具体公式如下:

数量指标指数 $\quad \overline{k_q} = F_q = \sqrt{L_q \times P_q} = \sqrt{\dfrac{\sum p_0 q_1}{\sum p_0 q_0} \times \dfrac{\sum p_1 q_1}{\sum p_1 q_0}}$

质量指标指数 $\quad \overline{k_p} = F_p = \sqrt{L_p \times P_p} = \sqrt{\dfrac{\sum p_1 q_0}{\sum p_0 q_0} \times \dfrac{\sum p_1 q_1}{\sum p_0 q_1}}$

理想指数也是一种特殊形式的综合指数,其计算结果介于拉氏指数和帕氏指数之间。不难证明,理想指数满足指数体系,即

$$\sqrt{\frac{\sum p_0 q_1}{\sum p_0 q_0} \times \frac{\sum p_1 q_1}{\sum p_1 q_0}} \times \sqrt{\frac{\sum p_1 q_0}{\sum p_0 q_0} \times \frac{\sum p_1 q_1}{\sum p_0 q_1}} = \frac{\sum p_1 q_1}{\sum p_0 q_0}$$

二、验证过程

某商店三种商品的销售价格(元)和销售量(万件)的资料如下:

商品名称	基期		报告期	
	q_0	p_0	q_1	p_1
甲	26	15	32	13
乙	30	14	35	12
丙	20	11	24	10

用拉氏指数、帕氏指数、马埃指数及理想指数分别计算三种商品的销售量总指数与价格总指数,并验证它们对指数体系的满足情况。

第一步,根据原始资料,列表计算销售额。

商品名称	q_0	q_1	p_0	p_1	$p_0 q_0$	$p_1 q_1$	$p_0 q_1$	$p_1 q_0$
甲	26	32	15	13	390	416	480	338
乙	30	35	14	12	420	420	490	360
丙	20	24	11	10	220	240	264	200
合计					1 030	1 076	1 234	898

第二步,分别计算销售量综合指数与价格综合指数。

	销售量综合指数	价格综合指数
拉氏指数	$\dfrac{\sum p_0 q_1}{\sum p_0 q_0}$	$\dfrac{\sum p_1 q_0}{\sum p_0 q_0}$
帕氏指数	$\dfrac{\sum p_1 q_1}{\sum p_1 q_0}$	$\dfrac{\sum p_1 q_1}{\sum p_0 q_1}$
马埃指数	$\dfrac{\sum p_0 q_1 + \sum p_1 q_1}{\sum p_0 q_0 + \sum p_1 q_0}$	$\dfrac{\sum p_1 q_0 + \sum p_1 q_1}{\sum p_0 q_0 + \sum p_0 q_1}$
理想指数	$\sqrt{\dfrac{\sum p_0 q_1}{\sum p_0 q_0} \times \dfrac{\sum p_1 q_1}{\sum p_1 q_0}}$	$\sqrt{\dfrac{\sum p_1 q_0}{\sum p_0 q_0} \times \dfrac{\sum p_1 q_1}{\sum p_0 q_1}}$

拉氏指数 $\quad L_q = \dfrac{\sum p_0 q_1}{\sum p_0 q_0} = 119.806\%$ $\quad L_p = \dfrac{\sum p_1 q_0}{\sum p_0 q_0} = 87.184\%$

帕氏指数 $\quad P_q = \dfrac{\sum p_1 q_1}{\sum p_1 q_0} = 119.822\%$ $\quad P_p = \dfrac{\sum p_1 q_1}{\sum p_0 q_1} = 87.196\%$

马埃指数 $\quad E_q = \dfrac{\sum p_0 q_1 + \sum p_1 q_1}{\sum p_0 q_0 + \sum p_1 q_0} = \dfrac{2\,310}{1\,928} \times 100\% = 119.813\%$

$\quad E_p = \dfrac{\sum p_1 q_0 + \sum p_1 q_1}{\sum p_0 q_0 + \sum p_0 q_1} = \dfrac{1\,974}{2\,264} \times 100\% = 87.191\%$

理想指数

$F_q = \sqrt{\dfrac{\sum p_0 q_1}{\sum p_0 q_0} \times \dfrac{\sum p_1 q_1}{\sum p_1 q_0}} = \sqrt{1.198\,06 \times 1.198\,22} \times 100\% = 119.814\%$

$F_p = \sqrt{\dfrac{\sum p_1 q_0}{\sum p_0 q_0} \times \dfrac{\sum p_1 q_1}{\sum p_0 q_1}} = \sqrt{0.871\,84 \times 0.871\,96} \times 100\% = 87.190\%$

第三步,计算销售额综合指数。

销售额综合指数 $\quad \dfrac{\sum p_1 q_1}{\sum p_0 q_0} = 104.466\%$

第四步,验证各综合指数对指数体系的满足情况。

拉氏指数 $\quad L_q \times L_p = 104.452\% \neq 104.466\%$

帕氏指数 $\quad P_q \times P_p = 104.480\% \neq 104.466\%$

马埃指数 $\quad E_q \times E_p = 104.466\,2\% \neq 104.466\%$

理想指数 $\quad F_q \times F_p = 104.466\%$

第五步,得出结论。

(1)除理想指数满足指数体系外,拉氏指数、帕氏指数及马埃指数均不满足指数体系。

(2)无论是销售量总指数还是价格总指数,马埃指数与理想指数均介于拉氏指数与帕氏指数之间。

实验七

第五章 参数估计

YINGYONG TONGJI
YU SHIWU

数理统计的中心问题是进行统计推断,在大多数统计推断的实际问题中,总体参数是未知的,通常不可能通过全面调查来获取这些未知参数值。这就要求我们研究如何根据样本资料做出科学的估计。总体参数的值是一个常数,这个常数对我们而言通常是未知的,而样本统计量的值高度依赖于所抽取的样本,正是由于样本统计量是依据样本而变化的,所以根据样本统计量来推断总体参数必然具有某种不确定性。但是,样本统计量的分布具有某些确定的性质,这些性质反映在它的抽样分布中。

第一节 抽样分布

一、抽样分布的基本概念

(一) 抽样方法

1. 回置抽样

回置抽样也称为重复抽样,是指从总体中每抽出一个样本单位,记录其标志值后,再将其放回总体中继续参加下一轮抽取。

回置抽样的特点:①容量为 n 的样本是由 n 次试验的结果构成的;②各次试验相互独立;③各次试验是在相同条件下进行的,每个单位被抽中的概率相同。因此,在回置抽样中,每一个个体被抽中的机会并不止一次,总体的单位数一直保持不变。

2. 不回置抽样

不回置抽样是指从总体中每抽出一个样本单位,记录其标志值后,不再将其放回总体中参加下一轮抽取。

不回置抽样的特点:①容量为 n 的样本是由 n 次试验的结果构成的,相当于从总体中同时抽取 n 个样本单位;②各次试验相互不独立;③每个单位在多次试验中被抽中的概率是不相同的。因此,在不回置抽样中,同一个单位被抽中的机会只有一次,且总体单位数目随着样本单位抽取次数的增多而减少。

(二) 样本数目

1. 样本数目

样本数目也称为样本个数,是指从一个总体中抽取样本的时候,按一定的方式抽取,形成样本的可能数目。

2. 样本数目与抽样方法的关系

1) 考虑顺序的回置抽样

考虑顺序的回置抽样,可以重复排列数,样本的可能数目为 N^n 个。

2) 不考虑顺序的回置抽样

不考虑顺序的回置抽样,可以重复组合数,样本数目相当于每次从 $N+n-1$ 个不同单位中抽取 n 个单位的不重复组合,计算公式为 $\dfrac{(N+n-1)!}{n!(n-1)!}$。

3）考虑顺序的不回置抽样

考虑顺序的不回置抽样,不可以重复排列数,样本数目的计算公式为 $\dfrac{N!}{(N-n)!}$。

4）不考虑顺序的不回置抽样

不考虑顺序的不回置抽样,不可以重复组合数,样本数目的计算公式为 $\dfrac{N!}{(N-n)!n!}$。

（三）抽样的组织形式

在实际抽样调查工作中,为了提高抽样效率,根据对总体信息利用程度的不同,采用不同的抽样组织形式,以使得抽取出来的样本能充分反映总体。常用的抽样组织形式有简单随机抽样和等距抽样、类型抽样、整群抽样、多阶段抽样等四种复杂的随机抽样。

1. 简单随机抽样

随机抽样是一种对总体中的每一个单位都不加任何限制的抽样方式,它对总体中的单位不进行任何分组、划类、排序等,随机地抽取调查单位。由于这种抽样方式是抽样调查中最基本的组织形式,所以它又称为简单随机抽样,简单随机抽样是其他复杂随机抽样的基础。

简单随机抽样是抽样的基本形式,其参数估计和误差计算较方便,是其他抽样形式的基础。简单随机抽样的缺点:当 N 很大时,构建抽样框较困难;抽出的单位很分散,增加调查的难度;没有利用其他辅助信息来提高估计的效率;在 n 相同的情况下,误差较大。因此,在大规模调查中,很少直接采用简单随机抽样。

2. 等距抽样

等距抽样又称为机械抽样,它是先将总体中的各单位按一定的标志排序,然后每隔一定的距离抽取一个单位组成样本。例如,欲从含 1 000 个单位的总体中抽取 20 个单位,则先将总体中的单位按次序编号,分成 20 组,然后从 20 组中随机选定 1 组,在这 1 组中按随机抽样方法抽取 1 个单位,接着在其余 19 组中抽取与该单位次序相同的单位,抽取的 20 个单位组成样本。比如,若抽中第 6 个单位,则每组中第 6 个单位为中选单位,即编号为 6,56,106,156,…,956 的 20 个单位组成一个样本。我国农村住户调查就是采用这种方式进行抽样。

3. 类型抽样

类型抽样又称为分层抽样,它按照某一标志先将总体分成若干组,再在每组中按随机抽样方法进行抽样。每组抽取的单位数可按组内单位数成比例确定,或依据每组的方差数确定。例如,对工业企业进行调查,先将工业企业划分为电力企业、煤炭企业、石化企业、机械企业等部分,再在每个部分中随机抽取若干企业进行调查。

4. 整群抽样

整群抽样是先将总体按原有自然形态分为若干组,每一组称为一个群,以群为单位进行随机抽样,然后对中选群进行全面调查。例如,在调查某地区职工的家庭生活状况时,按居委会分群,一个居委会为一个群,对抽中的居委会所辖的每户职工家庭进行调查登记。

5. 多阶段抽样

多阶段抽样是指以第一次抽样得到的样本为总体进行第二次随机抽样,然后以第二次抽样后得到的样本为总体进行第三次随机抽样,依次类推,如此进行下去的抽样方式。例如,我国农产量调查就是采用五阶段抽样方式进行抽样的,它采用省抽县,县抽乡,乡抽村,村抽地块,然后地块抽样本点,对样本点进行实割实测的调查方法。

(四) 抽样分布

样本统计量的所有取值与其对应的概率组成的数列,称为抽样分布。抽样分布提供样本统计量的稳定信息,是进行推断的理论基础,也是抽样推断的重要科学依据。

二、抽样分布和总体分布的关系

(一) 样本平均数的抽样分布

1. 理论推导

(1) 总体方差服从正态分布,回置抽样下样本平均数与总体平均数的关系。

在回置抽样的情况下,设从总体中抽出的样本为 $x_1, x_2, x_3, \cdots, x_n$,它们是相互独立的,且与总体同分布。设总体平均数为 μ,方差为 σ^2,则样本平均数的期望值与方差分别为:

$$E(\bar{x}) = E(\frac{x_1 + x_2 + \cdots + x_n}{n}) = \frac{1}{n}[E(x_1) + E(x_2) + \cdots + E(x_n)] = \mu$$

$$\sigma_{\bar{x}}^2 = \sigma^2(\frac{x_1 + x_2 + \cdots + x_n}{n}) = \frac{1}{n^2}[\sigma(x_1) + \sigma(x_2) + \cdots + \sigma(x_n)] = \frac{\sigma^2}{n}$$

由以上公式可知,样本平均数的期望值等于总体平均数,样本平均数的方差是总体方差的 $1/n$,表明样本平均数的分布比总体平均数的分布更集中,因此用样本平均数推断总体平均数是可靠的。

(2) 总体方差服从正态分布,不回置抽样下样本平均数与总体平均数的关系。

在不回置抽样中,各样本平均数并不是独立的,设总体平均数为 μ,方差为 σ^2,则样本平均数的期望值与方差分别为:

$$E(\bar{x}) = E(\frac{x_1 + x_2 + \cdots + x_n}{n}) = \mu$$

$$\sigma_{\bar{x}}^2 = \frac{\sigma^2}{n}(\frac{N-n}{N-1}) \rightarrow \frac{\sigma^2}{n}(1 - \frac{n}{N})(N \text{ 很大时})$$

(3) 总体方差不服从正态分布,样本平均数与总体平均数的关系。

设从均值为 μ,方差为 σ^2 (有限)的任意一个总体中抽取样本量为 n 的样本,当 n 充分大时,样本均值 $\bar{x}$ 的抽样分布近似服从均值为 μ,方差为 $\frac{\sigma^2}{n}$ 的正态分布。

总体分布与抽样分布的关系如图 5-1 所示。

2. 实证验证

(1) 回置抽样下样本平均数与总体平均数的关系。

【例 5-1】 设总体中 5 个单位的标志值分别为 4、6、8、10、12,现采取回置抽样方式从中随机抽取 2 个单位组成样本,试研究样本平均数的分布以及样本平均数与总体平均数的关系。

解:

第一步,计算总体平均数和方差。

$$\bar{X} = \frac{\sum X}{N} = \frac{4 + 6 + 8 + 10 + 12}{5} = 8$$

$$\sigma^2 = \frac{\sum (X - \bar{X})^2}{N} = \frac{(4-8)^2 + (6-8)^2 + (8-8)^2 + (10-8)^2 + (12-8)^2}{5} = 8$$

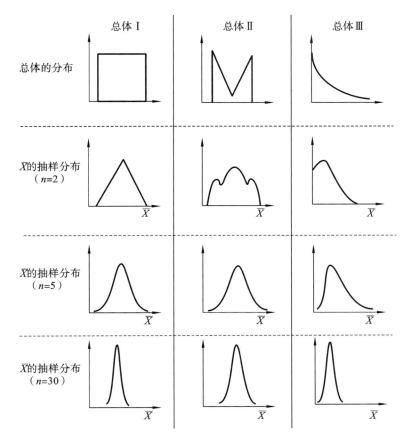

图 5-1　总体分布与抽样分布的关系

第二步,抽取样本并计算相关数据。

从容量为 5 的总体中抽取容量为 2 的样本,可形成 $N^n = 5^2 = 25$ 个(考虑顺序)不同的样本。抽样分布计算表如表 5-1 所示。

表 5-1　抽样分布计算表

样 本 序 号	样本标志值 x_1, x_2	样本平均数 $\overline{x}$	离差 $\overline{x} - \overline{X}$	离差平方 $(\overline{x} - \overline{X})^2$
1	4,4	4	−4	16
2	4,6	5	−3	9
3	4,8	6	−2	4
4	4,10	7	−1	1
5	4,12	8	0	0
6	6,4	5	−3	9
7	6,6	6	−2	4
8	6,8	7	−1	1

续表

样本序号	样本标志值 x_1, x_2	样本平均数 $\bar{x}$	离差 $\bar{x} - \overline{X}$	离差平方 $(\bar{x} - \overline{X})^2$
9	6,10	8	0	0
10	6,12	9	1	1
11	8,4	6	−2	4
12	8,6	7	−1	1
13	8,8	8	0	0
14	8,10	9	1	1
15	8,12	10	2	4
16	10,4	7	−1	1
17	10,6	8	0	0
18	10,8	9	1	1
19	10,10	10	2	4
20	10,12	11	3	9
21	12,4	8	0	0
22	12,6	9	1	1
23	12,8	10	2	4
24	12,10	11	3	9
25	12,12	12	4	16
合计	—	200	—	100

第三步,整理出样本平均数的分布,回置抽样下样本平均数分布表如表 5-2 所示,样本平均数分布图如图 5-2 所示。

表 5-2　回置抽样下样本平均数分布表

$\bar{x}$	4	5	6	7	8	9	10	11	12	合计
频数/个	1	2	3	4	5	4	3	2	1	25
频率	0.04	0.08	0.12	0.16	0.20	0.16	0.12	0.08	0.04	1.00

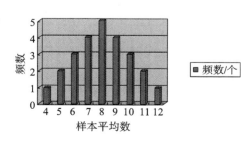

图 5-2　样本平均数分布图

可以看出,样本平均数的分布呈对称分布。

第四步,计算样本平均数的平均数和方差。

样本平均数的平均数 $\bar{\bar{x}} = \dfrac{\sum \bar{x}}{\text{样本个数}} = \dfrac{200}{25} = 8 = \overline{X}$

样本平均数的方差 $\sigma_{\bar{x}}^2 = \dfrac{\sum (\bar{x} - \overline{X})^2}{\text{样本个数}} = \dfrac{100}{25} = 4 = \dfrac{8}{2} = \dfrac{\sigma^2}{n}$

可以看出,所有样本平均数的平均数等于总体平均数,样本平均数的方差等于总体方差的 $\dfrac{1}{n}$。说明样本平均数是总体平均数的无偏、有效估计量。

(2) 不回置抽样下样本平均数与总体平均数的关系。

【例 5-2】 设总体中 5 个单位的标志值分别为 4、6、8、10、12,现采取不回置抽样方式从中随机抽取 2 个单位组成样本,试研究样本平均数的分布以及样本平均数与总体平均数的关系。

解:不回置抽样下可形成 $\dfrac{N!}{(N-n)!} = \dfrac{5 \times 4 \times 3 \times 2 \times 1}{3 \times 2 \times 1} = 20$ 个(考虑顺序)不同的样本。将表 5-1 中序号为 1、7、13、19、25 的样本去掉即可得到本例的抽样分布计算表。不回置抽样下样本平均数分布表如表 5-3 所示。

表 5-3 不回置抽样下样本平均数分布表

$\bar{x}$	5	6	7	8	9	10	11	合 计
频数/个	2	2	4	4	4	2	2	20
频率	0.1	0.1	0.2	0.2	0.2	0.1	0.1	1.0

可以看出,在不回置抽样下,样本平均数的分布仍呈对称分布。样本平均数的和为 160,样本平均数与总体平均数的离差平方和为 60。

样本平均数的平均数 $\bar{\bar{x}} = \dfrac{\sum \bar{x}}{\text{样本个数}} = \dfrac{160}{20} = 8 = \overline{X}$

样本平均数的方差 $\sigma_{\bar{x}}^2 = \dfrac{\sum (\bar{x} - \overline{X})^2}{\text{样本个数}} = \dfrac{60}{20} = 3 = \dfrac{8}{2} \times \left(\dfrac{5-2}{5-1}\right) = \dfrac{\sigma^2}{n}\left(\dfrac{N-n}{N-1}\right)$

当 N 很大时,$\dfrac{\sigma^2}{n}\left(\dfrac{N-n}{N-1}\right) \approx \dfrac{\sigma^2}{n}\left(1 - \dfrac{n}{N}\right)$

显然,不回置抽样下,样本平均数的平均数等于总体平均数。而因为 $1 - \dfrac{n}{N}$ 小于 1,所以不回置抽样下样本平均数的方差小于回置抽样下样本平均数的方差。

(3) 得出结论。

①总体服从正态分布,在简单随机抽样的前提下,无论是采取回置抽样方式,还是采取不回置抽样方式,样本平均数的分布均是对称的,若样本包含的样本单位足够多,则样本平均数的分布会趋向于正态分布。

②在回置抽样的条件下,所有样本平均数的平均数等于总体平均数,所有样本平均数的方差等于总体方差的 $\dfrac{1}{n}$。

③在不回置抽样的条件下,所有样本平均数的方差等于总体方差的 $\frac{1}{n}\left(\frac{N-n}{N-1}\right)$,当 N 很大而 n 较小时,$\frac{1}{n}\left(\frac{N-n}{N-1}\right) \to \frac{1}{n}\left(1-\frac{n}{N}\right)$。

(二)样本成数的抽样分布

(1)总体服从正态分布,在简单随机抽样的前提下,无论是采取回置抽样方式,还是采取不回置抽样方式,样本成数的分布均是对称的,若样本包含的样本单位足够多,则样本成数的分布会趋向于正态分布。

(2)在回置抽样的条件下,所有样本成数的平均数等于总体成数,所有样本成数的方差等于总体成数方差的 $\frac{1}{n}$,即 $\sigma_P^2 = \frac{P(1-P)}{n}$。

(3)在不回置抽样的条件下,所有样本成数的方差等于总体成数方差的 $\frac{1}{n}\left(\frac{N-n}{N-1}\right)$,当 N 很大而 n 较小时,$\frac{1}{n}\left(\frac{N-n}{N-1}\right) \to \frac{1}{n}\left(1-\frac{n}{N}\right)$,即 $\sigma_P^2 = \frac{P(1-P)}{n}\left(\frac{N-n}{N-1}\right)$。

(三)样本方差的抽样分布

对于来自正态分布总体的简单随机样本,比值 $\frac{(n-1)s^2}{\sigma^2}$ 的抽样分布服从自由度为 $n-1$ 的 χ^2 分布,即 $\frac{(n-1)s^2}{\sigma^2} \sim \chi^2(n-1)$。

第二节 抽样误差

一、抽样误差的概念

样本指标与总体指标的离差称为抽样误差,如 $|\bar{x}-\bar{X}|$、$|p-P|$ 等,抽样误差也称为代表性误差。由于抽样存在随机性,凭单独某个样本的指标与总体指标考量抽样误差未免不公允,所以常常要计算抽样平均误差。

二、抽样平均误差

抽样平均误差是抽样推断的主要概念。在实际抽样调查中,一般仅抽出一个样本,用它的估计值推断总体参数。那么,这样推断的误差是多少?这需要用抽样平均误差的定义来说明。抽样平均误差是所有可能出现的样本指标值与总体指标真值之间的平均离差,即所有可能出现的样本指标值的标准差,它是说明抽样误差大小的主要指标。抽样平均误差越小,抽样误差越小。均值的抽样平均误差记为 $\sigma_{\bar{x}}$,成数的抽样平均误差记为 σ_p。确切地讲,抽样平均误差是所有可能出现的样本指标与总体指标的离差平方和除以样本个数所得商的算术平方根,计算公式为:

均值的抽样平均误差 $\sigma_{\bar{x}} = \sqrt{\dfrac{\sum(\bar{x}-\bar{X})^2}{\text{样本个数}}}$ (公式5.1)

成数的抽样平均误差　　　　　　$\sigma_p = \sqrt{\dfrac{\sum (p-P)^2}{\text{样本个数}}}$　　　　　（公式 5.2）

用定义计算抽样平均误差只有当总体单位数（N）较小时方能进行，当 N 较大时，由于总体均值及总体成数未知，加之样本个数相当大，而在众多样本中仅仅已知其中某个样本的指标，因此，此时根本无法用定义计算抽样平均误差。利用概率论中有关随机变量数量特征的知识，可获得在随机抽样方式下样本均值与样本成数的抽样平均误差的计算公式，如表 5-4 所示。

表 5-4　样本均值和样本成数的抽样平均误差的计算公式

	回置抽样	不回置抽样
均值的抽样平均误差	$\sigma_{\bar{x}} = \dfrac{\sigma}{\sqrt{n}}$	$\sigma_{\bar{x}} = \sqrt{\dfrac{\sigma^2}{n}\left(1 - \dfrac{n}{N}\right)}$
成数的抽样平均误差	$\sigma_p = \sqrt{\dfrac{p(1-p)}{n}}$	$\sigma_p = \sqrt{\dfrac{p(1-p)}{n}\left(1 - \dfrac{n}{N}\right)}$

表 5-4 中，σ 及 p 分别表示总体标准差与总体成数，n 与 N 分别表示样本单位数与总体单位数。当总体标准差与总体成数未知时，可以用样本的相应指标近似代替它们去计算抽样平均误差。

【例 5-3】　5 名工人的单位工时工资（元）为 4、6、8、10、12，现用回置抽样方式，从 5 名工人中任意抽取 2 名工人组成样本，计算样本均值的抽样平均误差。

解：

总体均值　　$\overline{X} = \dfrac{1}{N}\sum_{i=1}^{N} X_i = \dfrac{1}{5} \times (4+6+8+10+12)\ \text{元} = 8\ \text{元}$

总体方差　　$\sigma^2 = \dfrac{1}{N}\sum_{i=1}^{N}(X_i - \overline{X})^2 = \dfrac{1}{5} \times [(4-8)^2 + (6-8)^2 + (8-8)^2 + (10-8)^2 + (12-8)^2]\ \text{元} = 8\ \text{元}$

抽样平均误差　　$\sigma_{\bar{x}} = \dfrac{\sigma}{\sqrt{n}} = \dfrac{\sqrt{8}}{\sqrt{2}}\ \text{元} = 2\ \text{元}$

【例 5-4】　从 6 000 件产品中随机抽取 200 件，发现其中 190 件为合格品，求合格率的抽样平均误差。

解：

（1）若按回置抽样考虑，样本成数为：

$$p = \dfrac{n_1}{n} = \dfrac{190}{200} = 0.95$$

则抽样平均误差为：

$$\sigma_p = \sqrt{\dfrac{p(1-p)}{n}} = \sqrt{\dfrac{0.95 \times (1-0.95)}{200}} \times 100\% = 1.54\%$$

（2）若按不回置抽样考虑，则抽样平均误差为：

$$\sigma_p = \sqrt{\dfrac{p(1-p)}{n}\left(1 - \dfrac{n}{N}\right)} = \sqrt{\dfrac{0.95 \times 0.05}{200} \times \left(1 - \dfrac{200}{6\,000}\right)} \times 100\% = 1.52\%$$

可见，在其他条件相同时，按回置抽样与按不回置抽样所计算的抽样平均误差相差甚微，即当 N 很大而抽样比 $\frac{n}{N} \leqslant 5\%$ 时，可用回置抽样下的抽样平均误差计算公式代替不回置抽样下的抽样平均误差计算公式进行计算。

三、影响抽样平均误差的因素

1. 样本容量

抽样平均误差和样本容量的平方根成反比。样本容量越大，抽样平均误差越小；样本容量越小，抽样平均误差越大。因为样本容量越大，样本越能反映总体的数量特征，当样本容量就是总体单位数的时候，抽样的平均误差几乎完全消失。

2. 总体标志的差异程度

抽样平均误差与总体各标志值的差异程度（即总体方差）成正比。在其他条件不变的情况下，总体各标志值的差异程度越小，抽样平均误差越小。

3. 抽样组织形式和抽样方法

不同的抽样组织形式有不同的抽样误差。一般而言，类型抽样和等距抽样的抽样平均误差较小，简单随机抽样和整群抽样的抽样平均误差较大。抽样方法不同，抽样误差也不同，不回置抽样的抽样平均误差比回置抽样的抽样平均误差要小。

四、抽样允许误差

实际抽样调查中，计算的抽样误差有可能大于抽样平均误差，也有可能小于抽样平均误差。但对于某一项调查来说，根据客观要求一般应有一个允许的误差极限，也就是说，若抽样误差在这个极限以内就被认为是可以的，即为抽样允许误差。

抽样允许误差，也称为抽样极限误差，是样本指标与总体指标之间允许的最大误差范围，即在一定置信水平下，用样本统计量估计总体参数所允许的最大绝对误差。抽样允许误差一般用 Δ 表示，$\Delta_{\bar{x}}$ 表示均值的抽样允许误差，Δ_p 表示成数的抽样允许误差。

抽样允许误差是抽样平均误差和抽样误差概率度的乘积。抽样误差的概率度是样本指标和总体指标之间的误差不超过一定范围的概率保证程度，用 $Z_{\alpha/2}$ 表示，其中 α 代表显著性水平。常用概率度值与概率对照表如表 5-5 所示。

表 5-5　常用概率度值与概率对照表

显著性水平 α	概率保证程度 $1-\alpha$	$Z_{\alpha/2}$
0.317 3	0.682 7	1.00
0.10	0.90	1.65
0.05	0.95	1.96
0.045 5	0.954 5	2.00
0.01	0.99	2.58
0.002 7	0.997 3	3.00

抽样允许误差的计算公式如下。

| 均值的抽样允许误差 | $\Delta_{\bar{x}} = Z_{a/2} \sigma_{\bar{x}}$ | （公式 5.3） |
| 成数的抽样允许误差 | $\Delta_p = Z_{a/2} \sigma_p$ | （公式 5.4） |

从上述计算公式可知，在一定抽样平均误差条件下，概率度越大，抽样允许误差越大；反之，概率度越小，则抽样允许误差越小。

第三节　点估计及其评价标准

一、点估计

点估计是用样本估计量的值直接作为总体参数的估计值的一种方法。例如，用样本的平均数直接作为总体平均数的估计值，用样本成数直接作为总体成数的估计值。点估计方法主要包括矩估计法、顺序统计量法、极大似然估计法、最小二乘法等。

点估计简单直观，但没有给出估计值接近总体参数的程度信息，没有解决参数估计的可靠性问题。在实践中，我们只抽取一个样本，用一个样本的估计值去估计总体参数，故必须解决估计的误差问题，即可靠性问题。

二、点估计的评价标准

1. 无偏性

若估计量 $\hat{\theta}$ 的数学期望等于被估计的未知参数的真值 θ，即 $E(\hat{\theta}) = \theta$，则称 $\hat{\theta}$ 为 θ 的无偏估计量，即估计量抽样分布的数学期望等于被估计的总体参数。由前面介绍的抽样分布和总体分布之间的关系，我们可知样本均值是总体均值的无偏估计量，样本成数是总体成数的无偏估计量。但是样本方差不是总体方差的无偏估计量，只有样本方差用公式 $s_{n-1}^2 = \dfrac{\sum (x - \bar{x})^2}{n-1}$ 计算时，样本方差才是总体方差的无偏估计量。无偏估计量示意图如图 5-3 所示。

2. 有效性

设 $\hat{\theta}_1$ 和 $\hat{\theta}_2$ 为 θ 的两个无偏估计量，若 $\hat{\theta}_1$ 的方差小于 $\hat{\theta}_2$ 的方差，则称 $\hat{\theta}_1$ 是较 $\hat{\theta}_2$ 更有效的估计量。对同一总体参数的两个无偏点估计量，有较小标准差的估计量更有效。样本均值是总体均值的有效估计量，样本成数是总体成数的有效估计量。有效估计量示意图如图 5-4 所示。

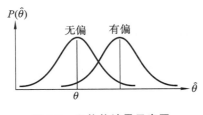

图 5-3　无偏估计量示意图

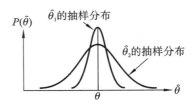

图 5-4　有效估计量示意图

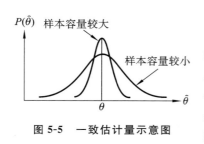

图 5-5 一致估计量示意图

3. 一致性

设 $\hat{\theta}(X_1,X_2,\cdots,X_n)$ 为未知参数 θ 的估计量,当 $n\rightarrow\infty$ 时,若 $\hat{\theta}$ 按概率收敛于 θ,即 $\lim P(|\hat{\theta}-\theta|<\varepsilon)=1$($\varepsilon$ 为任意小正数),则称 $\hat{\theta}$ 为 θ 的一致估计量。随着样本容量的增大,估计量的值越来越接近被估计的总体参数。样本均值是总体均值的一致估计量,样本成数是总体成数的一致估计量。一致估计量示意图如图 5-5 所示。

第四节 区间估计

一、区间估计的概念

区间估计在点估计的基础上,给出总体参数估计值的一个区间范围,并给出总体参数落在此区间范围内的概率保证程度(亦称可信程度、可靠程度、置信水平)。设 $\hat{\theta}_1$ 和 $\hat{\theta}_2$ 分别为总体参数 θ 区间估计的下限和上限,则 $P(\hat{\theta}_1\leqslant\theta\leqslant\hat{\theta}_2)=1-\alpha$,其中 $\alpha(0<\alpha<1)$ 是区间估计的显著性水平,$1-\alpha$ 称为置信水平,$[\hat{\theta}_1,\hat{\theta}_2]$ 是置信水平为 $1-\alpha$ 时 θ 的置信区间,它的大小表示区间估计的准确程度。

二、总体均值的区间估计

总体均值区间估计的具体步骤如下。

步骤1:计算样本平均数。前述内容已经证明样本均值是总体均值的无偏有效一致估计量,故进行区间估计的第一步是计算点估计量——总体均值的无偏有效一致估计量,即计算样本均值。

步骤2:计算抽样平均误差。抽样平均误差是说明抽样误差大小的主要指标。抽样平均误差越小,抽样推断越准确。一般将抽样平均误差作为衡量抽样误差大小的标准(单位)。

步骤3:确定显著性水平和估计的置信水平。置信水平的高低直接影响着区间估计的长短。

步骤4:计算抽样极限误差。

步骤5:估计总体均值的置信区间。

(1) 总体服从正态分布且总体方差已知,则区间估计为:
$$\overline{X}=\overline{x}\pm\Delta_{\overline{x}}=\overline{x}\pm Z_{\alpha/2}\sigma_{\overline{x}}$$

(2) 总体服从非正态分布,总体方差已知,在样本满足大样本要求的情况下,区间估计为:
$$\overline{X}=\overline{x}\pm\Delta_{\overline{x}}=\overline{x}\pm Z_{\alpha/2}\sigma_{\overline{x}}$$

(3) 总体服从正态分布,但是总体方差未知,用样本方差 s_{n-1}^2 代替总体方差,总体均值的置信区间为:
$$\overline{X}=\overline{x}\pm t_{\alpha/2}\sigma_{\overline{x}}$$

(4) 总体服从非正态分布,且总体方差未知,在样本满足大样本要求的情况下,总体均值的置信区间为:

$$\overline{X} = \overline{x} \pm t_{\alpha/2}\sigma_{\overline{x}}$$

参数估计示意图如图 5-6 所示。

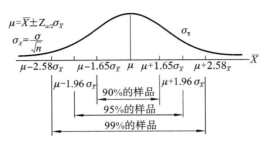

图 5-6 参数估计示意图

【例 5-5】 一家食品生产企业以生产袋装食品为主,为了对食品的产量、质量进行监测,企业质检部门经常要进行抽检,以分析每袋食品的重量是否符合要求。现从某天生产的一批食品中随机抽取 25 袋,测得每袋食品的重量如表 5-6 所示。已知食品重量的分布服从正态分布,且总体标准差为 10 克。试估计该批食品平均重量的置信区间(置信水平为 95%)。

表 5-6 25 袋食品的重量   单位:克

112.5	101.0	103.0	102.0	100.5
102.6	107.5	95.0	108.8	115.6
100.0	123.5	102.0	101.6	102.2
116.6	95.4	97.8	108.6	105.0
136.8	102.8	101.5	98.4	93.3

解:

已知 $X \sim N(\mu, 10^2), n = 25, 1-\alpha = 95\%, Z_{\alpha/2} = 1.96$。

根据样本数据进行计算,得:

$$\overline{x} = \frac{\sum x}{n} = 105.36 \text{ 克}$$

总体均值 μ 在 $1-\alpha$ 置信水平下的置信区间为:

$$\overline{x} \pm Z_{\alpha/2} \frac{\sigma}{\sqrt{n}} = 105.36 \pm 1.96 \times \frac{10}{\sqrt{25}}$$
$$= 105.36 \pm 3.92$$
$$= (101.44, 109.28)$$

该批食品平均重量的置信区间为 101.44 克到 109.28 克。

【例 5-6】 已知某种灯泡的使用寿命服从正态分布,现从一批灯泡中随机抽取 16 个,测得其使用寿命(小时)如表 5-7 所示。试估计该批灯泡平均使用寿命的置信区间(置信水平为 95%)。

表 5-7 16 个灯泡的使用寿命   单位:小时

1 510	1 520	1 480	1 500
1 450	1 480	1 510	1 520

续表

1 480	1 490	1 530	1 510
1 460	1 460	1 470	1 470

解：

已知 $X \sim N(\mu,\sigma^2), n=16, 1-\alpha=95\%, t_{\alpha/2}=2.131$。

根据样本数据进行计算，得：

$$\bar{x} = \frac{\sum x}{n} = 1\,490 \text{ 小时}$$

$$s = \sqrt{\frac{\sum (x-\bar{x})^2}{n-1}} = 24.77 \text{ 小时}$$

总体均值 μ 在 $1-\alpha$ 置信水平下的置信区间为：

$$\bar{x} \pm t_{\alpha/2} \frac{\sigma}{\sqrt{n}} = 1\,490 \pm 2.131 \times \frac{24.77}{\sqrt{16}}$$
$$= 1\,490 \pm 13.2$$
$$= (1\,476.8, 1\,503.2)$$

该批灯泡平均使用寿命的置信区间为 1 476.8～1 503.2 小时。

t 分布是类似于正态分布的一种对称分布，它通常比正态分布平坦和分散。t 分布依赖于名为自由度的参数。随着自由度的增大，t 分布逐渐趋于正态分布。t 分布与正态分布的关系如图 5-7 所示。

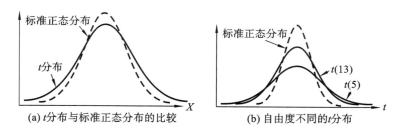

图 5-7 t 分布与正态分布的关系

为了计算简便，实际工作中的估计多数都会采用大样本，对总体均值做区间估计时置信区间的计算公式为：

$$\bar{X} = \bar{x} \pm \Delta_{\bar{x}} = \bar{x} \pm Z_{\alpha/2}\sigma_{\bar{x}} \qquad (公式 5.5)$$

【例 5-7】 某公司有 3 000 名工人，现从中随机抽取 60 名调查工资收入情况，得到的有关资料如下。

月收入/元	800	900	950	1 000	1 050	1 100	1 200	1 500
工人数/人	6	7	9	10	9	8	7	4

试以 0.95 的置信水平估计该公司工人的月平均收入所在范围。

解：

已知 $N=3\,000, n=60, 1-\alpha=0.95, Z_{\alpha/2}=1.96$。

60 名工人月收入的相关计算结果如下：

月收入 x/元	工人数 f/人	xf	$(x-\bar{x})^2$	$(x-\bar{x})^2 f$	$x^2 f$
800	6	4 800	56 801.188 9	340 807.133 4	3 840 000
900	7	6 300	19 135.188 9	133 946.322 3	5 670 000
950	9	8 550	7 802.188 9	70 219.700 1	8 122 500
1 000	10	10 000	1 469.188 9	14 691.889 0	10 000 000
1 050	9	9 450	136.188 9	1 225.700 1	9 922 500
1 100	8	8 800	3 803.188 9	30 425.511 2	9 680 000
1 200	7	8 400	26 137.188 9	182 960.322 3	10 080 000
1 500	4	6 000	213 139.188 9	852 556.755 6	9 000 000
合　　计	60	62 300	—	1 626 833.334	66 315 000

（1）计算样本的均值和标准差。

样本的均值　　　$\bar{x} = \dfrac{\sum xf}{\sum f} = \dfrac{62\,300}{60}$ 元 $= 1\,038.33$ 元

样本的标准差　　　$s = \sqrt{\dfrac{\sum (x-\bar{x})^2 f}{\sum f}} = \sqrt{\dfrac{1\,626\,775.334}{60}}$ 元 $= 164.66$ 元

（2）计算抽样平均误差。

回置抽样下　　　$\sigma_{\bar{x}} = \sqrt{\dfrac{\sigma^2}{n}} = \sqrt{\dfrac{164.66^2}{60}}$ 元 $= 21.26$ 元

不回置抽样下　　　$\sigma_{\bar{x}} = \sqrt{\dfrac{\sigma^2}{n}\left(1-\dfrac{n}{N}\right)} = \sqrt{\dfrac{164.66^2}{60} \times \left(1-\dfrac{60}{3\,000}\right)}$ 元 $= 21.04$ 元

（3）计算抽样极限误差。
回置抽样下　　　$\Delta_{\bar{x}} = Z_{a/2} \sigma_{\bar{x}} = 1.96 \times 21.26$ 元 $= 41.67$ 元
不回置抽样下　　　$\Delta_{\bar{x}} = Z_{a/2} \sigma_{\bar{x}} = 1.96 \times 21.04$ 元 $= 41.24$ 元
（4）估计置信区间。
回置抽样下　　　$\bar{x} \pm \Delta_{\bar{x}} = 1\,038.33 \pm 41.67$　　　(996.66, 1 080.00)
不回置抽样下　　　$\bar{x} \pm \Delta_{\bar{x}} = 1\,038.33 \pm 41.24$　　　(997.09, 1 079.57)

计算结果表明，以 0.95 的置信水平估计该公司工人的月平均收入：回置抽样下置信区间为 996.66～1 080.00 元，不回置抽样下置信区间为 997.09～1 079.57 元。

三、总体成数的区间估计

假定总体服从二项分布，在大样本下，若 $np > 5, n(1-p) > 5$，则可以把二项分布问题转化为在正态分布下近似构建成数的置信区间。

总体成数区间估计的具体步骤如下所述。

（1）计算样本成数。

前面已经证明了样本成数是总体成数的无偏有效一致估计量，因此进行总体成数区间估计

的第一步是计算样本成数 p。

$$p = \frac{n_1}{n}$$

（2）计算抽样平均误差。

抽样平均误差是说明抽样误差大小的主要指标。抽样平均误差越小，抽样推断越准确。一般将抽样平均误差作为衡量抽样误差大小的标准（单位）。

（3）确定显著性水平和估计的置信水平。

置信水平的高低直接影响着区间估计的长短。

（4）计算抽样极限误差。

（5）估计总体成数的置信区间。

$$P = p \pm \Delta_p = p \pm Z_{\alpha/2}\sigma_p \qquad \text{（公式 5.6）}$$

【例 5-8】 某公司有 3 000 名工人，现从中随机抽取 60 名调查工资收入情况，得到的有关资料如下：

月收入/元	800	900	950	1 000	1 050	1 100	1 200	1 500
工人数/人	6	7	9	10	9	8	7	4

试以 0.954 5 的置信水平估计该公司月收入在 1 000 元及 1 000 元以上工人所占总工人的比重。

解：

已知 $N = 3\,000, n = 60, 1 - \alpha = 0.954\,5, Z_{\alpha/2} = 2$。

（1）计算样本的成数。

$$p = \frac{10 + 9 + 8 + 7 + 4}{60} \times 100\% = 63.33\%$$

（2）计算抽样平均误差。

回置抽样下

$$\sigma_p = \sqrt{\frac{p(1-p)}{n}} = \sqrt{\frac{0.633\,3 \times (1 - 0.633\,3)}{60}} \times 100\% = 6.22\%$$

不回置抽样下

$$\sigma_p = \sqrt{\frac{p(1-p)}{n}\left(1 - \frac{n}{N}\right)} = \sqrt{\frac{0.633\,3 \times (1 - 0.633 \times 3)}{60} \times \left(1 - \frac{60}{3\,000}\right)} \times 100\% = 6.16\%$$

（3）计算抽样极限误差。

回置抽样下　　　$\Delta_p = Z_{\alpha/2}\sigma_p = 2 \times 6.22\% = 12.44\%$

不回置抽样下　　$\Delta_p = Z_{\alpha/2}\sigma_p = 2 \times 6.16\% = 12.32\%$

（4）估计置信区间。

回置抽样下　　　$p \pm \Delta_p = 63.33\% \pm 12.44\%$　　　(50.89%, 75.77%)

不回置抽样下　　$p \pm \Delta_p = 63.33\% \pm 12.32\%$　　　(51.01%, 75.65%)

【例 5-9】 对一批产品，按不回置抽样方法从中抽取 200 件，其中废品 8 件。又知道抽样总体是产品总量的 1/20，当置信水平为 95.45% 时，可否认为这一批产品的废品率低于 5%？

解：

$$p = \frac{8}{200} \times 100\% = 4\% \qquad \frac{n}{N} = \frac{1}{20}$$

$$\sigma_p = \sqrt{\frac{p(1-p)}{n}\left(1-\frac{n}{N}\right)} = \sqrt{\frac{0.04 \times (1-0.04)}{200} \times \left(1-\frac{1}{20}\right)} \times 100\% = 1.35\%$$

$$\Delta_p = Z_{\alpha/2}\sigma_p = 2 \times 1.35\% = 2.7\%$$

$$p - \Delta_p \leqslant P \leqslant p + \Delta_p$$

$$4\% - 2.7\% \leqslant P \leqslant 4\% + 2.7\%$$

$$1.3\% \leqslant P \leqslant 6.7\%$$

故当置信水平为 95.45% 时，不能认为这一批产品的废品率低于 5%，因为废品率的置信区间为 1.3%～6.7%。

【例 5-10】 某厂对一批产品的质量进行抽样检验，采用回置抽样方法从中抽取样品 200 只，样本的优质品率为 85%，试计算当置信水平为 95% 时优质品率的置信区间。

解：

已知 $p = 85\%$，则：

$$\sigma_p = \sqrt{\frac{p(1-p)}{n}} = \sqrt{\frac{0.85 \times (1-0.85)}{200}} \times 100\% = 2.52\%$$

$$\Delta_p = Z_{\alpha/2}\sigma_p = 1.96 \times 2.52\% = 4.94\%$$

$$p - \Delta_p \leqslant P \leqslant p + \Delta_p$$

$$85\% - 4.94\% \leqslant P \leqslant 85\% + 4.94\%$$

$$80.06\% \leqslant P \leqslant 89.94\%$$

四、影响置信区间宽度的因素

1. 总体数据的离散程度

总体数据的离散程度越大，置信区间就越宽。

2. 样本容量

样本容量越大，置信区间越窄；反之，样本容量越小，置信区间越宽。

3. 置信水平

置信水平越高，概率度越大，则置信区间也越宽。

注意：置信区间越宽，估计的精确度越低，但总体平均数 $\overline{X}$ 在此区间的可能性越大；反之，置信区间越窄，估计的精确度越高，但可靠性越小。

第五节 必要抽样数目的确定

一、必要抽样数目的概念

根据一定的抽差误差和估计可靠程度确定的最小抽样数目称为必要抽样数目，即合适的样本容量。

在进行大型抽样调查时,要制订抽样方案。要想保证随机原则的贯彻和在一定费用下达到满意的估计精确度,就必须确定必要抽样数目。样本容量过大,会增加调查的工作量,造成人力、财力、物力和时间的浪费;样本容量过小,那么样本对总体推断的可靠性将降低,达不到预期的抽样效果。因此,确定必要抽样数目是非常重要的,是解决抽样推断问题的基本手段之一。

二、必要抽样数目的计算公式

1. 估计总体均值的必要抽样数目

回置抽样下 $\qquad n_{\bar{x}} = \dfrac{Z_{\alpha/2}^2 \sigma^2}{\Delta_{\bar{x}}^2}$ (公式 5.7)

不回置抽样下 $\qquad n_{\bar{x}} = \dfrac{N Z_{\alpha/2}^2 \sigma^2}{N\Delta_{\bar{x}}^2 + Z_{\alpha/2}^2 \sigma^2}$ (公式 5.8)

影响必要抽样数目的因素有如下几点。

(1) 必要抽样数目和总体方差成正比。

(2) 必要抽样数目与抽样极限误差的平方成反比。

(3) 必要抽样数目与概率保证程度成正比。

(4) 在其他条件相同的情况下,必要抽样数目和抽样方法有关,不回置抽样的必要抽样数目比回置抽样小。

注意:(1) 必要抽样数目的计算结果遵循圆整原则,即进一法取整;

(2) 同时对总体的多个参数进行估计时,取最大的整数作为必要抽样数目。

【例 5-11】 某住宅区欲用抽样调查方法调查居民用水情况。该住宅区共有住户 1 000 户。根据以往经验,住户平均用水量的方差为 12.52 吨。若要求平均用水量估计的误差不超过1.25吨,应抽多少户作为样本(置信水平为 95%)?

解:

已知 $\sigma^2 = 12.52$ 吨,$\Delta_{\bar{x}} = 1.25$ 吨,$N = 1\,000$ 户,$1-\alpha = 95\%$,$Z_{\alpha/2} = 1.96$。

回置抽样条件下的必要抽样数目为:

$$n_{\bar{x}} = \frac{Z_{\alpha/2}^2 \sigma^2}{\Delta_{\bar{x}}^2} = \frac{1.96^2 \times 12.52}{1.25^2} \text{户} = 30.78 \text{户} = 31 \text{户}$$

不回置抽样条件下的必要抽样数目为:

$$n_{\bar{x}} = \frac{N Z_{\alpha/2}^2 \sigma^2}{N\Delta_{\bar{x}}^2 + Z_{\alpha/2}^2 \sigma^2} = \frac{1\,000 \times 1.96^2 \times 12.52}{1\,000 \times 1.25^2 + 1.96^2 \times 12.52} \text{户} = 29.86 \text{户} = 30 \text{户}$$

2. 估计总体成数的必要抽样数目

回置抽样下 $\qquad n_p = \dfrac{Z_{\alpha/2}^2 P(1-P)}{\Delta_P^2}$ (公式 5.9)

不回置抽样下 $\qquad n_p = \dfrac{N Z_{\alpha/2}^2 P(1-P)}{N\Delta_P^2 + Z_{\alpha/2}^2 P(1-P)}$ (公式 5.10)

注意:(1) 总体成数未知,已知一个样本成数,则用样本成数代替总体成数;

(2) 总体成数未知,已知多个样本成数,则选取方差最大的样本成数作为总体成数;

(3) 总体成数和样本成数均未知,则选取成数方差的最大值 0.25 作为总体成数的方差。

【例 5-12】 调查一批机械零件的合格率,零件总数为 10 000 件。根据过去的资料可知,合格率曾有过 99%、97%、94% 三种情况。现在要求估计的误差不超过 1%，估计的把握程度为 95%，试确定需要抽查多少个零件？

解：

已知 $p_1 = 99\%, p_2 = 97\%, p_3 = 94\%, \Delta_p = 1\%, 1-\alpha = 95\%, Z_{\alpha/2} = 1.96$。

(1) 根据三个合格率分别计算三个成数方差。

$P_1 = 0.99 \quad \sigma_1^2 = P(1-P) = 0.99 \times (1-0.99) \times 100\% = 0.99\%$

$P_2 = 0.97 \quad \sigma_2^2 = P(1-P) = 0.97 \times (1-0.97) \times 100\% = 2.91\%$

$P_3 = 0.94 \quad \sigma_3^2 = P(1-P) = 0.94 \times (1-0.94) \times 100\% = 5.64\%$

(2) 选用最大的方差(5.64%)来确定必要抽样数目。

回置抽样条件下的必要抽样数目为：

$$n_p = \frac{Z_{\alpha/2}^2 P(1-P)}{\Delta_P^2} = \frac{1.96^2 \times 5.64\%}{(1\%)^2} \text{个} = 2\,166.66 \text{个} = 2\,167 \text{个}$$

不回置抽样条件下的必要抽样数目为：

$$n_p = \frac{N Z_{\alpha/2}^2 P(1-P)}{N\Delta_P^2 + Z_{\alpha/2}^2 P(1-P)} = \frac{10\,000 \times 1.96^2 \times 5.64\%}{10\,000 \times (1\%)^2 + 1.96^2 \times 5.64\%} \text{个} = 1\,780.82 \text{个} = 1\,781 \text{个}$$

【例 5-13】 某企业收到供货方发来的一批电子元件，以往的资料表明，电子元件使用寿命的标准差为 89.6 小时，欲采用回置抽样方法抽取一个样本，并以 95.45% 的置信水平同时估计：

(1) 该批电子元件的平均使用寿命。允许误差为 10 小时。

(2) 该批电子元件的合格率。允许误差为 5%。

试确定必要抽样数目(所需的样本容量)。

解：

(1) 由题意得知 $\sigma = 89.6$ 小时，$\Delta_{\bar{x}} = 10$ 小时，$1-\alpha = 95.45\%$，$Z_{\alpha/2} = 2$。

所以估计总体平均使用寿命所需的样本容量为：

$$n_{\bar{x}} = \frac{Z_{\alpha/2}^2 \sigma^2}{\Delta_{\bar{x}}^2} = \frac{2^2 \times 89.6^2}{10^2} \text{件} = 321.13 \text{件} = 322 \text{件}$$

(2) 由题意得知 $\Delta_P = 5\%$，$1-\alpha = 95.45\%$，$Z_{\alpha/2} = 2$。

所以估计总体合格率所需的样本容量为（因为样本合格率未知，故取成数的最大方差 $P(1-P) = 0.25$ 计算）：

$$n_p = \frac{Z_{\alpha/2}^2 P(1-P)}{\Delta_P^2} = \frac{2^2 \times 0.25}{0.05^2} \text{件} = 400 \text{件}$$

由于要用一个样本同时估计总体的平均使用寿命和合格率，样本容量应取最大者，所以最少需抽取 400 件电子元件构成样本。

拓展阅读

复杂随机抽样中抽样平均误差的计算

某班 50 名学生的统计学考试成绩(分)如表 5-8 所示。

表5-8　某班50名学生的统计学考试成绩

学号	性别	成绩/分	学号	性别	成绩/分	学号	性别	成绩/分	学号	性别	成绩/分	学号	性别	成绩/分
1	男	84	11	男	77	21	男	83	31	女	80	41	女	75
2	女	74	12	女	75	22	女	88	32	男	80	42	男	87
3	男	66	13	男	68	23	男	93	33	女	83	43	女	68
4	女	82	14	女	84	24	女	72	34	男	81	44	男	73
5	男	72	15	男	62	25	女	77	35	女	65	45	男	62
6	男	75	16	女	83	26	女	75	36	女	55	46	女	92
7	女	66	17	女	96	27	男	69	37	女	78	47	女	93
8	男	54	18	女	71	28	女	82	38	男	46	48	女	70
9	女	78	19	女	56	29	男	73	39	男	73	49	男	63
10	女	70	20	女	72	30	男	83	40	女	77	50	女	65

要求：用不同的抽样方法抽取10个单位组成样本，计算样本平均数的抽样平均误差。

解：

第一步，计算总体的平均数与方差。

$$\overline{X} = \frac{\sum X}{N} = \frac{84 + 74 + \cdots + 65}{50} \text{分} = \frac{3\,706}{50} \text{分} = 74.12 \text{分}$$

$$\sigma^2 = \frac{\sum(X - \overline{X})^2}{N} = \frac{(84 - 74.12)^2 + (74 - 74.12)^2 + \cdots + (65 - 74.12)^2}{50} \text{分}$$

$$= 112.225\,6 \text{分}$$

第二步，用简单随机抽样方式抽取样本，并计算抽样平均误差。

假设采用抽签的方法（不回置抽样），抽到的样本资料如表5-9所示。

表5-9　样本资料

学　　号	成绩 x/分	离差平方 $(x - \overline{x})^2$
2	74	11.56
5	72	1.96
12	75	19.36
15	62	73.96
17	96	645.16
18	71	0.16
20	72	1.96
35	65	31.36
38	46	605.16
44	73	5.76
合　　计	706	1 396.4

样本平均成绩与方差为：

$$\bar{x} = \frac{\sum x}{n} = \frac{706}{10} \text{分} = 70.6 \text{分}$$

$$s^2 = \frac{\sum(x-\bar{x})^2}{n-1} = \frac{1\,396.4}{10-1} \text{分} = 155.155\,6 \text{分}$$

用样本方差 s^2 代替总体方差 σ^2 计算，不回置抽样下的抽样平均误差为：

$$\sigma_{\bar{x}} = \sqrt{\frac{\sigma^2}{n}\left(1-\frac{n}{N}\right)} = \sqrt{\frac{155.155\,6}{10} \times \left(1-\frac{10}{50}\right)} \text{分} = 3.523\,1 \text{分}$$

第三步，用类型抽样方式抽取样本，并计算抽样平均误差。

首先将学生总体分成男学生组和女学生组两个类型，然后在两组中按照各类总体单位数所占总体单位数的比例分配抽样数目（称为比例类型抽样，是常用的类型抽样方法）。抽取的学生样本情况如表 5-10 所示。

表 5-10　抽取的学生样本情况

分　组	总体单位数/个	比例/(%)	应抽取样本单位数/个
男学生	$N_1 = 21$	42	$n_1 = 10 \times 0.42 = 4.2 \to 4$
女学生	$N_2 = 29$	58	$n_2 = 10 \times 0.58 = 5.8 \to 6$
合　计	$N = 50$	100	$n_1 + n_2 = 10$

用抽签的方式从男学生组和女学生组中随机抽取了表 5-11 所示的学生，组平均成绩及组内方差的计算如下。

表 5-11　随机抽取的学生

男　学　生			女　学　生		
学　号	成绩 x_1/分	离差平方 $(x_1-\bar{x}_1)^2$	学　号	成绩 x_2/分	离差平方 $(x_2-\bar{x}_2)^2$
1	84	150.062 5	2	74	9
15	62	95.062 5	18	71	36
43	68	14.062 5	20	72	25
29	73	1.562 5	22	88	121
			35	65	144
			46	92	255
合　计	287	260.75	合　计	462	560

男学生组平均成绩与组内方差为：

$$\bar{x}_1 = \frac{\sum x_1}{n_1} = \frac{287}{4} \text{分} = 71.75 \text{分}$$

$$\sigma_1^2 = \frac{\sum(x_1-\bar{x}_1)^2}{n_1-1} = \frac{260.75}{4-1} \text{分} = 86.916\,7 \text{分}$$

女学生组平均成绩与组内方差为：

$$\overline{x}_2 = \frac{\sum x_2}{n_2} = \frac{462}{6} \text{分} = 77 \text{分}$$

$$\sigma_2^2 = \frac{\sum (x_2 - \overline{x}_2)^2}{n_2 - 1} = \frac{560}{6-1} \text{分} = 112 \text{分}$$

男学生组和女学生组组内方差的平均数为：

$$\overline{\sigma^2} = \frac{\sum n_i \sigma_i^2}{\sum n_i}(i=1,2) = \frac{4 \times 86.9167 + 6 \times 112}{4+6} \text{分} = 101.9667 \text{分}$$

类型抽样下的抽样平均误差为：

$$\sigma_{\overline{x}} = \sqrt{\frac{\overline{\sigma^2}}{n}} = \sqrt{\frac{101.9667}{10}} \text{分} = 3.1932 \text{分}$$

第四步，用等距抽样方式抽取样本，并计算抽样平均误差。

(1) 等距抽样中用来排序的标志可以是无关标志，也可以是有关标志。按学生成绩进行排序，为按有关标志排队等距抽样。将学生考试成绩按从低到高的顺序排列如下：

```
46  54  55  56  60  62  62  63  65  65
66  66  68  68  69  70  70  71  72  72
72  73  73  73  74  75  75  75  75  77
77  77  78  78  80  81  82  82  83  83
83  83  84  84  87  88  92  93  93  96
```

(2) 从50名学生中抽取10名学生，那么抽样距离 $K = \frac{50}{10} = 5$，即每隔5名学生抽1名学生。从5名学生中抽取1名，不妨抽取中间1名。抽取的10名学生的成绩组成如下样本：

```
55  63  68  71  73  75  78  82  84  93
```

(3) 计算样本的平均数和方差。

$$\overline{x} = \frac{\sum x}{n} = \frac{742}{10} \text{分} = 74.2 \text{分}$$

$$s^2 = \frac{\sum (x - \overline{x})^2}{n-1} = \frac{1069.6}{10-1} \text{分} = 118.8444 \text{分}$$

(4) 计算抽样平均误差。

可以看出，等距抽样是更细致的类型抽样。本例中，将50名学生分成10组（类），从每组里抽1名学生。理论上应按照类型抽样的公式计算抽样平均误差，但由于从每组只抽1名学生，无法计算组内方差，因此可以用简单随机抽样（不回置）的公式代替计算抽样平均误差。

用样本方差 s^2 代替总体方差 σ^2 进行计算，抽样平均误差为：

$$\sigma_{\overline{x}} = \sqrt{\frac{s^2}{n}\left(1 - \frac{n}{N}\right)} = \sqrt{\frac{118.8444}{10} \times \left(1 - \frac{10}{50}\right)} \text{分} = 3.0834 \text{分}$$

第五步，用整群抽样方式抽取样本，并计算抽样平均误差。

(1) 按学号将学生分为 $R=10$ 群，每群包括 $m=5$ 名学生，现从中抽取 $r=2$ 群。假设随机抽出第3群和第8群组成样本，对样本群中的所有学生进行全面调查。样本群学生的学号和成绩如下。

第 3 群　　学号　11　12　13　14　15
　　　　　成绩　77　75　68　84　62
第 8 群　　学号　36　37　38　39　40
　　　　　成绩　55　78　46　73　77

（2）计算各样本群的平均成绩与样本的平均成绩。

第 3 群的平均成绩　　$\bar{x}_3 = \dfrac{\sum x}{n} = \dfrac{366}{5}$ 分 = 73.2 分

第 8 群的平均成绩　　$\bar{x}_8 = \dfrac{\sum x}{n} = \dfrac{329}{5}$ 分 = 65.8 分

样本的平均成绩　　$\bar{x} = \dfrac{\sum \bar{x}_i}{r} (i=3,8) = \dfrac{73.2+65.8}{2}$ 分 = 69.5 分

（3）计算群间方差。

$$\delta^2 = \dfrac{\sum(\bar{x}_i - \bar{x})^2}{r}(i=3,8) = \dfrac{(73.2-69.5)^2+(65.8-69.5)^2}{2} \text{分} = 13.69 \text{分}$$

（4）计算抽样平均误差。

$$\sigma_{\bar{x}} = \sqrt{\dfrac{\delta^2}{r}\left(\dfrac{R-r}{R-1}\right)} = \sqrt{\dfrac{13.69}{2}\times\left(\dfrac{10-2}{10-1}\right)} \text{分} = 2.466\,7 \text{分}$$

第六步，用多阶段抽样方式抽取样本，并计算抽样平均误差。

（1）按学号将 50 名学生分为 $R=10$ 组，每组包括 $m=5$ 名学生。现用两阶段抽样法，先从 10 组中抽出 30% 的组，即 3 组；再分别从抽中的 3 组里抽取 60% 的学生，即从每组里抽取 $n=5\times 60\% = 3$ 名学生，总共抽取 9 名学生组成样本。仍按照学号将学生分成 10 组，假设第一阶段和第二阶段用随机抽样方法抽出的样本如下。

第一阶段抽样　　第 2 组　　　　第 5 组　　　　第 9 组
第二阶段抽样　　第 2 组抽出　学号　7　　　9　　　10
　　　　　　　　　　　　　成绩　66　　78　　70
　　　　　　　　第 5 组抽出　学号　21　　23　　24
　　　　　　　　　　　　　成绩　83　　93　　72
　　　　　　　　第 9 组抽出　学号　42　　43　　45
　　　　　　　　　　　　　成绩　87　　68　　62

（2）计算各样本组的平均成绩和样本总的平均成绩。

第 2 组的平均成绩　　$\bar{x}_2 = \dfrac{\sum x}{n} = \dfrac{214}{3}$ 分 = 71.3 分

第 5 组的平均成绩　　$\bar{x}_5 = \dfrac{\sum x}{n} = \dfrac{248}{3}$ 分 = 82.7 分

第 9 组的平均成绩　　$\bar{x}_9 = \dfrac{\sum x}{n} = \dfrac{217}{3}$ 分 = 72.3 分

样本总的平均成绩 $\bar{x} = \dfrac{\sum \bar{x}_i}{r}(i=2,5,9) = \dfrac{226.3}{3}$ 分 $= 75.4$ 分

(3) 计算样本组内方差的平均数与组间方差。

第 2 组组内方差 $\sigma_2^2 = \dfrac{\sum(x-\bar{x})^2}{n-1} = \dfrac{74.67}{3-1}$ 分 $= 37.335$ 分

第 5 组组内方差 $\sigma_5^2 = \dfrac{\sum(x-\bar{x})^2}{n-1} = \dfrac{220.67}{3-1}$ 分 $= 110.335$ 分

第 9 组组内方差 $\sigma_9^2 = \dfrac{\sum(x-\bar{x})^2}{n-1} = \dfrac{340.67}{3-1}$ 分 $= 170.335$ 分

样本组内方差的平均数

$$\overline{\sigma_i^2} = \dfrac{\sum \sigma_i^2}{r}(i=2,5,9) = \dfrac{37.335+110.335+170.335}{3} \text{ 分} = 106.001\,7 \text{ 分}$$

样本组间方差

$$\delta^2 = \dfrac{\sum(\bar{x}_i-\bar{x})^2}{r}(i=2,5,9) = \dfrac{(71.3-75.4)^2+(82.7-75.4)^2+(72.3-75.4)^2}{3} \text{ 分}$$
$= 26.57$ 分

(4) 计算抽样平均误差。

$$\sigma_x = \sqrt{\dfrac{\delta^2}{r}\left(\dfrac{R-r}{R-1}\right) + \dfrac{\overline{\sigma_i^2}}{m}\left(\dfrac{r}{R}\right)\left(\dfrac{m-n}{m-1}\right)}$$

$$= \sqrt{\dfrac{26.57}{3} \times \dfrac{10-7}{10-1} + \dfrac{106.001\,7}{5} \times \dfrac{3}{10} \times \dfrac{5-3}{5-1}} \text{ 分} = 3.173\,1 \text{ 分}$$

对以上计算结果加以整理,得到表 5-12。

表 5-12 各种抽样方法下的抽样平均误差

抽样方法	抽样平均误差 σ_x/分
简单随机抽样	3.523 1
类型抽样	3.193 2
等距抽样	3.083 4
整群抽样	2.466 7
多阶段抽样	3.173 1

以上计算结果可以证实,在样本容量相等时,简单随机抽样的抽样平均误差大于其他抽样方法的抽样平均误差,整群抽样的抽样平均误差最小。

实验八

第六章
假设检验

YINGYONG TONGJI YU SHIWU

第一节　假设检验概述

一、假设检验的概念及基本思想

假设检验是统计推断的重要组成部分,是参数估计的延续,是对参数估计在统计上的验证与补充。它首先对考察总体的分布形式或考察总体的某些未知参数作出某些假设,然后根据检验对象构造合适的检验统计量并进行数理统计分析,确定在假设下该检验统计量的抽样分布,在给定的显著性水平下,从抽样分布中得出鉴别原假设的拒绝域和接受域的临界值,之后根据所抽取的样本资料计算样本统计量,并将样本统计量与临界值统计量进行比较,从而对所提出的原假设作出统计判断:是接受还是拒绝原假设,也就是根据样本中所蕴含的信息对总体情况进行判断。统计学中,常把对根据样本信息对总体的某些数量特征所作的结论的正确性作出判断,称为假设检验。假设检验的基本思想是,为了判断总体的某个数量特征的结论是否正确,先根据决策要求,作出原假设与备择假设,再从总体中随机抽取一个样本,依据样本分布选择相应的统计量,计算统计量值,然后根据显著性水平以及统计量所服从的分布查相关分布表确定临界值,最后通过比较统计量值与临界值的大小,作出接受或拒绝原假设的决策。

假设检验所依据的是小概率原理。所谓小概率原理,是指发生概率很小的事件在 1 次试验中几乎是不可能发生的。实际上,假设检验是一种概率意义上的反证法,即:在 1 次试验中,若小概率事件没有发生,这种情况属于正常,我们便接受原假设;若小概率事件竟然发生了,这种情况极不正常,我们便拒绝原假设,从而不得不接受备择假设。举个例子来说,在 100 000 件产品中,如果只有 1 件是次品,那么可以知道,在 1 次试验中随机抽取 1 件产品,该产品为次品的概率为 0.001%,此概率是非常小的,或者说,在 1 次随机抽样试验中,次品几乎是不会被抽到的,所以,如果从这批产品中随机抽取 1 件产品,该产品恰好是次品,那么我们就有理由怀疑这批产品的次品率不是很小,否则就不会这么容易抽到次品,因此,我们有足够的理由否定"该批产品的次品率很低"这个假设。

假设检验与区间估计同属于统计推断的范畴,都需要根据样本资料进行,并且都与一定的概率有关,容易混淆,二者可以从以下几个方面进行区分。

从问题的要求上来看,若问题的要求是使用疑问句提出的,则属于作假设检验;若问题的要求是用祈使句提出的,则属于作区间估计。

从概率的大小上来看,若给出的概率很小(如 5%、1% 等),则属于作假设检验;若给出的概率很大(如 95% 等),则属于作区间估计。

从指标的时间性上来看,若既有基期数据,又能算出报告期数据,则属于作假设检验;若没有基期数据,仅有样本资料,则属于作区间估计。

二、假设检验中的两类错误

1. 第一类错误

原假设成立,检验结果拒绝原假设,这种决策错误属于"弃真错误",统计上称为犯第一类错误,记犯第一类错误的概率为 α(又称显著性水平)。

2. 第二类错误

原假设不成立,检验结果接受原假设,这种决策也是错误的,属于"存伪错误",统计上称为犯第二类错误,记犯第二类错误的概率为 β。

在假设检验中,原假设可能为真也可能不为真,决策有接受原假设和拒绝原假设两种。因此,检验结果存在四种情形,具体如表 6-1 所示。

表 6-1 假设检验中可能出现的四种检验结果

	接受原假设	拒绝原假设
原假设为真	判断正确	犯第一类错误
原假设为伪	犯第二类错误	判断正确

无论是第一类错误还是第二类错误,都应当尽可能地加以避免,如果不能完全避免,也应该对其发生的概率加以控制。由于抽样具有随机性,在假设检验中完全避免这两类错误是不可能的。我们希望犯这两类错误的概率越小越好,但在样本一定的情况下,α、β 不能同时减小,减小 α 必然导致 β 增大,反之,减小 β 必然导致 α 增大。那么,有没有办法使 α 与 β 同时减少呢?办法是有的,那就是增大样本容量,降低抽样平均误差,使抽样分布更集中,从而使得 α 与 β 同时减小。但样本容量的增大也是有限制的,因此在假设检验中就存在一个如何对两类错误进行控制的问题,控制的原则:在实际假设检验中,犯哪一类错误带来的后果更严重、危害更大,就应该把犯哪一类错误的概率降得更小,即把这一类错误作为首要控制目标。通常情况下,首先应控制的是 α 的大小,由于 α 被控制到了一个较小的概率水平,所以当拒绝原假设时,我们能够以较大的把握肯定备择假设的成立;而当接受原假设时,由于犯第二类错误的概率 β 并没有得到控制,因此我们并不知道能以多大的把握肯定原假设确实成立,我们只能说:"没有充分理由来否定原假设,原假设成立与否尚需进一步验证"。

在假设检验中,用事实推翻原假设,从而接受备择假设,是检验者最希望出现的检验结果,因为这一检验结果有较大的可信度。所以,一般把"希望得到的结论"或"认为正确的陈述"作为备择假设。

三、假设检验的基本步骤

假设检验的基本步骤如下:

第一步,作假设,包括原假设 H_0 与备择假设 H_1;

第二步,选择检验用的统计量;

第三步,根据样本资料,计算统计量的数值;

第四步,根据显著性水平,查分布表确定统计量的临界值,进而确定接受域与拒绝域;

第五步,作出决策,若统计量落入接受域,则接受 H_0,若统计量落入拒绝域,则接受 H_1。

第二节 总体参数的假设检验

一、总体均值的假设检验

总体均值的假设检验就是检验由样本信息所推断的当前总体均值是否与事先假设的总体均值存在显著性差异。

设样本 $x_1, x_2, x_3, \cdots, x_n$ 来自正态总体 $N(\mu, \sigma^2)$，样本均值为 $\bar{x}$，样本的方差为 s^2，考虑总体均值 μ 的检验问题。

（一）正态总体且总体方差已知

1. 单个正态总体均值双侧检验

设 $x \sim N(\mu_0, \sigma^2)$，则有：

$$\bar{x} = \frac{1}{n}\sum_{i=1}^{n} x_i \sim N(\mu_0, \frac{\sigma^2}{n})$$

$$Z = \frac{\bar{x} - \mu_0}{\frac{\sigma}{\sqrt{n}}} \sim N(0,1)$$

（公式 6.1）

$$P(|Z| \geqslant Z_{\alpha/2}) = \alpha$$

接受域为 $[-Z_{\alpha/2}, Z_{\alpha/2}]$，拒绝域为 $(-\infty, -Z_{\alpha/2}) \cup (Z_{\alpha/2}, +\infty)$

对于双侧检验，建立的假设为 $H_0: \mu = \mu_0$，$H_1: \mu \neq \mu_0$，式中 μ_0 为一个给定的已知常数。

【例 6-1】 某车间用一台包装机包装产品，包装好的每袋产品的重量服从正态分布，当包装机正常工作时，每袋产品重量的均值为 0.5 公斤，标准差为 0.015 公斤。某日开工后，为检验包装机是否正常工作，随机抽取 6 袋包装好的产品，称得其净重（公斤）为 0.506、0.499、0.511、0.520、0.496、0.516。

问：包装机是否正常工作（显著性水平 $\alpha = 0.05$）？

解：

第一步，作假设。

$$H_0: \mu = \mu_0 = 0.5 \qquad H_1: \mu \neq \mu_0$$

第二步，选择检验用的统计量。

$$Z = \frac{\bar{x} - \mu_0}{\frac{\sigma}{\sqrt{n}}}$$

第三步，根据样本信息计算统计量数值。

$$\bar{x} = \frac{1}{6}\sum_{i=1}^{6} x_i = \frac{1}{6} \times (0.506 + 0.499 + \cdots + 0.516) = 0.508$$

由 $\mu_0 = 0.5, \sigma = 0.015, n = 6$，得：

$$Z = \frac{0.508 - 0.5}{\frac{0.015}{\sqrt{6}}} = 1.306$$

第四步，确定统计量的临界值。

因为总体均值服从正态分布，且总体方差已知，根据 $\alpha = 0.05$ 查标准正态分布表得临界值 $Z_{\alpha/2} = Z_{0.025} = 1.96$。

第五步，作决策。

因为 $|Z| = 1.306 < Z_{\alpha/2}$，所以接受 H_0，认为包装机正常工作。

2. 单个正态总体均值单侧检验

$$\bar{x} \sim N(\mu_0, \frac{\sigma^2}{n})$$

$$Z = \frac{\bar{x} - \mu_0}{\frac{\sigma}{\sqrt{n}}} \sim N(0, 1)$$

右侧检验　　$P(Z \geq Z_\alpha) = \alpha$，则接受域为 $(-\infty, Z_\alpha)$，拒绝域为 $(Z_\alpha, +\infty)$。

左侧检验　　$P(Z \leq -Z_\alpha) = \alpha$，则接受域为 $(-Z_\alpha, +\infty)$，拒绝域为 $(-\infty, -Z_\alpha)$。

对于单侧检验，建立的假设为 $H_0: \mu = \mu_0, H_1: \mu < \mu_0$ 或 $\mu > \mu_0$，式中 μ_0 为一个给定的已知常数。

【例 6-2】 某地区为了使干部年轻化，对现在任职的科处级干部的年龄进行抽样调查。在过去的几年里，科处级干部的平均年龄为 45 岁，年龄标准差为 4 岁（分别看作正态总体的均值和标准差）。最近，调整了干部班子后，随机抽取了 64 名科处级干部进行调查，他们的平均年龄为 42 岁。

问：该地区科处级干部的平均年龄下降了吗（显著性水平 $\alpha = 0.01$）？

解：

第一步，该问题属于左侧检验问题，作假设。

$$H_0: \mu = \mu_0 = 45 \qquad H_1: \mu < \mu_0 \text{ 或 } \mu > \mu_0$$

第二步，选择检验用的统计量。

$$Z = \frac{\bar{x} - \mu_0}{\frac{\sigma}{\sqrt{n}}}$$

第三步，计算统计量数值。

已知 $\bar{x} = 42, n = 64, \sigma = 4$，得：

$$Z = \frac{42 - 45}{\frac{4}{\sqrt{64}}} = -6$$

第四步，确定统计量的临界值。

已知 $\alpha = 0.01$，查标准正态分布表得 $-Z_{0.01} = -2.33$。

第五步，作决策。

因为 $Z = -6 < -2.33$，即 $Z < -Z_\alpha$，所以拒绝 H_0，接受 H_1。

3. 双正态总体均值差检验

设 $x \sim N(\mu_1, \sigma_1^2), y \sim N(\mu_2, \sigma_2^2)$，且 $x_1, x_2, \cdots, x_{n_1}, y_1, y_2, \cdots, y_{n_2}$ 为两个独立的样本，则：

$$\overline{x} \sim N(\mu_1, \frac{\sigma_1^2}{n_1}) \qquad \overline{y} \sim N(\mu_2, \frac{\sigma_2^2}{n_2})$$

$$\overline{x} - \overline{y} \sim N(\mu_1 - \mu_2, \frac{\sigma_1^2}{n_1} + \frac{\sigma_2^2}{n_2})$$

$$\frac{\overline{x} - \overline{y} - (\mu_1 - \mu_2)}{\sqrt{\frac{\sigma_1^2}{n_1} + \frac{\sigma_2^2}{n_2}}} \sim N(0,1)$$

（公式 6.2）

对于双正态总体均值差检验，$P(|\overline{x} - \overline{y}| \geq Z_{\alpha/2}) = \alpha$。

【例 6-3】 甲、乙两厂生产同一种材料，已知两厂生产的材料的抗拉强度均服从正态分布，且知它们的方差分别为 64 和 56。从甲厂生产的材料中随机抽取一个样本：$n_1 = 8, \overline{x} = 40$。从乙厂生产的材料中随机抽取另一个样本：$n_2 = 7, \overline{y} = 36$。

问：两厂生产的材料的平均抗拉强度是否有显著差异（取显著性水平 $\alpha = 0.05$）？

解：

第一步，作假设。

$$H_0: \mu_1 = \mu_2 \qquad H_1: \mu_1 \neq \mu_2$$

第二步，选择检验用的统计量。因为抗拉强度均服从正态分布，且总体方差已知，所以选 Z 统计量。

$$Z = \frac{\overline{x} - \overline{y} - (\mu_1 - \mu_2)}{\sqrt{\frac{\sigma_1^2}{n_1} + \frac{\sigma_2^2}{n_2}}}$$

第三步，代入数据，计算统计量数值。

$$Z = \frac{40 - 36 - 0}{\sqrt{\frac{64}{8} + \frac{56}{7}}} = 1$$

第四步，确定统计量的临界值。

已知 $\alpha = 0.05$，得 $Z_{\alpha/2} = Z_{0.025} = 1.96$。

第五步，作决策。

因为 $Z = 1 < 1.96$，即 $|Z| < Z_{\alpha/2}$，所以接受 H_0。

（二）正态总体但总体方差未知

1. 单个正态总体均值双侧检验

设 $x \sim N(0,1)$，$y \sim \chi^2(n)$，且 x 与 y 相互独立，则 $t = \dfrac{x}{\sqrt{\dfrac{y}{n}}}$ 服从自由度为 n 的 t 分布。

设样本 $x_1, x_2, \cdots, x_n$ 来自正态分布总体 $N(\mu, \sigma^2)$，总体方差 σ^2 未知，则：

$$\overline{x} = \frac{1}{n}\sum_{i=1}^{n} x_i \qquad s^2 = \frac{1}{n-1}\sum_{i=1}^{n}(x_i - \overline{x})^2$$

$$t = \frac{\overline{x} - \mu_0}{\frac{s}{\sqrt{n}}} \sim t(n-1)$$

（公式 6.3）

$$P(|t| \geq t_{\alpha/2(n-1)}) = \alpha$$

【例 6-4】 某项实验的温度服从正态分布 $N(\mu,\sigma^2)$，随机测量了温度的 5 个值，分别为 1 245、1 275、1 260、1 250、1 265。

问：是否可以认为 $\mu = 1\ 270$（取显著性水平 $\alpha = 0.05$）？

解：

第一步，作假设。

$$H_0: \mu = \mu_0 = 1\ 270 \qquad H_1: \mu \neq \mu_0$$

第二步，选统计量。因温度服从正态分布，且总体方差未知，故选择 t 统计量。

$$t = \frac{\overline{x} - \mu_0}{\frac{s}{\sqrt{n}}}$$

第三步，计算统计量数值。

$$\overline{x} = \frac{1}{5}\sum_{i=1}^{5} x_i = 1\ 259$$

$$s^2 = \frac{1}{4}\sum_{i=1}^{5}(x_i - \overline{x})^2$$
$$= \frac{1}{4} \times [(1\ 245 - 1\ 259)^2 + (1\ 275 - 1\ 259)^2 + \cdots + (1\ 265 - 1\ 259)^2] = 142.5$$

$$s = \sqrt{142.5} = 11.94$$

$$t = \frac{\overline{x} - \mu_0}{\frac{s}{\sqrt{n}}} = \frac{1\ 259 - 1\ 270}{\frac{11.94}{\sqrt{5}}} = -2.06$$

第四步，确定统计量的临界值。

已知自由度 $n - 1 = 4$，$\alpha = 0.05$，查 t 分布表得：

$$t_{\alpha/2(n-1)} = t_{0.025(4)} = 2.776$$

第五步，作决策。

因为 $|t| = 2.06 < t_{\alpha/2(n-1)}$，所以接受 H_0，即我们认为该项实验的总体平均温度值为 1 270。

2. 单个正态总体均值单侧检验

$$t = \frac{\overline{x} - \mu_0}{\frac{s}{\sqrt{n}}} \sim t(n-1) \qquad\qquad (公式6.4)$$

右侧检验 $\quad P(|t| \geqslant t_{\alpha/2(n-1)}) = \alpha$

左侧检验 $\quad P(|t| \leqslant -t_{\alpha/2(n-1)}) = \alpha$

【例 6-5】 某公司调查职工每天平均上网时间，主持该项调查的人认为职工每天上网时间不超过 2 小时，随机抽取了 25 名职工进行调查，调查结果：样本均值为 2.2 小时，样本方差为 1.96 小时。

问：调查结果是否支持调查主持人的看法（取 $\alpha = 0.05$）？

解：

第一步，作假设。

$$H_0: \mu \leqslant \mu_0 = 2 \qquad H_1: \mu > \mu_0 = 2$$

第二步,选检验用的统计量。假定职工每天上网时间服从正态分布,由于总体方差未知,因此选 t 统计量。

$$t = \frac{\bar{x} - \mu_0}{\frac{s}{\sqrt{n}}}$$

第三步,计算统计量数值。

将 $\bar{x} = 2.2$, $s^2 = 1.96$, $n = 25$ 代入统计量公式,得:

$$t = \frac{2.2 - 2}{\sqrt{\frac{1.96}{25}}} = 0.714$$

第四步,确定统计量的临界值。

已知 $n - 1 = 24$,$\alpha = 0.05$,查 t 分布表(选择单侧)得 $-t_{0.025}(24) = -1.711$。

第五步,作决策。

因为 $0.714 \in (-1.711, +\infty)$,所以接受 H_0,即调查结果支持调查主持人的看法,该公司职工每天平均上网时间不超过 2 小时。

3. 双正态总体均值差检验

在总体方差未知的条件下,对两个正态总体的均值之差进行检验时,应考虑两个总体的方差相等和不相等两种情况。

(1) 如果 $\sigma_1^2 = \sigma_2^2$,则 t 统计量的计算公式为:

$$t = \frac{(\bar{x} - \bar{y}) - (\mu_1 - \mu_2)}{s_w \sqrt{\frac{1}{n_1} + \frac{1}{n_2}}} \quad \text{(公式 6.5)}$$

$$s_w^2 = \frac{(n_1 - 1)s_1^2 + (n_2 - 1)s_2^2}{n_1 + n_2 - 2} \quad \text{(公式 6.6)}$$

式中,t 统计量的自由度为 $n_1 + n_2 - 2$,$\bar{x}$ 是样本 1 的均值,$\bar{y}$ 是样本 2 的均值,n_1 是样本 1 的容量,n_2 是样本 2 的容量,μ_1 是假设的总体 1 的均值,μ_2 是假设的总体 2 的均值,s_1^2 是样本 1 的方差,s_2^2 是样本 2 的方差。

(2) 如果 $\sigma_1^2 \neq \sigma_2^2$,则 t 统计量的计算公式为:

$$t = \frac{(\bar{x} - \bar{y}) - (\mu_1 - \mu_2)}{\sqrt{\frac{s_1^2}{n_1} + \frac{s_2^2}{n_2}}} \quad \text{(公式 6.7)}$$

式中,t 统计量的自由度为:

$$\frac{\frac{s_1^2}{n_1} + \frac{s_2^2}{n_2}}{\frac{(\frac{s_1^2}{n_1})^2}{n_1 - 1} + \frac{(\frac{s_2^2}{n_2})^2}{n_2 - 1}} \quad \text{(公式 6.8)}$$

【例 6-6】 某科研小组为了检验甲、乙两种不同谷物种子的优劣,选取了 10 块土质不同的土地,并将每块土地分为面积相等的两部分,分别种植这两种谷物。设每块土地中两部分的土壤肥力、人工管理等条件完全一样。最后获得的各块试验土地的产量如下。

种子甲　　　23　35　29　42　39　29　37　34　35　28

种子乙　　　26　39　35　40　38　24　36　27　41　27

设 $z_i = x_i - y_i (i=1,2,\cdots,10)$ 是来自正态总体的样本,其均值与方差均未知,并假设 $\sigma_1 = \sigma_2$。

问:甲、乙两种谷物种子的产量是否有显著差异(取 $\alpha = 0.05$)?

解:

第一步,作假设。

$$H_0: \mu_1 = \mu_2 \qquad H_1: \mu_1 \neq \mu_2$$

第二步,选统计量。

$$t = \frac{(\bar{x} - \bar{y}) - (\mu_1 - \mu_2)}{s_w \sqrt{\frac{1}{n_1} + \frac{1}{n_2}}}$$

第三步,计算统计量的数值。

已知 $\bar{x} = \frac{1}{10} \sum_{i=1}^{10} x_i = 33.1$, $\bar{y} = \frac{1}{10} \sum_{i=1}^{10} y_i = 33.3$, $n_1 = n_2 = 10$, $s_1^2 = \sum_{i=1}^{10} (x_i - \bar{x})^2 = 298.9$, $s_2^2 = \sum_{i=1}^{10} (y_i - \bar{y})^2 = 388.1$,故:

$$s_w^2 = \frac{(n_1 - 1)s_1^2 + (n_2 - 1)s_2^2}{n_1 + n_2 - 2} = \frac{9 \times 298.9 + 9 \times 388.1}{10 + 10 - 2} = 18.534^2$$

$$t = \frac{(\bar{x} - \bar{y}) - (\mu_1 - \mu_2)}{s_w \sqrt{\frac{1}{n_1} + \frac{1}{n_2}}} = \frac{(33.1 - 33.3) - 0}{18.534 \times \sqrt{\frac{1}{10} + \frac{1}{10}}} = -0.024$$

第四步,确定统计量的临界值。

已知 $n_1 + n_2 - 2 = 18$,$\alpha = 0.05$,查 t 分布表(选择双侧)得:

$$t_{\alpha/2}(n_1 + n_2 - 2) = t_{0.025}(18) = 2.101$$

第五步,作决策。

因为 $|t| = 0.024 < 2.101$,所以接受 H_0,即我们认为甲、乙两种谷物种子的产量无显著差异。

关于两个正态总体均值相等的假设检验,需要用到两个总体方差相等的条件。这个条件成立,往往是根据大量经验得到的,或者事先进行了关于两个总体方差相等的检验,并且通过检验得到了肯定的结论。因此,在统计工作中遇到此类问题时,通常要先进行方差检验,只有在两个总体方差被认为相等的条件下,才能用例6-6所给的方法进行均值的检验。

二、总体比例的假设检验

比例是反映现象数量结构的指标,例如就业率、升学率、产品合格率等。要考察总体比例是否会发生显著性变化,可以通过样本比例对其进行假设检验。与总体均值的假设检验相似,总体比例的假设检验也可以分为单个总体比例和多个总体比例的假设检验。

(一) 单个总体比例的假设检验

当样本容量比较大时,按照中心极限定理,抽样分布以正态分布为极限。因而,总体比例的假设检验可以借助正态分布来进行。

根据比例的抽样分布,在大样本下,即当 $\begin{cases} np > 5 \\ n(1-p) > 5 \end{cases}$ 时,样本成数 p 服从正态分布,即:

$$p \sim N\left(p, \frac{p(1-p)}{n}\right)$$

因而可以用 Z 统计量作为检验统计量,即:

$$Z = \frac{p - P}{\sqrt{\frac{P(1-P)}{n}}} \quad \text{(公式 6.9)}$$

【例 6-7】 一项调查结果声称某市老年(年龄超过了 65 岁)人口比重为 16.5%,该市老龄人口研究会为了验证该项调查结果是否可靠,随机抽取了 600 名居民进行验证调查,发现其中 91 名的年龄超过了 65 岁。

问:验证调查结果是否支持该市老年人口比重为 16.5% 的看法($\alpha = 0.05$)?

解:

第一步,作假设。

$$H_0: p = P = 0.165 \qquad H_1: p \neq P$$

第二步,选统计量。

$$Z = \frac{p - P}{\sqrt{\frac{P(1-P)}{n}}}$$

第三步,计算统计量的值。

$$p = \frac{91}{600} = 0.1517 \qquad n = 600$$

$$Z = \frac{0.1517 - 0.165}{\sqrt{\frac{0.165 \times (1 - 0.165)}{600}}} = -0.878$$

第四步,确定统计量的临界值。

已知 $\alpha = 0.05$,故 $Z_{\alpha/2} = 1.96$。

第五步,作决策。

因为 $|Z| = 0.878 < 1.96$,即 $|Z| < Z_{\alpha/2}$,所以接受 H_0,即验证调查结果支持该市老年人口比重为 16.5% 的看法。

(二) 两个总体比例的假设检验

如果要考察两个总体比例之间是否有显著性差异,可以用两个样本比例之差检验。

假设对应两总体的样本容量分别为 n_1、n_2,当 n_1、n_2 都比较大时,我们可以构造如下的统计量,该统计量服从正态分布。

$$Z = \frac{(p_1 - p_2) - (P_1 - P_2)}{\sqrt{\frac{p_1(1-p_1)}{n_1} + \frac{p_2(1-p_2)}{n_2}}} \sim N(0,1) \quad \text{(公式 6.10)}$$

式中,Z 是 Z 统计量,p_1 是样本 1 的比例,p_2 是样本 2 的比例,n_1 是样本 1 的容量,n_2 是样本 2 的容量,P_1 表示假设的总体 1 的比例,P_2 表示假设的总体 2 的比例。

【例 6-8】 考察专业股票分析师和普通股民对整个股票市场走势的判断是否存在显著性差

异。在100名专业股票分析师中,有55%的人认为股票市场将上升;在150名普通股民中,有48%的人与专业股票分析师持相同观点。请问专业股票分析师和普通股民的观点是否存在显著性差异($\alpha = 0.05$)?

解:

第一步,作假设。

$$H_0: P_1 = P_2 \qquad H_1: P_1 \neq P_2$$

第二步,选统计量。

$$Z = \frac{(p_1 - p_2) - (P_1 - P_2)}{\sqrt{\frac{p_1(1-p_1)}{n_1} + \frac{p_2(1-p_2)}{n_2}}}$$

第三步,计算统计量的值。

$$Z = \frac{(p_1 - p_2) - (P_1 - P_2)}{\sqrt{\frac{p_1(1-p_1)}{n_1} + \frac{p_2(1-p_2)}{n_2}}} = \frac{(55\% - 48\%) - 0}{\sqrt{\frac{55\% \times (1-55\%)}{100} + \frac{48\% \times (1-48\%)}{150}}} = 1.088$$

第四步,确定统计量的临界值。

已知 $\alpha = 0.05$,故 $Z_{\alpha/2} = 1.96$。

第五步,作决策。

因为 $|Z| = 1.088 < 1.96$,即 $|Z| < Z_{\alpha/2}$,所以接受 H_0,即专业股票分析师和普通股民的观点并不存在显著性差异。

三、总体方差的假设检验

(一) 单个总体方差的假设检验

总体方差可以说明总体单位间的离散程度,同时也可以说明总体均值代表性的大小。例如,在质量管理中,产品质量指标的方差越大,产品的质量越不稳定,然而总体的方差又是事先不知道的,所以关于方差指标的假设检验格外重要。可以用卡方分布来进行方差指标的假设检验,卡方检验统计量的计算公式为:

$$\chi^2 = \frac{(n-1)s^2}{\sigma^2} \sim \chi^2(n-1) \qquad \text{(公式6.11)}$$

式中,χ^2 为卡方检验统计量,s^2 为样本方差,σ^2 为假设的总体方差,n 为样本容量。

【例6-9】 某动车组往返于北京与沈阳之间,每次往返两地之间的运行时间都略有差异,且服从正态分布,根据原有运行时间数据知道其方差约为0.02小时。在动车组经过部分调整后,车组人员想了解运行时间的方差是否发生了改变,于是随机抽取了一个包含24个数据的样本(见表6-2),利用这些数据对上述问题作出结论(取显著性水平 $\alpha = 0.10$)。

表6-2 动车组运行时间 单位:小时

5.1	5.0	5.2	5.0	4.9	5.0	4.8	4.9
4.8	5.1	5.1	4.8	5.1	5.1	5.1	5.0
4.9	5.0	4.9	4.8	5.0	4.9	4.9	4.8

解：

第一步，作假设。

$$H_0: \sigma^2 = 0.02 \qquad H_1: \sigma^2 \neq 0.02$$

第二步，选择统计量。

$$\chi^2 = \frac{(n-1)s^2}{\sigma^2}$$

第三步，计算统计量的值。

$$\chi^2 = \frac{(n-1)s^2}{\sigma^2} = \frac{23 \times 0.015}{0.02} = 17.25$$

第四步，确定统计量的临界值。

已知 $\alpha = 0.10$，卡方分布两侧的面积是 $\frac{\alpha}{2} = 0.05$，通过查表得 $\chi^2_{0.05}(23) = 35.17$，$\chi^2_{0.95}(23) = 13.09$，故本假设的拒绝域为 $(0, 13.09)$ 和 $(35.17, +\infty)$。

第五步，作决策。

因为 $\chi^2_{0.95}(23) < \chi^2 = 17.25 < \chi^2_{0.05}(23)$，所以接受 H_0，即动车组经过部分调整后，其运行时间的方差没有明显变化。

（二）两个总体方差比的假设检验

实际生活中，有时需要对两个总体方差的大小进行比较。例如，在股票市场上各股票的风险是不同的，而可用方差指标衡量股票风险的大小，因此比较股票风险之间的差异就转化为比较总体方差间的区别。可以用 F 检验来对总体的方差进行假设检验。F 检验是对两个正态总体方差齐性的检验方法。

设 x 与 y 相互独立，$x \sim \chi^2(n_1)$，$y \sim \chi^2(n_2)$，则：

$$F = \frac{x/n_1}{y/n_2} \sim F(n_1, n_2) \qquad \text{（公式 6.12）}$$

$$\frac{1}{F} = \frac{y/n_2}{x/n_1} \sim F(n_2, n_1)$$

设 $x_1, x_2, \cdots, x_n$ 和 $y_1, y_2, \cdots, y_n$ 分别是来自正态总体 $N(\mu_1, \sigma_1^2)$ 和 $N(\mu_2, \sigma_2^2)$ 的两个相互独立的简单随机样本，s_1^2 与 s_2^2 分别是它们的无偏样本方差，则：

$$F = \frac{s_1^2/\sigma_1^2}{s_2^2/\sigma_2^2} \sim F(n_1 - 1, n_2 - 1) \qquad \text{（公式 6.13）}$$

特别的，当 $\sigma_1^2 = \sigma_2^2$ 时，上式便成为两个样本方差比的计算公式，即：

$$F = \frac{s_1^2}{s_2^2} \sim F(n_1 - 1, n_2 - 1) \qquad \text{（公式 6.14）}$$

为了检验方便，我们总是把两个样本方差 s_1^2、s_2^2 中数值较大的一个作为分子，数值较小的一个作为分母，并以分子的自由度为第一自由度，分母的自由度为第二自由度，按照这样的处理，样本方差比总是大于 1。另外，对双侧检验，总是将显著性水平 α 平均分置于样本分布的两侧。

【例 6-10】 某校一年级新生分为两组，对其中一组运用新的教学方式，称为新型组；对另一组按照传统教学方式教学，称为传统组。经过一段时间的教学，对该年级的学生进行成绩测试，从新型组中抽取 31 名学生，测得平均成绩为 78.06，标准差为 9.36；从传统组中抽取 25 名学生，求得平均成绩为 76.30，标准差为 10.12。假设两组学生的成绩都服从正态分布，试比较两组学生的平均成绩是否有显著差异（$\alpha = 0.05$）。

解：

问题显然属于对两个正态总体均值差的检验，由于两个总体方差未知，且也不知道它们是否相等，因此需先进行总体方差齐性的检验，过程如下。

第一步，作假设。

$$H_0 : \sigma_1^2 = \sigma_2^2 \qquad H_1 : \sigma_1^2 \neq \sigma_2^2$$

第二步，选检验用的统计量。

$$F = \frac{s_1^2}{s_2^2}$$

第三步，计算统计量数值。

$$F = \frac{s_1^2}{s_2^2} = \frac{9.36^2}{10.12^2} = 0.855$$

第四步，确定统计量的临界值。

已知 $\alpha = 0.05, n_1 - 1 = 30, n_2 - 1 = 24$，查 F 分布表得：

$$F_{\alpha/2}(n_2 - 1, n_1 - 1) = F_{0.025}(24, 30) = 2.14$$

$$F_{1-\alpha/2}(n_2 - 1, n_1 - 1) = \frac{1}{F_{\alpha/2}(n_1 - 1, n_2 - 1)} = \frac{1}{F_{0.025}(24, 30)} = \frac{1}{2.14} = 0.47$$

第五步，作决策。

因为 $0.47 < 0.855 < 2.14$，所以接受 H_0，即我们认为新型组与传统组学生的成绩的方差相等。

基于 $\sigma_1^2 = \sigma_2^2$，我们再进行关于两个正态总体均值差的检验，步骤如下。

第一步，作假设。

$$H_0 : \mu_1 = \mu_2 \qquad H_1 : \mu_1 = \mu_2$$

第二步，选统计量。

$$t = \frac{(\bar{x} - \bar{y}) - 0}{\sqrt{\frac{(n_1 - 1)s_1^2 + (n_2 - 1)s_2^2}{n_1 + n_2 - 2}\left(\frac{1}{n_1} + \frac{1}{n_2}\right)}}$$

第三步，计算统计量的数值。

代入 $\bar{x} = 78.06, s_1^2 = 9.36^2, n_1 = 31, \bar{y} = 76.30, s_2^2 = 10.12^2, n_2 = 25$，则：

$$t = \frac{78.06 - 76.30}{\sqrt{\frac{30 \times 9.36^2 + 24 \times 10.12^2}{31 + 25 - 2} \times \left(\frac{1}{31} + \frac{1}{25}\right)}} = \frac{1.76}{2.609} = 0.675$$

第四步，确定统计量的临界值。

$n_1 + n_2 - 2 = 54, \sigma = 0.05, t_{\alpha/2}(n_1 + n_2 - 2) = t_{0.025}(54) = 2.0064$。

第五步，作决策。

因为 $|t| < t_{\alpha/2}$ 所以接受 H_0，F 检验通过，说明新型组与传统组学生的成绩的方差相等；t 检验也通过，说明两组学生的平均成绩无显著差异。

第七章
相关与回归分析

**YINGYONG TONGJI
YU SHIWU**

第一节 相关与回归分析概述

一、函数关系和相关关系

无论是自然现象之间还是社会经济现象之间,大都存在着不同程度的联系。各种现象间的关系可以分为两类:一类是确定的函数关系,另一类是不确定的统计相关关系。

(一)函数关系

确定性现象之间的关系常常表现为函数关系,即一种现象的数量确定以后,另一种现象的数量也随之完全确定。当一个或几个变量取一定的值时,另一个变量有确定值与之对应,这种关系即为确定性的函数关系,记为 $Y = f(X)$,其中称 X 为自变量,Y 为因变量。

函数关系的举例:某种商品的销售额 Y 与销售量 X 之间的关系可表示为 $Y = PX$(P 为单价);圆的面积 S 与半径 R 之间的关系可表示为 $S = \pi R^2$;企业的原材料消耗额 Y 与产量 X_1、单位产量原材料消耗量 X_2、原材料价格 X_3 之间的关系可表示为 $Y = X_1 X_2 X_3$;在保持成交价格 P 不变的情况下,当一只股票的成交量 X 确定后,其成交额 Y 也随之确定,三者之间的关系可表示为 $Y = PX$。

(二)相关关系

当变量 X 取某个值时,变量 Y 的取值可能有若干个,这些取值具有一定的波动性,但总是围绕着它们的平均数,并遵循一定的变动规律。变量之间存在的这种不确定的数量关系称为相关关系。相关关系的特点:Y 与 X 的值不一一对应;Y 与 X 的关系不能用函数式严格表达,但有规律可循。

相关关系的举例:父亲身高 Y 与子女身高 X 之间的关系;收入水平 Y 与受教育程度 X 之间的关系;粮食亩产量 Y 与施肥量 X_1、降雨量 X_2、温度 X_3 之间的关系;商品的销售量 Y 与居民收入水平 X 之间的关系;商品销售额 Y 与广告费支出 X 之间的关系。

(三)函数关系与相关关系的区分

区分相关关系与函数关系的依据主要是因变量取值的确定性:若因变量的取值是确定的、唯一的,则两个变量之间的关系为函数关系;若因变量的取值是不确定的,则两个变量之间的关系称为相关关系。

【例 7-1】 试判断下列变量之间的关系是函数关系,还是相关关系。

①圆面积与圆半径。　②价格确定下商品的销售额与销售量。
③人们的身高与体重。　④商品广告费支出与销售额。
⑤家庭月收入与月支出。　⑥施肥量与亩产量。
⑦文化程度与年收入。　⑧图书印数与图书价格。
⑨商品销售额与商品流通费用率。　⑩可变销售价格与商品销售额。

解:
按照函数关系和相关关系的定义与区别,本例中,①、②为函数关系,其余均为相关关系。

注意:变量之间的函数关系和相关关系在一定条件下是可以相互转化的。本来具有函数关系的变量,在存在观测误差时,其函数关系往往以相关关系的形式表现出来。而具有相关关系的变量之间的联系,如果我们对其有了深刻的规律性认识,并且能够把影响因变量变化的因素全部纳入方程,则相关关系也可能转化为函数关系。另外,相关关系也具有某种变动规律性,所以,经常可以用一定的函数形式近似地描述相关关系。客观现象的函数关系可以用数学分析的方法研究,而研究客观现象的相关关系则必须借助统计学中的相关与回归分析方法。

二、相关关系的种类

现象之间的相互关系很复杂,它们的作用方向不同,涉及的因素数量不同,表现出来的形态和密切程度也不同。

(一)相关关系按相关程度分类

1. 完全相关

完全相关是指一个变量的数量变化完全由另一个变量的数量变化所确定。例如,在价格不变的条件下,股票的成交额与其成交量之间的关系即为完全相关,此时相关关系便成为函数关系,因此也可以说函数关系是相关关系的一个特例。

2. 不相关

不相关是指变量之间互不影响,其数量变化各自独立。例如,学生的成绩与其身高一般是不相关的。股票价格的高低与气温的高低一般是不相关的。

3. 不完全相关

不完全相关是指两个变量的关系介于完全相关和不相关之间。由于完全相关和不相关的数量关系是确定的或相互独立的,故一般的相关现象都是指不完全相关现象,它是相关分析的研究对象。

(二)相关关系按变化方向分类

1. 正相关

若两个变量的变化方向一致,即当一个变量的数值增加(或减少),另一个变量的数值也随之增加(或减少),则这种相关称为正相关。例如,家庭消费支出随收入的增加而增加。

2. 负相关

若两个变量的变化方向相反,即当一个变量的数值增加(或减少),而另一个变量的数值呈相反的减少(或增加)变化,则这种相关称为负相关。例如,商品的销售额越高,则流通费用率越低。

(三)相关关系按涉及因素的多少分类

1. 单相关

只涉及两个变量的相关称为单相关。例如,身高与体重之间的关系,施肥量与亩产量之间的关系,总产量与单位成本之间的关系。

2. 复相关

涉及三个或三个以上变量的相关称为复相关。例如,施肥量、降雨量、气温与亩产量之间的关系。

3. 偏相关

偏相关是指当一个变量与两个或两个以上变量相关时,假定其他变量不变,仅研究两个变量的相关关系。例如,在假定商品价格不变的条件下,该商品的需求量与消费者收入水平之间的相关关系。

(四)相关关系按表现形态分类

1. 线性相关

线性相关又称为直线相关,是指当一个变量变动一个单位时,另一个变量随之发生大致固定的变动。从图形上看,其观察点的分布近似地表现为一条直线。例如,工龄与劳动生产率之间的关系大致呈直线相关,人均消费水平与人均收入水平之间的关系通常呈线性相关。

2. 非线性相关

非线性相关是指一个变量变动时,另一个变量也随之发生变动,但这种变动不是均等的。从图形上看,其观察点的分布近似地表现为一条曲线,如抛物线、指数曲线等。因此非线性相关也称为曲线相关。例如:从人的生命全程来看,年龄与医药费支出呈非线性相关;工人加班加点地工作,在一定数量界限内,产量增加,但超过一定数量界限后,产量反而可能下降,这就是一种非线性关系。

第二节 相关图、相关系数

一、相关图

相关图是以直角坐标系的横轴表示变量 X,纵轴表示变量 Y,将两个变量间相对应的变量值用坐标点的形式描绘出来,以反映两个变量之间相关关系的图形。因为各坐标点均为不连接的点,因此相关图又称为散点图。相关图是研究相关关系的直观工具,一般在进行正式的定量分析之前,可以利用相关图对现象之间相关关系的方向、类型和相关密切程度进行大致的判断。

【例 7-2】 表 7-1 所示为我国国内生产总值与财政收入资料,用 Excel 绘制相关图。

表 7-1 我国国内生产总值与财政收入资料 单位:亿元

年 份	国内生产总值	财 政 收 入	年 份	国内生产总值	财 政 收 入
1991	21 781.5	3 149.48	2001	109 655.2	16 386.04
1992	26 923.5	3 483.37	2002	119 095.7	18 903.64
1993	35 333.9	4 348.95	2003	135 822.8	21 715.25
1994	48 197.9	5 218.10	2004	159 878.3	26 396.47
1995	60 793.7	6 242.20	2005	184 937.4	31 649.29
1996	71 176.6	7 407.99	2006	216 314.4	38 760.20
1997	78 973.0	8 651.14	2007	265 810.3	51 321.78
1998	84 402.3	9 875.95	2008	314 045.4	61 330.35
1999	89 677.1	11 444.08	2009	340 506.9	68 518.30
2000	99 214.6	13 395.23	2010	397 983.0	83 080.00

解：

第一步，将表 7-1 中的数据录入 Excel 工作表，如图 7-1 所示。

年份	国内生产总值	财政收入
1991	21781.5	3149.48
1992	26923.5	3483.37
1993	35333.9	4348.95
1994	48197.9	5218.1
1995	60793.7	6242.2
1996	71176.6	7407.99
1997	78973	8651.14
1998	84402.3	9875.95
1999	89677.1	11444.08
2000	99214.6	13395.23
2001	109655.2	16386.04
2002	119095.7	18903.64
2003	135822.8	21715.25
2004	159878.3	26396.47
2005	184937.4	31649.29
2006	216314.4	38760.2
2007	265810.3	51321.78
2008	314045.4	61330.35
2009	340506.9	68518.3
2010	397983	83080

图 7-1　我国国内生产总值与财政收入数据

第二步，选中区域 B1:C21，然后单击 Excel 图表向导，在"图表类型"中选择"XY 散点图"，如图 7-2 所示。

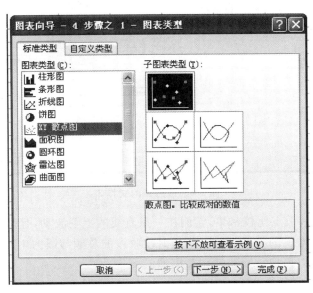

图 7-2　散点图的制作 1

第三步,在"子图表类型"中选择第一种散点图,并单击"下一步",弹出如图 7-3 和图 7-4 所示的界面。

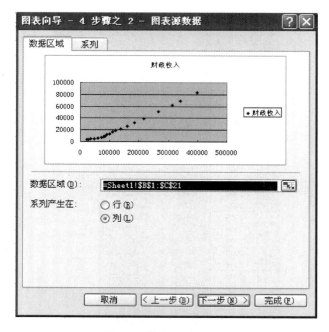

图 7-3 散点图的制作 2

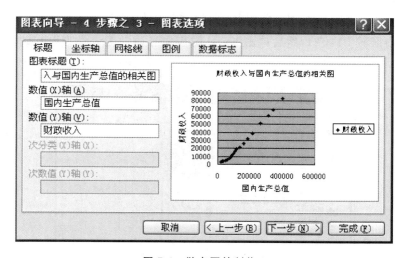

图 7-4 散点图的制作 3

例 7-2 的相关图中,散点比较密集,它们在一条直线的上下波动,且呈现出随着国内生产总值的增长,财政收入也增长的关系,因此,判定财政收入的总额与国内生产总值总额有着比较密切的正相关关系,故可以模拟一元线性相关模型。

二、相关系数及其假设检验

散点图可以直观地判断两个变量之间的相关形态及相关程度,但却不能准确地测量两个变量之间的相关程度,要准确测量变量之间的相关关系,需要计算相关系数。相关系数是变量之间相关关系密切程度的度量指标。说明两个变量之间线性相关程度的指标称为简单相关系数。若相关系数是根据总体全部数据计算的,则称之为总体相关系数,记为 γ。若相关系数是根据样本数据计算的,则称之为样本相关系数,记为 r。

(一) 相关系数的计算公式

总体相关系数的计算公式为:

$$\gamma = \frac{\text{Cov}(X,Y)}{\sqrt{\text{Var}(X)\text{Var}(Y)}} \qquad (公式7.1)$$

样本相关系数的积差法计算公式为:

$$r = \frac{\sum(x-\bar{x})(y-\bar{y})}{\sqrt{\sum(x-\bar{x})^2}\sqrt{\sum(y-\bar{y})^2}} \qquad (公式7.2)$$

样本相关系数的简捷计算公式为:

$$r = \frac{n\sum xy - \sum x \sum y}{\sqrt{n\sum x^2 - (\sum x)^2}\sqrt{n\sum y^2 - (\sum y)^2}} \qquad (公式7.3)$$

(二) 相关系数的取值及其意义

r 的取值范围是 $[-1,1]$。$|r|=1$,为完全相关;$r=1$,为完全正相关;$r=-1$,为完全负相关;$r=0$,不存在线性相关关系;$-1<r<0$,为负相关;$0<r<1$,为正相关;$|r|$ 越趋于 1,表示关系越密切;$|r|$ 越趋于 0,表示关系越不密切。

在具体判断相关程度时,一般认为 r 的绝对值在 0.3 以下时无直线相关关系,在 0.3 以上时有直线相关关系,在 0.3 与 0.5 之间时低度相关,在 0.5 与 0.8 之间时显著相关,在 0.8 以上时高度相关。相关系数与相关程度表如表 7-2 所示。

表 7-2 相关系数与相关程度表

相关系数 r 的绝对值	相 关 程 度
$0<|r|<0.3$	不相关
$0.3 \leqslant |r| <0.5$	低度相关
$0.5 \leqslant |r| <0.8$	显著相关
$0.8 \leqslant |r| <1$	高度相关

【例 7-3】 某项设备的使用年限与维修费用有关,资料如表 7-3 所示。

表 7-3 某项设备的使用年限与维修费用

使用年限/年	2	3	3	4	5
维修费用/千元	100	110	140	180	250

试计算相关系数,并判断其相关程度。

解:

相关系数计算表如表 7-4 所示。

表 7-4 相关系数计算表

序号 i	x	y	x^2	xy	y^2
1	2	100	4	200	10 000
2	3	110	9	330	12 100
3	3	140	9	420	19 600
4	4	180	16	720	32 400
5	5	250	25	1 250	62 500
合　　计	17	780	63	2 920	136 600

将合计行累计数据代入相关系数简捷计算公式,进行计算。

$$r = \frac{n\sum xy - \sum x \sum y}{\sqrt{n\sum x^2 - (\sum x)^2}\sqrt{n\sum y^2 - (\sum y)^2}}$$

$$= \frac{5 \times 2\,920 - 17 \times 780}{\sqrt{5 \times 63 - 17^2} \times \sqrt{5 \times 136\,600 - 780^2}}$$

$$= \frac{1\,340}{\sqrt{26} \times \sqrt{74\,600}} = \frac{1\,340}{1\,392.7} = 0.962\,2$$

因为 $r = 0.962\,2 > 0.8 > 0$,故可以判断:设备的使用年限与维修费用之间存在高度正相关关系。

(三) 相关系数的假设检验

r 的抽样分布随总体相关系数和样本容量的大小变化而变化。当样本数据来自正态总体时,随着 r 的增大,r 的抽样分布趋于正态分布,尤其是在样本相关系数 r 很小或接近 0 时,其抽样分布趋于正态分布的趋势非常明显。而当 r 远离 0 时,除非 n 非常大,否则 r 的抽样分布呈现一定的偏态。

当 r 为较大的正值时,其抽样分布呈左偏分布;当 r 为较大的负值时,其抽样分布呈右偏分布。只有当 r 接近于 0,且样本容量 n 很大时,才能认为 r 是接近于正态分布的随机变量。总之,当 n 不是很大时,r 不服从正态分布,因此不能采用正态检验,而用 t 检验。相关系数是基于样本资料计算出来的,因为样本资料具有随机性,所以必须对相关系数作统计学的假设检验,尤其在样本数目较少时。对相关系数的假设检验按以下五个步骤进行。

第一步,提出假设。

$$H_0(原假设):\rho = 0 \qquad H_1(备择假设):\rho \neq 0$$

第二步,选择统计量。

$$t = |r|\sqrt{\frac{n-2}{1-r^2}}$$

第三步,代入相关数据,计算统计量的值。

第四步,根据显著性水平 α,查分布表,得到临界值 $t_{\alpha/2(n-2)}$。

第五步,作出决策:若 $|t| \leqslant t_{\alpha/2(n-2)}$,接受 H_0,即认为两个变量之间相关关系不显著;若 $|t| > t_{\alpha/2(n-2)}$,接受 H_1,即认为两个变量之间相关关系显著。

【例 7-4】 依据例 7-3 的资料及计算结果,对相关系数进行假设检验($\alpha = 0.05$)。

解：
第一步，提出假设。
$$H_0:\rho = 0 \qquad H_1:\rho \neq 0$$
第二步，选择统计量。
$$t = |r|\sqrt{\frac{n-2}{1-r^2}}$$
第三步，计算统计量的值。
$$t = |r|\sqrt{\frac{n-2}{1-r^2}} = 0.9622 \times \sqrt{\frac{5-2}{1-0.9622^2}} = 6.1194$$
第四步，根据显著性水平 $\alpha = 0.05$，查 t 分布表，得到临界值 $t_{\alpha/2(n-2)} = 3.1824$。

第五步，作出决策。

因为 $|t| = 6.1194 > 3.1824$，所以接受 H_1，即认为设备的使用年限与维修费用之间相关关系显著。

第三节 回归分析的内容

一、回归分析的概念

回归分析（regression analysis）是研究一个变量关于另一个（些）变量的具体依赖关系的计算方法和理论。其用意在于通过后者的已知值或设定值，估计和预测前者的（总体）均值。

回归分析中，前一个变量称为被解释变量或因变量，后一个（些）变量称为解释变量或自变量。

二、回归分析的内容

回归分析构成计量经济学的方法论基础，其主要内容包括根据样本观察值对经济计量模型的参数进行估计，求得回归方程；对回归方程、参数估计值进行显著性检验；利用回归方程进行分析、评价及预测。

三、相关分析与回归分析的联系与区别

在日常生活和科学研究中，许多现象之间存在相互联系、相互依存的关系。客观现象之间的数量联系有两种不同的类型：一种是函数关系，另一种是相关关系。函数关系是指现象间存在的确定性的数量联系关系。在这种关系中，对于自变量的每一个确定的值，因变量都有唯一确定的值与之对应。相关关系是指现象间存在的非确定性的依存关系，它有两个特点：一是现象之间确实存在数量上的依存关系；二是表明数量依存关系的值是不确定的。我们如何采用科学方法判断现象之间是否存在关系？怎样用量化的数值度量关系的密切程度？对关系密切的变量，怎样进一步反映它们之间的依存关系？要解决这些问题，就需要作相关分析及回归分析。

(一)相关分析与回归分析的联系

1. 相关分析是回归分析的基础和前提

如果缺少相关分析,没有说明现象间是否存在相关关系,没有对相关关系的密切程度作出判断,就不能进行回归分析,即便勉强进行了回归分析,也没有实际意义。相关分析与回归分析的资料同源,二者都是研究具有相关关系的变量。

2. 回归分析是相关分析的深入和继续

仅仅说明现象间有密切的相关关系是不够的,只有进行了回归分析,拟合了回归方程,才能表明现象间相关关系的具体形式,并进行预测。因此,如果仅有回归分析而缺少相关分析,就会因为缺少必要的基础和前提而影响回归分析的可靠性;如果仅有相关分析而缺少回归分析,就会降低相关分析的实际意义。只有把两者结合起来,才能达到统计分析的目的。相关分析是回归分析的基础,回归分析是在相关分析已完成,并且已经确定自变量与因变量为显著相关的基础上进行的。

(二)相关分析与回归分析的区别

(1)相关分析仅仅是从统计数据上测度变量间的相关程度,无须考察变量间是否有因果关系。而回归分析则更关注对具有统计相关关系的变量间的因果关系的分析。

(2)相关分析不必确定自变量、因变量,其所涉及的变量都是随机变量。而回归分析必须事先确定自变量和因变量,其中因变量是随机变量,而自变量是给定的非随机变量。

(3)相关分析只关注变量间的联系程度,不关注具体的依赖关系。而回归分析则更加关注变量间的具体依赖关系,须进一步通过解释变量的变化来估计或预测被解释变量的变化,达到深入分析变量间依存关系,掌握其运动规律的目的。

相关分析与回归分析是不同的两种统计分析方法,二者的区别如表7-5所示。

表7-5 相关分析与回归分析的区别

	相 关 分 析	回 归 分 析
分析目的	确定两个变量的相关程度与相关方向	建立因变量与自变量的回归方程
变量的随机性	两个变量都是随机变量	因变量是随机变量,自变量是给定的数值
分析结果	一个相关系数	两个回归方程
分析利用的原理	协方差	最小二乘法

第四节 一元线性回归分析

一、标准一元线性回归模型

(一)总体回归模型

回归分析关心的是根据解释变量的已知值或给定值,考察被解释变量的总体均值,即当解释变量取某个确定值时,考察与之统计相关的被解释变量所有可能出现的对应值的平均值。总体回归方程只有一个被解释变量和一个解释变量,是线性回归方程中最简单的一种方程,所以又称为简单直线回归方程。在给定解释变量 X 的条件下被解释变量 Y 的期望轨迹称为总体回归线。相应的总体回归函数为:

$$E(Y/X) = f(X) = \beta_0 + \beta_1 X \qquad (公式7.4)$$

总体回归函数表明了被解释变量 Y 的平均状态随解释变量 X 变化的规律。以家庭消费支出与可支配收入之间的关系为例,对于某一个个别家庭,其家庭消费支出 Y 不一定恰好就是给定可支配收入 X 下消费水平的平均值 $E(Y/X)$,把二者之间的差距记为:

$$\mu = Y - E(Y/X) \qquad (公式7.5)$$

式中,μ 为观察值 Y 围绕它的期望值 $E(Y/X)$ 的离差,它是一个不可观测的随机变量,称为随机误差项。

总体回归模型为:

$$Y = \mu + E(Y/X) = \beta_0 + \beta_1 X + \mu$$

式中,β_0 和 β_1 是未知参数,称为回归系数,线性部分反映了由于 X 的变化而引起的 Y 的变化;随机误差项 μ 是随机变量,反映了除了 X 和 Y 之间的线性关系之外的随机因素对 Y 的影响,是不能由 X 和 Y 之间的线性关系所解释的变异性变量,代表了未知的影响因素、残缺的数据、众多细小影响因素、数据观测误差、模型设定误差、变量的内在随机性。

(二) 样本回归模型

尽管总体回归函数揭示了所考察总体的被解释变量与解释变量间的平均变化规律,但总体的信息往往无法被全部获得,因此总体回归函数实际上是未知的。现实中往往通过抽样得到总体的样本,再通过样本的信息来估计总体回归函数。样本回归函数记为:

$$\hat{y} = \hat{\beta}_0 + \hat{\beta}_1 x \qquad (公式7.6)$$

式中,$\hat{\beta}_0$ 是对 β_0 的估计,$\hat{\beta}_1$ 是对 β_1 的估计。

样本回归函数也有如下的随机形式,即样本回归模型。

$$y = \hat{\beta}_0 + \hat{\beta}_1 x + e \qquad (公式7.7)$$

式中,e 称为样本残差,代表了产生其他影响的随机因素的集合。

二、一元线性回归模型的基本假定

假定1:随机误差项 μ 是一个期望值为0的随机变量,即 $E(\mu) = 0$。
假定2:随机误差项的方差为常数,即对于所有的 X 值,μ 的方差 σ^2 都相同。
假定3:随机误差项之间不存在序列相关关系。
假定4:自变量是给定的变量,与随机误差项线性无关。
假定5:随机误差项 μ 是一个服从正态分布的随机变量,即 $\mu \sim N(0, \sigma^2)$。

三、一元线性回归模型的估计

(一) 回归系数的点估计

一元线性回归模型的参数估计,是指在一组样本观测值下,通过一定的参数估计方法,估计出样本回归线。最常用的估计方法是普通最小二乘估计法。回归分析的主要任务是建立能够近似反映总体特征的样本回归模型。在根据样本资料确定样本回归模型时,总是希望估计值从整体上来看尽可能地接近所有的实际观察值,即找到一条距离所有观察点最近的直线。由于估计值与实际观察值的误差(离差)有正有负,代数和会相互抵消,因此,采用离差平方和作为衡量总离差的标准。普通最小二乘估计法即是根据这一思想,令因变量的观察值 y 与估计值 $\hat{y}$ 之间的离差平方和最小,应用高等数学中多元函数求极值的方法来求解模型参数,即有:

$$Q = \sum(y-\hat{y})^2 = \sum(y-\hat{\beta}_0-\hat{\beta}_1 x)^2$$

欲使 Q 达到最小,Q 对 $\hat{\beta}_0$、$\hat{\beta}_1$ 的偏导数必须等于零,所以有:

$$\begin{cases} \dfrac{\partial Q}{\partial \hat{\beta}_0} = -2\sum(y-\hat{\beta}_0-\hat{\beta}_1 x) = 0 \\ \dfrac{\partial Q}{\partial \hat{\beta}_1} = -2\sum x(y-\hat{\beta}_0-\hat{\beta}_1 x) = 0 \end{cases}$$

加以整理后,可得标准方程组:

$$\begin{cases} n\hat{\beta}_0 + \hat{\beta}_1 \sum x = \sum y \\ \hat{\beta}_0 \sum x + \hat{\beta}_1 \sum x^2 = \sum xy \end{cases}$$

求解该标准方程组,即可得到一元回归模型参数的计算公式。

$$\begin{cases} \hat{\beta}_1 = \dfrac{n\sum xy - \sum x \sum y}{n\sum x^2 - (\sum x)^2} \\ \hat{\beta}_0 = \dfrac{\sum y - \hat{\beta}_1 \sum x}{n} \end{cases} \quad (公式7.8)$$

【例 7-5】 某工业企业某零件的产量与单位成本资料如表 7-6 所示。

表 7-6 某工业企业某零件的产量与单位成本

零件产量/千件	1	2	3	4	5
单位成本/(元/件)	35	30	24	19	12

要求:建立以零件产量为自变量的一元线性回归模型。

解:

记零件产量为 x,单位成本为 y,最小二乘计算表如表 7-7 所示。

表 7-7 最小二乘计算表

序号 i	x	y	x^2	xy	y^2
1	1	35	1	35	1 225
2	2	30	4	60	900
3	3	24	9	72	576
4	4	19	16	76	361
5	5	12	25	60	144
合计	15	120	55	303	3 206

$$\hat{\beta}_1 = \frac{n\sum xy - \sum x \sum y}{n\sum x^2 - (\sum x)^2} = \frac{5\times 303 - 15\times 120}{5\times 55 - 15^2} = -5.7$$

$$\hat{\beta}_0 = \frac{\sum y - \hat{\beta}_1 \sum x}{n} = \frac{120 - (-5.7) \times 15}{5} = 41.1$$

因此,一元线性回归模型为:

$$\hat{y} = 41.1 - 5.7x$$

(二)参数估计量的概率分布及估计标准误差的估计

1. 参数估计量 $\hat{\beta}_0$ 和 $\hat{\beta}_1$ 的概率分布

为了达到对所估计参数精度进行测定的目的,还需进一步确定参数估计量的概率分布。由于普通最小二乘参数估计量 $\hat{\beta}_0$ 和 $\hat{\beta}_1$ 都是 y 的线性组合,因此 $\hat{\beta}_0$ 和 $\hat{\beta}_1$ 的概率分布取决于 y。在 μ 服从正态分布的假设下,y 服从正态分布,则 $\hat{\beta}_0$ 和 $\hat{\beta}_1$ 也服从正态分布,它们的分布特征由其均值和方差唯一决定,由此可得:

$$\hat{\beta}_1 \sim N(\beta_1, \frac{\sigma^2}{\sum x^2}) \qquad \hat{\beta}_0 \sim N(\beta_0, \frac{\sum X^2 \sigma^2}{n \sum x^2})$$

于是,$\hat{\beta}_0$ 和 $\hat{\beta}_1$ 的标准差分别为:

$$\sigma_{\hat{\beta}_0} = \sqrt{\frac{\sum X^2 \sigma^2}{n \sum x^2}} \qquad \sigma_{\hat{\beta}_1} = \sqrt{\frac{\sigma^2}{\sum x^2}}$$

标准差可用来衡量估计量接近其真实值的程度,进而判断估计量的可靠性。

2. 估计标准误差的估计

在估计参数 $\hat{\beta}_0$ 和 $\hat{\beta}_1$ 的方差表达式中,都有随机误差项的方差 σ^2,由于 σ^2 实际上是未知的,因此 $\hat{\beta}_0$ 和 $\hat{\beta}_1$ 的方差实际上无法计算,这就需要对其进行估计。回归方程的一个重要作用在于根据自变量的给定值推算因变量的估计值,这个估计值与实际值可能一致,也可能不一致,因而产生了估计值的代表性问题。回归方程的代表性如何,可以通过估计标准误差来衡量。

估计标准误差为因变量的实际值与其估计值离差平方和除以自由度所得商的算术平方根,换言之,估计标准误差为残差平方和除以自由度所得商的算术平方根,计算公式为:

$$s_y = \sqrt{\frac{\sum (y - \hat{y})^2}{n - 2}} \qquad \text{(公式 7.9)}$$

上式中,s_y 表示估计标准误差,y 为因变量的实际值,$\hat{y}$ 是根据直线回归方程 $\hat{y} = \hat{\beta}_0 + \hat{\beta}_1 x$ 推算出来的因变量的估计值,$n-2$ 称为回归估计自由度(因为回归方程中有两个参数,因此扣除两个自由度)。

根据自变量与因变量的样本资料,进行回归分析并获得回归方程后,用定义计算估计标准误差,所需计算数据如表 7-8 所示。

表 7-8 估计标准误差计算表

i	x	y	$\hat{y} = \hat{\beta}_0 + \hat{\beta}_1 x$	$y - \hat{y}$	$(y - \hat{y})^2$
1	x_1	y_1	$\hat{y}_1(x_1)$	$y_1 - \hat{y}_1(x_1)$	$[y_1 - \hat{y}_1(x_1)]^2$
2	x_2	y_2	$\hat{y}_2(x_2)$	$y_2 - \hat{y}_2(x_2)$	$[y_2 - \hat{y}_2(x_2)]^2$
⋮	⋮	⋮	⋮	⋮	⋮
n	x_i	y_i	$\hat{y}_i(x_i)$	$y_i - \hat{y}_i(x_i)$	$[y_i - \hat{y}_i(x_i)]^2$

续表

i	x	y	$\hat{y} = \hat{\beta}_0 + \hat{\beta}_1 x$	$y - \hat{y}$	$(y - \hat{y})^2$
$\sum$	$\sum x$	$\sum y$	—	—	$\sum (y - \hat{y})^2$

由此可见,用定义计算估计标准误差是烦琐的,用下面的简捷公式计算估计标准误差将十分简便。

$$s_y = \sqrt{\frac{\sum (y - \hat{y})^2}{n - 2}} = \sqrt{\frac{\sum y^2 - \hat{\beta}_0 \sum y - \hat{\beta}_1 \sum xy}{n - 2}} \quad (公式7.10)$$

具体推导过程如下:

$\sum (y - \hat{y})^2$
$= \sum (y - \hat{\beta}_0 - \hat{\beta}_1 x)^2$
$= \sum (y^2 + \hat{\beta}_0^2 + \hat{\beta}_1^2 x^2 - 2\hat{\beta}_0 y - 2\hat{\beta}_1 xy + 2\hat{\beta}_0 \hat{\beta}_1 x)$
$= (\sum y^2 - \hat{\beta}_0 \sum y - \hat{\beta}_1 \sum xy) + \sum (\hat{\beta}_0^2 + \hat{\beta}_0 \hat{\beta}_1 x - \hat{\beta}_0 y) + \sum (\hat{\beta}_0 \hat{\beta}_1 x + \hat{\beta}_1^2 x^2 - \hat{\beta}_1 xy)$
$= (\sum y^2 - \hat{\beta}_0 \sum y - \hat{\beta}_1 \sum xy) + \hat{\beta}_0 \sum (\hat{\beta}_0 + \hat{\beta}_1 x) - \hat{\beta}_0 \sum y + \hat{\beta}_1 \sum (\hat{\beta}_0 + \hat{\beta}_1 x)x - \hat{\beta}_1 \sum xy$
$= (\sum y^2 - \hat{\beta}_0 \sum y - \hat{\beta}_1 \sum xy) + (\hat{\beta}_0 \sum y - \hat{\beta}_0 \sum y) + \hat{\beta}_1 \sum xy - \hat{\beta}_1 \sum xy$
$= \sum y^2 - \hat{\beta}_0 \sum y - \hat{\beta}_1 \sum xy$

【例 7-6】 五位同学的学习时间与成绩资料如表 7-9 所示。

表 7-9 五位同学的学习时间与成绩

学习时间 x/小时	4	6	7	10	13
成绩 y/10 分	4	6	5	7	9

要求:计算估计标准误差。

解:

经计算得到 $n = 5, \sum xy = 274, \sum x = 40, \sum y = 31, \sum x^2 = 370, \sum y^2 = 207$,有:

$$\hat{\beta}_1 = \frac{n \sum xy - \sum x \sum y}{n \sum x^2 - (\sum x)^2} = 0.52$$

$$\hat{\beta}_0 = \frac{\sum y - \hat{\beta}_1 \sum x}{n} = 2.04$$

故直线回归方程为 $\hat{y} = 2.04 + 0.52x$。

(1)用定义计算估计标准误差,如表 7-10 所示。

表 7-10 用定义计算估计标准误差

x	4	6	7	10	13
y	4	6	5	7	9
$\hat{y}$	4.12	5.16	5.68	7.24	8.8

续表

| $y-\hat{y}$ | −0.12 | 0.84 | −0.68 | −0.24 | 0.2 |
| $(y-\hat{y})^2$ | 0.014 4 | 0.705 6 | 0.462 4 | 0.057 6 | 0.04 |

用定义式求得：

$$s_y = \sqrt{\frac{\sum(y-\hat{y})^2}{n-2}} = \sqrt{\frac{1.28}{5-2}} = 0.653\ 2$$

(2) 用简捷公式计算估计标准误差。

已知 $n=5, \hat{\beta}_0=2.04, \hat{\beta}_1=0.52, \sum xy=274, \sum y=31, \sum y^2=207$，则：

$$s_y = \sqrt{\frac{\sum y^2 - \hat{\beta}_0 \sum y - \hat{\beta}_1 \sum xy}{n-2}} = \sqrt{\frac{207 - 2.04 \times 31 - 0.52 \times 274}{5-2}} = \sqrt{\frac{1.28}{3}} = 0.653\ 2$$

从上面的计算结果可以看出，用简捷公式计算估计标准误差的确简便，并且与用定义计算的结果完全一致。

四、一元线性回归模型的检验

回归分析用通过样本所估计的参数来代替总体的真实参数，或者说用样本回归线代替总体回归线。尽管从统计性质上已知，如果有足够多的重复抽样，参数估计值的期望（均值）就等于其对应总体的参数真值，但在一次抽样中，参数的估计值不一定就等于真值。那么，在一次抽样中，参数的估计值与真值的差异有多大，是否显著，这就需要进一步进行统计检验。

（一）拟合优度检验

1. 总离差平方和的分解

在相关与回归分析中，回归模型的拟合优度是人们最关心的问题，它关系到回归模型拟合和预测的精度。拟合优度检验，顾名思义，是检验回归模型对样本观察值的拟合程度，亦即检验样本实际值聚集在样本回归线周围的紧密程度。判断回归模型拟合优度最直接的指标是决定系数（又称判定系数、可决系数），它是建立在对总离差平方和进行分解的基础之上的。

因变量的实际观察值与预期样本均值的离差，即总离差 $y-\bar{y}$ 可以分解为两部分：一部分是因变量的理论回归值与其样本均值的离差 $\hat{y}-\bar{y}$，它可以看成是能够由回归直线解释的部分，称为可解释离差；另一部分是实际观察值与理论回归值的离差 $y-\hat{y}$，它是不能由回归直线加以解释的残差。

$$y-\bar{y} = (\hat{y}-\bar{y}) + (y-\hat{y}) = (\hat{y}-\bar{y}) + e$$

对两边取平方并求和，得到：

$$\sum(y-\bar{y})^2 = \sum(\hat{y}-\bar{y})^2 + \sum(y-\hat{y})^2 + 2\sum(y-\hat{y})(\hat{y}-\bar{y})$$

可以证明 $\sum(y-\hat{y})(\hat{y}-\bar{y}) = 0$，从而有：

$$\sum(y-\bar{y})^2 = \sum(\hat{y}-\bar{y})^2 + \sum(y-\hat{y})^2 \quad \text{（公式 7.11）}$$

$$\text{SST} = \text{SSR} + \text{SSE} \quad \text{（公式 7.12）}$$

式中，SST 是因变量的样本实际值与其样本均值的离差平方和，称为总离差平方和；SSR 是因变量的理论回归值与其样本均值的离差平方和，称为回归平方和，它的大小取决于变量之间相关关系的密切程度,可以看成是能够由回归模型解释的离差平方和;SSE 是因变量的实际值与理论回归值的离差平方和,它的大小表明因变量的实际值远离理论回归值的程度,是无法用回归模型解释的离差平方和,称为残差平方和。用 y 表示因变量的实际值,$\hat{y}$ 表示因变量的理论回归值(理论值、预测值),$\bar{y}$ 表示因变量实际值的平均值。

SST、SSR、SSE 的定义公式如下:

$$\mathrm{SST} = \sum(y-\bar{y})^2 \quad \text{(公式 7.13)}$$

$$\mathrm{SSR} = \sum(\hat{y}-\bar{y})^2 \quad \text{(公式 7.14)}$$

$$\mathrm{SSE} = \sum(y-\hat{y})^2 \quad \text{(公式 7.15)}$$

即有:

总离差平方和＝回归平方和＋残差平方和

图 7-5 所示为回归平方和、残差平方和以及总离差平方和的关系。

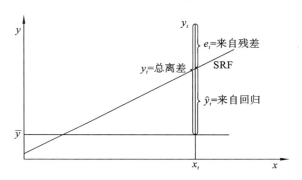

图 7-5　回归平方和、残差平方和以及总离差平方和的关系

2. 决定系数

决定系数又称为可决系数,是一个衡量回归直线与样本观察值拟合优度的指标,是回归平方和与总离差平方和的比值。决定系数越接近 1,拟合优度就越好;反之,则拟合优度越差。

$$R^2 = \frac{\mathrm{SSR}}{\mathrm{SST}} = 1 - \frac{\mathrm{SSE}}{\mathrm{SST}} \quad \text{(公式 7.16)}$$

可决系数的特点:

①可决系数 R^2 具有非负性;

②可决系数 R^2 的取值介于 0 和 1 之间;

③可决系数是样本观察值的函数,是一个统计量;

④在一元线性回归模型中,可决系数是单相关系数的平方,即:

$$R^2 = r^2 \quad \text{(公式 7.17)}$$

【例 7-7】 工业企业的固定资产总额是衡量企业规模的重要指标。工业企业的工业增加值与其固定资产规模有密切的相关关系。某 10 个企业的固定资产(百万元)与工业增加值(百万元)的资料如表 7-11 所示。

表 7-11　固定资产与工业增加值

企业编号	固定资产/百万元	工业增加值/百万元	企业编号	固定资产/百万元	工业增加值/百万元
1	3	15	6	7	36
2	3	17	7	8	37
3	5	25	8	9	42
4	6	28	9	9	40
5	6	30	10	10	45

根据以上资料,将固定资产作为自变量,工业增加值作为因变量,求出一元线性回归模型为 $\hat{y} = \hat{\beta}_0 + \hat{\beta}_1 x = 4.0810 + 4.1544x$。试计算回归模型的 SST、SSR、SSE,并验证三者的关系。

解:

第一步,将 x 的值逐一代入一元线性回归模型,得出各自变量对应的理论回归值 $\hat{y}$,如表 7-12 第 4 列所示。

第二步,逐一计算因变量的 $(y-\bar{y})^2$,并求和,得出 $\sum(y-\bar{y})^2$,如表 7-12 中第 5 列所示。

第三步,逐一计算因变量的 $(\hat{y}-\bar{y})^2$,并求和,得出 $\sum(\hat{y}-\bar{y})^2$,如表 7-12 中第 6 列所示。

第四步,逐一计算因变量的 $(y-\hat{y})^2$,并求和,得出 $\sum(y-\hat{y})^2$,如表 7-12 中第 7 列所示。

表 7-12　固定资产与工业增加值的计算表　　　　　　　　　　　单位:百万元

企业编号	固定资产 x	工业增加值 y	$\hat{y}$	$(y-\bar{y})^2$	$(\hat{y}-\bar{y})^2$	$(y-\hat{y})^2$
1	3	15	16.5442	272.2500	223.6759	2.3846
2	3	17	16.5442	210.2500	223.6759	0.2078
3	5	25	24.8530	42.2500	44.1826	0.0216
4	6	28	29.0074	12.2500	6.2131	1.0149
5	6	30	29.0074	2.2500	6.2131	0.9853
6	7	36	33.1618	20.2500	2.7616	8.0554
7	8	37	37.3162	30.2500	33.8282	0.0100
8	9	42	41.4706	110.2500	99.4129	0.2803
9	9	40	41.4706	72.2500	99.4129	2.1627
10	10	45	45.6250	182.2500	199.5156	0.3906
合　计	66	315	315.0004	954.5000	938.8918	15.5132

根据以上计算,得:

$$SST = \sum(y-\bar{y})^2 = 954.5000$$
$$SSR = \sum(\hat{y}-\bar{y})^2 = 938.8918$$
$$SSE = \sum(y-\hat{y})^2 = 15.5132$$
$$938.8918 + 15.5132 = 954.4050$$

故可验证 SST＝SSR＋SSE(表 7-12 中 SST＝954.500 0，是计算误差所致，不影响结论)。根据此计算结果，可求出工业增加值与固定资产的一元线性回归模型的决定系数为：

$$R^2 = \frac{SSR}{SST} = \frac{938.8918}{954.5000} = 0.9836$$

说明有 98.36% 的工业增加值规模可以用固定资产的规模来解释，回归模型的拟合优度非常高。

【例 7-8】 对某一资料进行一元线性回归分析，已知样本容量为 20，因变量的估计值与其平均数的离差平方和为 585，因变量的方差为 35，试求：

(1) 变量间的相关系数；
(2) 该方程的估计标准误差。

解：

已知 $n = 20, \sum(\hat{y} - \bar{y})^2 = 585, \sigma_y^2 = 35$。

(1) 由 $\sigma_y^2 = \frac{\sum(y - \bar{y})^2}{n} = 35$ 知，总离差平方和 $\sum(y - \bar{y})^2 = n\sigma_y^2 = 20 \times 35 = 700$，则相关系数为：

$$r = \sqrt{\frac{\text{回归平方和}}{\text{总离差平方和}}} = \sqrt{\frac{\sum(\hat{y} - \bar{y})^2}{\sum(y - \bar{y})^2}} = \sqrt{\frac{585}{700}} = 0.9142$$

(2) 由残差平方和＝总离差平方和－回归平方和，得：

$$\sum(y - \hat{y})^2 = \sum(y - \bar{y})^2 - \sum(\hat{y} - \bar{y})^2 = 700 - 585 = 115$$

则估计标准误差为：

$$s_y = \sqrt{\frac{\text{残差平方和}}{n-2}} = \sqrt{\frac{\sum(y - \hat{y})^2}{n-2}} = \sqrt{\frac{115}{20-2}} = 2.5276$$

(二) 线性回归方程的显著性检验

回归分析中的显著性检验包括两方面的内容：一是对整个回归方程的显著性检验；二是对各回归系数的显著性检验。

1. 回归方程的显著性检验

由总离差的分解公式我们可以知道，回归模型的总离差平方和等于回归平方和与残差平方和之和。判断总体回归方程中 X、Y 的线性关系是否显著，其实质就是判断回归平方和与残差平方和之比值的大小。由于回归平方和与残差平方和的数值会随着观察值的样本容量和自变量的个数的变化而变化，因此不宜直接比较二者，而必须在方差分析的基础上构建 F 统计量进行 F 检验，具体的检验步骤如下。

第一步，假设总体回归方程不显著。

$$H_0: \beta_1 = 0 \qquad H_1: \beta_1 \neq 0$$

第二步，构建 F 统计量。

$$F = \frac{s_{回}/1}{s_{残}/(n-2)} \sim F(1, n-2) \qquad (公式 7.18)$$

第三步，根据自由度和给定的显著性水平查 F 分布表，确定统计量的临界值，并作出决策。

在给定的显著性水平下,如果 $F \leqslant F_{1-\alpha}(1, n-2)$,则称变量 X 与 Y 没有明显的线性关系,说明总体回归方程不显著;反之,则说明总体回归方程显著,变量 X 与 Y 有明显的线性关系。

2. 回归系数的显著性检验

所谓回归系数的显著性检验,就是指检验自变量对因变量的影响是否显著。在一元线性回归模型中,如果回归系数为零,那么回归线是一条水平直线,表明被解释变量 Y 的取值不受解释变量 X 的影响,即两个变量之间没有线性关系;相反,若回归系数不为零,表明两个变量之间有线性关系。回归系数的显著性检验也就是检验回归系数是否等于零,通常用 t 检验,具体检验步骤如下。

第一步,提出假设。
$$H_0: \beta_1 = 0 \qquad H_1: \beta_1 \neq 0$$

第二步,构造 t 统计量。
$$t_{\hat{\beta}_1} = \frac{\hat{\beta}_1 - \beta_1}{s_{\hat{\beta}_1}} \sim t(n-2) \qquad \text{(公式 7.19)}$$

第三步,根据样本数据计算统计量 $t_{\hat{\beta}_1}$。

第四步,根据显著性水平,查 t 分布表确定统计量的临界值 $t_{\alpha/2(n-2)}$。

第五步,作出判断。若 $|t| \leqslant t_{\alpha/2(n-2)}$,接受 H_0,即认为两个变量之间相关关系不显著;若 $|t| > t_{\alpha/2(n-2)}$,接受 H_1,即认为两个变量之间相关关系显著。

在一元线性回归分析中,F 检验和 t 检验是等价的。

(三) 参数的置信区间估计

假设检验可以通过一次抽样的结果检验总体参数可能值的范围(最常用的假设为总体参数值为零),但它并没有指出在一次抽样中样本参数值到底距总体参数的真值有多"近"。要判断样本参数的估计值在多大程度上可以"近似"地替代总体参数的真值,往往需要通过构造一个以样本参数的估计值为中心的"区间",来考察它以多大的可能性包含真实的总体参数值。这就是参数的置信区间估计。

要判断估计的参数值 $\hat{\beta}_j$ 离真实的参数值 β_j 有多"近",可预先选择一个概率 $\alpha(0 < \alpha < 1)$,并求一个正数 δ,使得随机区间 $(\hat{\beta}_j - \delta, \hat{\beta}_j + \delta)$ 包含参数 β_j 的真值的概率为 $1 - \alpha$,即:
$$P(\hat{\beta}_j - \delta \leqslant \beta_j \leqslant \hat{\beta}_j + \delta) = 1 - \alpha$$

如果存在上述这样的一个随机区间,则称之为置信区间。$1 - \alpha$ 称为置信系数(又称为置信度),α 称为显著性水平。

在显著性检验中有:
$$t_{\hat{\beta}_j} = \frac{\hat{\beta}_j - \beta_j}{s_{\hat{\beta}_j}} \sim t(n-2)$$

如果给定置信度,从分布表中查得自由度为 $n-2$ 的临界值 $t_{\alpha/2}$,则:
$$P(-t_{\alpha/2} < t < t_{\alpha/2}) = 1 - \alpha$$
$$P\left(-t_{\alpha/2} < \frac{\hat{\beta}_j - \beta_j}{s_{\hat{\beta}_j}} < t_{\alpha/2}\right) = 1 - \alpha$$
$$P(\hat{\beta}_j - t_{\alpha/2} s_{\hat{\beta}_j} < \beta_j < \hat{\beta}_j + t_{\alpha/2} s_{\hat{\beta}_j}) = 1 - \alpha$$

得到在 $1-\alpha$ 的置信度下 β_j 的置信区间为:
$$(\hat{\beta}_j - t_{\alpha/2} s_{\hat{\beta}_j} < \beta_j < \hat{\beta}_j + t_{\alpha/2} s_{\hat{\beta}_j}) \qquad \text{(公式 7.20)}$$

五、一元线性回归模型的预测

预测是回归模型最重要的应用。对于一元线性回归模型,有:
$$\hat{y} = \hat{\beta}_0 + \hat{\beta}_1 x$$

如果给定样本以外的解释变量的观察值 x_0,可以得到被解释变量的预测值 $\hat{y}_0$,并可以此作为其条件均值 $E(y/x=x_0)$ 或个别值 y 的一个近似估计值,严格地说,这只是被解释变量的预测值的估计值,而不是预测值,原因在于两方面:一是模型中的参数估计量是不确定的;二是存在随机误差项的影响。所以,我们得到的仅是预测值的一个估计值,预测值仅以某一个置信度处于以该估计值为中心的一个区间中。预测在更大程度上来说是一个区间估计问题。根据回归方程进行预测的方法有点预测和区间预测。对于 x 的一个特定值,求出 y 的一个估计值,即为点预测。

用一元线性回归方程对因变量进行预测,就是在求得一元线性回归方程 $\hat{y} = \hat{\beta}_0 + \hat{\beta}_1 x$ 后,根据给定的自变量值预测因变量的值,有两种方法:点预测、区间预测。

(一)点预测

点预测,是指将给定的自变量值 x_f 直接代入回归模型,求出因变量的预测值 $\hat{y}_f$,即:
$$\hat{y}_f = \hat{\beta}_0 + \hat{\beta}_1 x_f \quad \text{(公式 7.21)}$$

预测的残差为 $e_f = y_f - \hat{y}_f$。利用期望值和方差的运算规则,以及前面给出的回归系数最小二乘估计的期望值和方差,可以证明:
$$E(e_f) = 0$$
$$\text{Var}(e_f) = \sigma^2 \left(1 + \frac{1}{n} + \frac{(x_f - \overline{x})^2}{\sum_{i=1}^{n}(x_i - \overline{x})^2}\right)$$

在此基础上,可以证明 $\hat{y}_f$ 是 y_f 的无偏预测值。

(二)区间预测

对于 x 的一个特定值,预测出 y 的一个估计值的区间,并指出预测的精度,即为区间预测。

在标准假定条件下,e_f 服从正态分布,即:
$$e_f \sim N(0, \text{Var}(e_f))$$

$\text{Var}(e_f)$ 中 σ^2 未知,可采用其无偏估计量 s^2 来代替。用 s_{e_f} 表示预测标准误差的估计值,则:
$$s_{e_f} = s_y \sqrt{1 + \frac{1}{n} + \frac{(x_f - \overline{x})^2}{\sum_{i=1}^{n}(x_i - \overline{x})^2}} \quad \text{(公式 7.22)}$$

$\dfrac{y_f - \hat{y}_f}{s_{e_f}}$ 服从于自由度为 $n-2$ 的 t 分布。可以得到,当样本容量 n 较小时,对于给定的显著性水平 α,应用以下区间预测公式:
$$\hat{y}_f \pm t_{\alpha/2(n-2)} s_y \sqrt{1 + \frac{1}{n} + \frac{(x_f - \overline{x})^2}{\sum_{i=1}^{n}(x_i - \overline{x})^2}} \quad \text{(公式 7.23)}$$

图 7-6 所示为回归预测的置信区间,从图中可以看出:

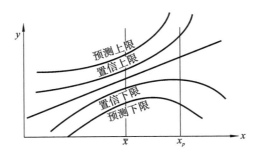

图 7-6　回归预测的置信区间

（1）置信区间的上、下限对称分布在样本回归直线两边，当 $x = \bar{x}$ 时，置信区间最窄；当 x 远离 $\bar{x}$ 时，置信区间逐渐增宽。

（2）置信区间的宽度随置信水平的增大而增大，即提高置信水平，置信区间增大，预测精度降低。

（3）样本容量越大，预测精度越高；相反，则预测精度越低。

（4）当 n 足够大时，s_{e_f} 趋近于 s_y，$t_{\alpha/2(n-2)}$ 趋近于 $Z_{\alpha/2}$，即样本容量足够大时，y_f 的预测区间可用下式近似计算：

$$\hat{y}_0 - Z_{\alpha/2} s_y \leqslant \hat{y} \leqslant \hat{y}_0 + Z_{\alpha/2} s_y \qquad (公式 7.24)$$

【例 7-9】　现有 1991—2010 年的 CPI 数据和 PPI 数据，它们的相关系数与线性回归模型计算表如表 7-13 所示，试建立 CPI 数据和 PPI 数据的预测区间。

表 7-13　相关系数与线性回归模型计算表　　　　　　　　　　　单位：%

年　份	CPI 数据 y	PPI 数据 x	xy	y^2	x^2	$\hat{y}$
1991	103.4	106.2	10 981.08	10 691.56	11 278.44	106.045 1
1992	106.4	106.8	11 363.52	11 320.96	11 406.24	106.518 5
1993	114.7	124.0	14 222.8	13 156.09	15 376.10	120.089 3
1994	124.1	119.5	14 829.95	15 400.81	14 280.25	116.538 8
1995	117.1	114.9	13 454.79	13 712.41	13 202.01	112.909 4
1996	108.3	102.9	11 144.07	11 728.89	10 588.41	103.441 4
1997	102.8	99.7	10 249.16	10 567.84	9 940.09	100.916 6
1998	99.2	95.9	9 513.28	9 840.64	9 196.81	97.918 4
1999	98.6	97.6	9 623.36	9 721.96	9 525.76	99.259 7
2000	100.4	102.8	10 321.12	10 080.16	10 567.84	103.362 5
2001	100.7	98.7	9 939.09	10 140.49	9 741.69	100.127 6
2002	99.2	97.8	9 701.76	9 840.64	9 564.84	99.417 5
2003	101.2	102.3	10 352.76	10 241.44	10 465.29	102.968 0
2004	103.9	106.1	11 023.79	10 795.21	11 257.21	105.966 2
2005	101.8	104.9	10 678.82	10 363.24	11 004.01	105.019 4
2006	101.5	103.0	10 454.5	10 302.25	10 609.00	103.520 3

续表

年份	CPI 数据 y	PPI 数据 x	xy	y^2	x^2	$\hat{y}$
2007	104.8	103.1	10 804.88	10 983.04	10 629.61	103.599 2
2008	105.9	106.9	11 320.71	11 214.81	11 427.61	106.597 4
2009	99.3	94.6	9 393.78	9 860.49	8 949.16	96.892 7
2010	103.3	105.5	10 898.15	10 670.89	11 130.25	105.492 8
合计	2 096.6	2 093.2	220 271.4	220 633.8	220 140.5	—

(1) CPI 与 PPI 之间的相关系数为 0.885 1，并且该系数通过了相关系数检验，表明 CPI 与 PPI 的线性相关关系显著。

(2) CPI 与 PPI 的一元线性回归模型为 $\hat{y} = 22.253\ 3 + 0.789\ 0x$，表明 PPI 每上涨 1%，CPI 平均上涨 0.789 0%。

(3) CPI 与 PPI 的一元线性回归模型的可决系数为 78.34%，说明在 CPI 数据的总波动中，有 78.34% 的波动是由 CPI 与 PPI 之间的线性关系引起的。CPI 与 PPI 的一元线性回归模型的估计标准误差为 3.192 0%，说明用 PPI 预测 CPI 的平均误差为 3.192 0%。

总之，通过以上分析可知，所模拟的一元线性回归模型基本上是合理的，可以用于预测。

第五节 多元线性回归分析

一元线性回归分析反映的是一个因变量与一个自变量之间的关系。但是，在现实中，某一现象的变动常受多种现象变动的影响。例如，子女的身高、居民的储蓄存款、现阶段房价、住院费用、老年人的血压等均受到多种因素的影响。若影响因变量的自变量不止一个，而是多个，这时我们需要考察一个因变量与多个自变量之间的关系，即进行多元线性回归分析才能获得比较满意的结果。多元线性回归分析是研究一个因变量与多个自变量之间的线性关系的统计分析方法，其基本目的是用一个以上自变量的数值估计因变量的值及其变异性。多元线性回归是一元线性回归的延续与拓展，其基本原理和分析方法与一元线性回归完全一致。

一、标准的多元线性回归模型

多元总体回归函数的表达形式为：

$$E(Y/X_{1i}, X_{2i}, \cdots, X_{ki}) = \beta_0 + \beta_1 X_{1i} + \beta_2 X_{2i} + \cdots + \beta_k X_{ki} \quad \text{（公式 7.25）}$$

式中，$\beta_j (j = 1, 2, \cdots, k)$ 称为偏回归系数，表示在其他解释变量保持不变的情况下，X_j 每变化一个单位时，Y 的均值 $E(Y)$ 的变化，或者说 β_j 反映 X_j 的单位变化对 Y 的均值的直接影响。

多元总体回归函数的随机形式为：

$$Y = \beta_0 + \beta_1 X_{1i} + \beta_2 X_{2i} + \cdots + \beta_k X_{ki} + \mu \quad \text{（公式 7.26）}$$

式中，k 为解释变量的数目，$\beta_j (j = 1, 2, \cdots, k)$ 称为回归系数。通常，我们习惯把常数项看作一个虚变量的参数，在参数估计过程中该虚变量的样本观察值始终取 1，这样，表达式中解

释变量的数目为 $k+1$。

总体回归模型中 n 个随机方程的矩阵表达式为：

$$Y = X\beta + \mu$$

其中，X、β、μ 分别为：

$$X = \begin{bmatrix} 1 & X_{11} & X_{21} & \cdots & X_{k1} \\ 1 & X_{12} & X_{22} & \cdots & X_{k2} \\ \vdots & \vdots & \vdots & & \vdots \\ 1 & X_{1n} & X_{2n} & \cdots & X_{kn} \end{bmatrix}_{n\times(k+1)} \quad \beta = \begin{bmatrix} \beta_0 \\ \beta_1 \\ \beta_2 \\ \vdots \\ \beta_k \end{bmatrix}_{(k+1)\times 1} \quad \mu = \begin{bmatrix} \mu_0 \\ \mu_1 \\ \mu_2 \\ \vdots \\ \mu_n \end{bmatrix}_{n\times 1}$$

若用样本回归函数来估计总体回归函数，则样本多元线性回归函数的表达式为：

$$\hat{y} = \hat{\beta}_0 + \hat{\beta}_1 x_{1i} + \hat{\beta}_2 x_{2i} + \cdots + \hat{\beta}_k x_{ki} \quad \text{（公式 7.27）}$$

其随机表达式为：

$$y = \hat{\beta}_0 + \hat{\beta}_1 x_{1i} + \hat{\beta}_2 x_{2i} + \cdots + \hat{\beta}_k x_{ki} + e_i \quad \text{（公式 7.28）}$$

上式中，$\hat{\beta}_1, \hat{\beta}_2, \cdots, \hat{\beta}_k$ 称为偏回归系数，表示在其他变量保持不变的情况下，x_i 每变动一个单位时，$\hat{y}$ 的平均变动值。

二、多元线性回归模型的基本假设

假设1：回归模型的设定是正确的。

假设2：解释变量是非随机的或固定的，且各 X 之间互不相关（无多重共线性），即：

$$\frac{1}{n}\sum X_{ji}^2 = \frac{1}{n}\sum (X_{ji} - \overline{X}_j)^2 \to Q, \quad \frac{1}{n}X'X \to Q$$

式中，Q 为一个非奇异固定矩阵，矩阵 X 是以各解释变量的离差为元素组成的 $n\times k$ 阶矩阵。

假设3：各解释变量在所抽取的样本中具有变异性，而且随着样本容量的无限增大，各解释变量的样本方差趋于一个非零的有限常数。

假设4：随机误差项具有零均值、同方差及不序列相关性，即

$$E(\mu_i) = 0$$
$$\mathrm{Var}(\mu_i) = E(\mu_i^2) = \sigma^2 \quad i\neq j (i,j=1,2,\cdots,n)$$
$$\mathrm{Cov}(\mu_i, \mu_j) = E(\mu_i \mu_j) = 0$$

假设5：解释变量与随机误差项不相关。

假设6：随机误差项满足正态分布，即 $\mu_i \sim N(0, \sigma^2)$。

三、多元线性回归方程的参数估计

同一元线性回归模型的参数估计一样，多元线性回归模型参数估计的任务也有两项：一是求得反映变量之间数量关系的结构参数的估计量；二是求得随机误差项的方差估计值。多元线性回归模型在满足上述所列的基本假设的情况下，可以采用普通最小二乘法来估计参数。

（一）普通最小二乘估计及其矩阵表达

最小二乘准则为残差平方和最小。最小二乘估计量的推导过程为：

$$Q = \sum e_i^2 = \sum (y - \hat{y})^2$$
$$= \sum (y - \hat{\beta}_0 - \hat{\beta}_1 x_{1i} - \hat{\beta}_2 x_{2i} - \cdots - \hat{\beta}_k x_{ki})^2$$

根据多元函数求极值的必要条件可知，$\hat{\beta}_0, \hat{\beta}_1, \cdots, \hat{\beta}_k$ 应满足下列线性方程组：

$$\begin{cases} n\hat{\beta}_0 + \hat{\beta}_1 \sum x + \hat{\beta}_2 \sum x^2 = \sum y \\ \hat{\beta}_0 \sum x + \hat{\beta}_1 \sum x^2 + \hat{\beta}_2 \sum x^3 = \sum xy \\ \hat{\beta}_0 \sum x^2 + \hat{\beta}_1 \sum x^3 + \hat{\beta}_2 \sum x^4 = \sum x^2 y \end{cases}$$

$$\hat{\boldsymbol{\beta}} = (\boldsymbol{X}'\boldsymbol{X})^{-1}\boldsymbol{X}'\boldsymbol{Y} \qquad \text{(公式 7.29)}$$

【例 7-10】 已知 A 商品的统计资料如表 7-14 所示，根据该资料，以居民的年平均收入和 A 商品的价格为自变量，拟合 A 商品的线性需求函数。

表 7-14 A 商品的统计资料

年份编号	1	2	3	4	5	6	7	8	9	10
销售量	10	10	15	13	14	20	18	24	19	23
居民年平均收入/千元	5	7	8	9	9	10	10	12	13	15
商品单价/十元	2	3	2	5	4	3	4	3	5	4

解：

假定 A 商品的销售量取决于社会对该商品的需求量，即销售量可以代表需求量，则在本例中，因为：

$$\boldsymbol{X} = \begin{bmatrix} 1 & 5 & 2 \\ 1 & 7 & 3 \\ \vdots & \vdots & \vdots \\ 1 & 15 & 4 \end{bmatrix} \qquad \boldsymbol{Y} = \begin{bmatrix} 10 \\ 10 \\ \vdots \\ 23 \end{bmatrix}$$

所以有：

$$(\boldsymbol{X}'\boldsymbol{X}) = \begin{bmatrix} 10 & 98 & 35 \\ 98 & 1\,038 & 359 \\ \vdots & \vdots & \vdots \\ 35 & 359 & 133 \end{bmatrix} \qquad (\boldsymbol{X}'\boldsymbol{Y}) = \begin{bmatrix} 166 \\ 1\,743 \\ 592 \end{bmatrix}$$

进而：

$$(\boldsymbol{X}'\boldsymbol{X})^{-1} = \begin{bmatrix} 1.641\,6 & -0.083\,9 & -0.205\,4 \\ -0.083\,9 & 0.018\,8 & -0.028\,6 \\ \vdots & \vdots & \vdots \\ -0.205\,4 & -0.028\,6 & 0.138\,9 \end{bmatrix}$$

最终可得：

$$\hat{\boldsymbol{\beta}}_j = \begin{bmatrix} 1.641\,6 & -0.083\,9 & -0.205\,4 \\ -0.083\,9 & 0.018\,8 & -0.028\,6 \\ \vdots & \vdots & \vdots \\ -0.205\,4 & -0.028\,6 & 0.138\,9 \end{bmatrix} \begin{bmatrix} 166 \\ 1\,743 \\ 592 \end{bmatrix} = \begin{bmatrix} 4.587\,51 \\ 1.868\,47 \\ -1.799\,57 \end{bmatrix}$$

由此可得 A 商品的线性需求函数的样本回归方程为:
$$\hat{y} = 4.587\ 5 + 1.868\ 5x_{1i} - 1.799\ 6x_{2i}$$

(二) 随机误差项方差的无偏估计量

可以证明,随机误差项 μ 的方差 σ^2 的无偏估计量为 $\hat{\sigma}^2$,用 s^2 来表示,其公式为:

$$s^2 = \hat{\sigma}^2 = \frac{\sum e^2}{n-k-1} = \frac{e'e}{n-k-1} \qquad \text{(公式 7.30)}$$

式中,k 为解释变量的个数。σ^2 越小,表明样本回归方程的代表性越强。在编制计算机程序时,残差平方和一般不是按照其定义计算,而是利用以下公式计算。

$$\sum e^2 = e'e = y'y - \hat{\boldsymbol{\beta}}'x'y \qquad \text{(公式 7.31)}$$

该式是残差平方和的矩阵形式,式中的 y 是因变量的样本观察值矩阵,x 是自变量的样本观察值矩阵,$\hat{\boldsymbol{\beta}}'$ 是回归系数估计值向量的转置向量。

【例 7-11】 根据例 7-10 的资料,计算总体方差 σ^2 和回归估计标准误差 σ。

解:
$y'y = 2\ 980$,将之前计算出来的 $\hat{\boldsymbol{\beta}}'$ 和 $x'y$ 等代入式 7.31 中,可得:

$$\sum e^2 = e'e = y'y - \hat{\boldsymbol{\beta}}'x'y = 2\ 980 - 4.587\ 51 \times 166 - 1.868\ 47$$
$$\times 1\ 743 + 1.799\ 57 \times 592 = 27.08$$
$$s^2 = \hat{\sigma}^2 = \frac{27.08}{10-3} = 3.87$$
$$s = \hat{\sigma} = \sqrt{3.87} = 1.97$$

四、多元线性回归模型的检验

(一) 拟合优度检验

在应用过程中发现,如果在模型中增加一个解释变量,R^2 往往增大,这就给人一种错觉:要使模型拟合得好,只要增加解释变量即可。但是,现实情况往往是,由增加解释变量个数引起的 R^2 的增大与模型拟合好坏无关,R^2 需调整。在样本容量一定的情况下,增加解释变量必定使得自由度减少,所以调整的思路是用残差平方和与总离差平方和分别除以各自的自由度,以剔除变量个数对拟合优度的影响。

$$\overline{R}^2 = 1 - \frac{\text{SSE}/(n-k-1)}{\text{SST}/(n-1)} \qquad \text{(公式 7.32)}$$

式中,$n-k-1$ 为残差平方和的自由度,$n-1$ 为总离差平方和的自由度。显然,如果增加的解释变量没有解释能力,则对残差平方和 SSE 的减小没有多大帮助,但增加了待估参数的个数,从而使 $\overline{R}^2$ 有较大幅度的下降。

经过调整的可决系数与未经调整的可决系数之间存在如下关系:

$$\overline{R}^2 = 1 - (1-R^2)\frac{n-1}{n-k-1} \qquad \text{(公式 7.33)}$$

在实际应用中,$\overline{R}^2$ 达到多大才算模型通过了检验? 没有绝对的标准,要看具体情况而定。

(二) 多元线性回归方程的显著性检验(F 检验)

多元线性回归方程的显著性检验,旨在对模型中被解释变量与解释变量之间的线性关系在总体上是否显著成立作出推断。

从上面的拟合优度检验中可以看出,拟合优度高,解释变量对被解释变量的解释程度就高,可以推测出模型总体线性关系成立;反之,则不成立。但这只是一个模糊的推测,不能给出一个在统计上严格的结论,这就需要进行多元线性回归方程的显著性检验。多元线性回归方程的显著性检验所应用的方法仍是数理统计学中的假设检验。

1. 多元线性回归方程显著性的 F 检验

多元线性回归方程显著性的 F 检验是要检验如下模型:

$$Y_i = \beta_0 + \beta_1 X_{i1} + \beta_2 X_{i2} + \cdots + \beta_k X_{ik} + \mu (i = 1, 2, \cdots, n)$$

检验步骤如下。

第一步,假设总体回归方程不显著,即:

$$H_0: \beta_1 = \beta_2 = \cdots = \beta_k = 0 \qquad H_1: \beta_j (j = 1, 2, \cdots, k) \text{ 不全为零}$$

第二步,构建 F 统计量。

$$F = \frac{\text{SSR}/k}{\text{SSE}/(n-k-1)} \sim F(k, n-k-1) \qquad \text{(公式 7.34)}$$

第三步,根据自由度和给定的显著性水平查 F 分布表,确定统计量的临界值。在给定的显著性水平下,如果 $F \leq F_\alpha(k, n-k-1)$,则变量 X 与 Y 之间没有明显的线性关系,说明回归方程不显著;反之,则说明回归方程显著,变量 X 与 Y 之间有明显的线性关系。

2. 关于拟合优度检验与多元线性回归方程显著性检验的讨论

拟合优度检验和多元线性回归方程的显著性检验是从不同原理出发的两类检验,拟合优度检验从已经得到的估计的模型出发,检验模型对样本观察值的拟合程度;多元线性回归方程的显著性检验从样本观察值出发,检验模型总体线性关系的显著性。但二者之间是有联系的,模型对样本观察值的拟合程度高,模型总体线性关系的显著性就强。因此,我们找出 $\overline{R}^2$、F 这两个用作检验标准的统计量之间的数量关系,是有实际意义的。

$$\overline{R}^2 = 1 - \frac{n-1}{n-k-1+kF}$$

$$F = \frac{\overline{R}^2/k}{(1-\overline{R}^2)/(n-k-1)} \qquad \text{(公式 7.35)}$$

F 与 $\overline{R}^2$ 同向变化:当 $\overline{R}^2 = 0$ 时,$F = 0$;$\overline{R}^2$ 越大,F 值也越大;当 $\overline{R}^2 = 1$ 时,F 为无穷大。因此 F 检验既是对所估计回归方程的总显著性的一个度量,也是对 $\overline{R}^2$ 的一个显著性检验,亦即,检验原假设 $H_0: \beta_1 = \beta_2 = \cdots = \beta_k = 0$ 等价于检验 $\overline{R}^2 = 0$ 这一虚拟假设。

(三)回归系数的显著性检验

所谓回归系数的显著性检验,就是指检验自变量对因变量的影响是否显著。在一元线性回归模型中,如果回归系数为零,那么回归线是一条水平直线,表明被解释变量 Y 的取值不受解释变量 X 的影响,即两个变量之间没有线性关系;相反,若回归系数不为零,表明两个变量之间有线性关系。回归系数的显著性检验也就是检验回归系数是否等于零。

对于多元线性回归模型,如果多元线性回归方程的总体线性关系是显著的,并不能说明每个解释变量对被解释变量的影响是显著的,因此,必须对每个解释变量进行显著性检验,以决定是否将其作为解释变量保留在模型中。如果某个解释变量对被解释变量的影响并不显著,应该将它剔除,以建立更为简单的模型。

解释变量的显著性检验中应用最为普遍的是 t 检验,具体检验步骤如下。

第一步,提出假设。
$$H_0: \beta_j = 0 \qquad H_1: \beta_j \neq 0$$

第二步,构造 t 统计量。
$$t_{\hat{\beta}_j} = \frac{\hat{\beta}_j - \beta_j}{s_{\hat{\beta}_j}} \sim t(n-k-1)$$
$$s_{\hat{\beta}_j} = \sqrt{s^2 \times \psi_{jj}}$$

式中,ψ_{jj} 是 $(X'X)^{-1}$ 的第 j 个对角线元素,s^2 是随机误差项方差的估计值。

第三步,根据样本数据计算统计量 $t_{\hat{\beta}_j}$。

第四步,根据显著性水平,查 t 分布表确定临界值 $t_{\alpha/2(n-k-1)}$。

第五步,作出判断:若 $|t| \leq t_{\alpha/2(n-k-1)}$,接受 H_0,即认为该解释变量对被解释变量的影响不显著;若 $|t| > t_{\alpha/2(n-k-1)}$,接受 H_1,即认为该解释变量对被解释变量的影响显著。

五、多元线性回归模型的预测

在通过各种检验的基础上,多元线性回归模型可以用于预测。多元线性回归预测与一元线性回归预测的原理是一致的,其基本公式为:
$$\hat{y} = \hat{\beta}_0 + \hat{\beta}_1 x_{1i} + \hat{\beta}_2 x_{2i} + \cdots + \hat{\beta}_k x_{ki} \qquad (公式7.36)$$

式中,x_{ki} 是给定的 x_k 在预测期的具体数值,$\hat{\beta}_k$ 是已估计出的样本回归系数,$\hat{y}$ 是 y 的预测值。

多元线性回归预测中标准误差的计算公式为:
$$s_e = s\sqrt{1 + \boldsymbol{x}'(\boldsymbol{x}'\boldsymbol{x})^{-1}\boldsymbol{x}} \qquad (公式7.37)$$

s 是总体回归模型中随机误差项标准差 σ 的估计值。多元线性回归预测值 $\hat{y}$ 在自由度为 $1-\alpha$ 下的置信区间可由下式给出:
$$\hat{y} \pm t_{\alpha/2} \times s \qquad (公式7.38)$$

式中,$t_{\alpha/2}$ 是显著性水平为 α 时 t 分布的双侧临界值。

【例 7-12】 根据例 7-10 的资料,进行如下计算。

(1) 对例 7-10 中建立的 A 商品的需求函数进行 t 检验和 F 检验。

(2) 利用回归方程预测居民年平均收入为 22 000 元、商品单价为 50 元时 A 商品的需求量,并给出置信度为 95% 时的预测区间。

解:

(1) t 检验。

由前面的计算结果已知:
$$s = 1.97, \psi_{11} = 1.6416, \psi_{22} = 0.0188, \psi_{33} = 0.1389,$$
$$\hat{\beta}_1 = 4.5875, \hat{\beta}_2 = 1.8685, \hat{\beta}_3 = -1.7996, n = 10, k = 3$$

将上述计算结果代入 t 统计量的计算公式,得:
$$t_{\hat{\beta}_0} = \frac{4.5875}{1.97 \times \sqrt{1.6416}} = 1.82$$
$$t_{\hat{\beta}_1} = \frac{1.8685}{1.97 \times \sqrt{0.0188}} = 6.92$$

$$t_{\hat{\beta}_2} = \frac{-1.7996}{1.97 \times \sqrt{0.1389}} = -2.45$$

已知自由度为7,查 t 分布表得:显著性水平为5%时双侧检验临界值 $t_{\alpha/2} = 2.365$。将上面求得的 t 值与此对照可知,β_1 和 β_2 均能通过检验,即可以认为居民年平均收入与商品单价对 A 商品需求量的影响是显著的。β_0 未通过检验,表明在拟合 A 商品需求量的回归方程时,不必设置常数项。

F 检验:

$$SST = 224.4, SSR = 197.32, SSE = 27.08$$

$$F = \frac{SSR/(k-1)}{\dfrac{SSE}{(n-k)}} = \frac{\dfrac{197.32}{2}}{\dfrac{27.08}{7}} = 25.50$$

显著性水平为5%,自由度为(2,7),查 F 分布表可知 $F_\alpha = 9.55$,$F = 25.50 > F_\alpha$,因此,可以认为该回归方程所描述的线性相关关系是比较显著的。

(2)预测。

将给出的居民年平均收入和商品单价代入前面拟合的回归方程,可得:

$$\hat{y} = \hat{\beta}_0 + \hat{\beta}_1 x_{1i} + \hat{\beta}_2 x_{2i} + \cdots + \hat{\beta}_k x_{ki}$$
$$= 4.5875 + 1.8685 \times 22 - 1.7996 \times 5 = 36.70$$

$$s_e = s\sqrt{1 + \boldsymbol{x}'(\boldsymbol{x}'\boldsymbol{x})^{-1}\boldsymbol{x}} = 3.4970$$

预测区间为 $\hat{y} \pm t_{\alpha/2} s_e = 36.70 \pm 2.365 \times 3.4970$,即 $[28.4296, 44.9704]$

六、复相关系数和偏相关系数

在有多个变量的情况下,变量之间的相关关系是很复杂的,需要计算复相关系数与偏相关系数。

(一)复相关系数

样本复相关系数的计算公式为:

$$R = \frac{\sum(y-\bar{y})(\hat{y}-\bar{y})}{\sqrt{\sum(y-\bar{y})^2 \sum(\hat{y}-\bar{y})^2}} \qquad \text{(公式 7.39)}$$

复相关系数与单相关系数的计算公式在结构上很相似,与单相关系数相比,复相关系数的计算公式用回归估计值 $\hat{y}$ 代替了单相关系数计算公式中的 x。复相关系数的平方实际上就是多元线性回归方程的决定系数。

复相关系数的取值范围为 $0 \leq R \leq 1$。复相关系数为1,表明 y 与 $x_1, x_2, \cdots, x_k$ 之间存在严格的线性关系;复相关系数为0,表明 y 与 $x_1, x_2, \cdots, x_k$ 之间不存在任何线性相关关系;一般情况下,复相关系数的取值在0和1之间,表明变量之间存在一定程度的线性相关关系。

(二)偏相关系数

在保持其他变量不变的情况下,衡量多个变量中某两个变量之间的线性相关程度和线性相关方向的指标称为偏相关系数。偏相关系数不同于单相关系数。在计算单相关系数时,只需要掌握两个变量的观察数据,并不考虑其他变量对这两个变量可能产生的影响。而在计算偏相关系数时,需要掌握多个变量的观察数据,一方面要考虑多个变量相互之间可能产生的影响,另一方面又要采用一定的方法在控制其他变量不变的条件下,专门考察两个特定变量的相关关系。单相关系数受其他因素的影响,反映的往往是表面的非本质的相关关系,而偏相关系数是在全面利用所有变量的数据信息的基础上所计算得到的两变量之间的相关系数,所以较能说明现象之间真实的联系。例如,一种商品的需求量既受居民收入水平的影响又受其价格的影响,仅仅利用需求量和价格的时间序列数据去计算单相关系数,就可能得出价格越高需求量越大的错误结论,然而在考虑居民收入因素并控制其不变的情况下,计算得到的相应的偏相关系数就能反映出价格和需求量的真实关系。

样本相关系数的定义还可以从另一个角度给出：在进行相关分析时,对于所涉及的两个变量 x 与 y 是同等看待的。若设 $\hat{y}=\hat{\beta}_1+\hat{\beta}_2 x$,$\hat{x}=\hat{\alpha}_1+\hat{\alpha}_2 y$,则样本的单相关系数也可由下式计算,即：

$$r=\pm\sqrt{\hat{\beta}_2\hat{\alpha}_2}$$

(公式 7.40)

式中,r 的符号与回归系数的符号一致。回归系数为正数时,r 取正值；回归系数为负数时,r 取负值。

下面以三个变量的偏相关分析为例来说明偏相关系数的定义式。设三个变量 x_1、x_2、x_3 各自以另两个变量为自变量拟合的样本回归方程为：

$$\hat{x}_{1i}=\hat{\beta}_{1.23}+\hat{\beta}_{12.3}x_{2i}+\hat{\beta}_{13.2}x_{3i}$$
$$\hat{x}_{2i}=\hat{\beta}_{2.13}+\hat{\beta}_{21.3}x_{1i}+\hat{\beta}_{23.1}x_{3i}$$
$$\hat{x}_{3i}=\hat{\beta}_{3.12}+\hat{\beta}_{31.2}x_{1i}+\hat{\beta}_{32.1}x_{2i}$$

以上各式中的第 1 项均为截距系数,表示当模型中的自变量取零时因变量的平均值。式中其他的回归系数称为偏回归系数,它们都有三个下标,在小圆点左边的下标为主下标,小圆点右边的下标为次下标。主下标表示所要考察的两个变量,次下标表示在考察其他两个变量的关系时,保持不变的变量。

偏回归系数表示,当其他自变量保持不变时,某一自变量变化一个单位所引起的因变量平均变化的数值。例如,$\hat{\beta}_{12.3}$ 表示 x_3 保持不变时,x_2 变化一个单位所引起的 x_1 平均变化的数值。

利用以上偏回归系数,我们将三个变量之间的偏相关系数定义为：

$$r_{12.3}=\pm\sqrt{\hat{\beta}_{12.3}\hat{\beta}_{21.3}}$$
$$r_{13.2}=\pm\sqrt{\hat{\beta}_{13.2}\hat{\beta}_{31.2}}$$
$$r_{23.1}=\pm\sqrt{\hat{\beta}_{23.1}\hat{\beta}_{32.1}}$$

偏相关系数的取值范围与单相关系数一样,也是在 -1 和 1 之间,其符号与相应的偏回归系数相同。

以上偏相关系数的定义可以推广到有 k 个变量的场合。在进行实际的客观现象的定量分析时,人们所关心的通常是某一因变量与多个自变量之间的偏相关程度。设自变量分别为 x_1,x_2,$\cdots$,x_j,则 y 与各自变量的偏相关系数的一般形式可表达为：

$$r_{1j.2.3,\cdots,(j-1),(j+1),\cdots,k}=\pm\sqrt{\hat{\beta}_{1j.2.3,\cdots,(j-1),(j+1),\cdots,k}\hat{\beta}_{j1.2.3,\cdots,(j-1),(j+1),\cdots,k}}\quad(j=2,3,\cdots,k)$$

(公式 7.41)

式中，$\hat{\beta}_{1j,2,3,\cdots,(j-1),(j+1),\cdots,k}$ 是 y 对 x_j 的偏回归系数，$\hat{\beta}_{j1,2,3,\cdots,(j-1),(j+1),\cdots,k}$ 是 x 对 y_j 的偏回归系数，$r_{1j,2,3,\cdots,(j-1),(j+1),\cdots,k}$ 表示在有 k 个变量的情况下 y 与 x_j 的偏相关系数，它反映了在其他自变量保持不变时 y 与 x_j 的相关程度。

实验九

第八章
方差分析

YINGYONG TONGJI
YU SHIWU

第一节　方差分析概述

在科学试验和生产实践中,影响事物的因素往往是很多的。例如,在化工生产中,影响因素有原料成分、原料剂量、催化剂、反应温度、压力、溶液浓度、反应时间、机器设备及操作人员的水平等。每一个因素的改变都有可能影响产品的产量和质量,有些因素的影响大,有些因素的影响小。为了使生产过程稳定,达到优质、高产、低消耗、高效益的目的,需要找出对产品质量和产量影响显著的那些因素。方差分析就是鉴别各因素影响效应的一种有效方法,它被广泛应用于生产实践中。

一、方差分析的概念

方差分析是通过试验数据对影响产品的质量、产量的多个可控因素做统计分析,以分清因素的主次水平及组合形式,并求出因素的最优组合形式,以提高产品质量、产量的一种数学分析方法。

【例 8-1】 某饮料生产企业研制出一种新型饮料,该饮料的颜色共有四种,分别为橘黄色、粉色、绿色和无色。这四种颜色的饮料的营养成分、味道、价格、包装等可能影响销售量的因素全部相同,从地理位置相似、经营规模相仿的五家超市收集了该种饮料的销售情况,如表 8-1 所示。

表 8-1　该饮料在五家超市的销售情况　　　　　　　　　　　单位:箱

超市编号	无　色	粉　色	橘黄色	绿　色
1	26.5	31.2	27.9	30.8
2	28.7	28.3	25.1	29.6
3	25.1	30.8	28.5	32.4
4	29.1	27.9	24.2	31.7
5	27.2	29.6	26.5	32.8
合　计	136.6	147.8	132.2	157.3

问:饮料的颜色是否对其销售量产生影响。

解:

从表 8-1 中看到,20 个数据各不相同,其原因可能有以下两个方面。

一是受到销售地点不同的影响。即使是相同颜色的饮料,在不同超市的销售量也是不同的。但是,由于这五家超市的地理位置相似、经营规模相仿,因此,可以把不同地点产品销售量的差异看成是随机因素造成的。

二是受到饮料颜色不同的影响。即使在同一家超市里,不同颜色的该饮料的销售量也是不同的,哪怕它们的营养成分、味道、价格、包装等方面的因素都相同。这种不同,有可能是由于抽样的随机性造成的,也有可能是由于人们对不同颜色的偏爱造成的。

于是,上述问题就归结为检验饮料颜色对销售量是否有影响的问题。我们令 μ_1、μ_2、μ_3、μ_4

分别代表四种不同颜色该饮料的平均销售量,检验它们是否相等。如果检验结果显示 μ_1、μ_2、μ_3、μ_4 不相等,则意味着不同颜色的该饮料来自不同的总体,表明饮料颜色对销售量有影响;反之,如果检验结果显示 μ_1、μ_2、μ_3、μ_4 之间不存在显著性差异,则意味着不同颜色的饮料来自相同的总体,可认为饮料颜色对销售量没有影响。

下面介绍在方差分析中常用到的一些术语。

1. 因素

因素是一个独立的变量,也就是方差分析研究的对象,也称为因子。例如,在例 8-1 中,我们要分析饮料的颜色对饮料的销售量是否有影响,在这里,"饮料的颜色"是所要研究的对象,它就是一个因素。

2. 水平

因素中的内容称为水平,它是因素的具体表现。例如,在例 8-1 中"饮料的颜色"这一因素中的水平有四个,即饮料的四种不同颜色:无色、粉色、橘黄色、绿色,它们是"饮料的颜色"这一因素的四种具体表现。

因素的每一个水平的载体可以看作是一个总体,比如无色饮料、粉色饮料、橘黄色饮料、绿色饮料可以看作是四个总体。

3. 控制变量

在方差分析中,能够人为控制的影响因素称为控制因素或控制变量。例如,在例 8-1 中,"饮料的颜色"对于饮料的销售量而言,是能够人为控制的影响因素,故为控制变量。

4. 随机变量

在方差分析中,人为很难控制的影响因素称为随机因素或随机变量。例如,在例 8-1 中,"人们对不同颜色的偏爱"对于饮料的销售量而言,是人为很难控制的影响因素,故为随机变量。

5. 观察变量与观察值

在方差分析中,受控制因素和随机因素影响的事物,称为观察变量。在每个水平下得到的样本数据称为观察值。例如,在例 8-1 中,销售量是观察变量,在每种饮料颜色下得到的样本数据(即表 8-1 中的数据)就是观察值。

方差分析(analysis of variance,简称 ANOVA),又称变异数分析或 F 检验,用于对两个及两个以上样本均数差别的显著性检验。由于受各种因素的影响,研究所得的数据呈波动状。造成数据波动的因素可分成两类,一是不可控的随机因素,二是研究中施加的对结果造成影响的可控因素。

方差分析从观察变量的方差入手,研究诸多控制变量中哪些变量是对观察变量有显著影响的变量。

二、方差分析的作用

一个复杂的事物中,往往有许多因素互相制约又互相依存。方差分析的目的是通过数据分析找出对复杂事物有显著影响的因素,以及各因素之间的交互作用和显著影响因素的最佳水平等。方差分析是在可比较的数组中,把数据间总的"变差"按指定的各变差来源进行分解的一种技术。对变差的度量,采用离差平方和。方差分析方法就是从总离差平方和中分解出可追溯到指定来源的部分离差平方和,这是一个很重要的思想。

经过方差分析,若拒绝了检验假设,只能说明多个样本总体均值不相等或不全相等。若要得到各组均值间更详细的信息,应在方差分析的基础上进行多个样本均值的两两比较。

(1) 多个样本均值间两两比较。

多个样本均值间两两比较常用 q 检验的方法,其基本步骤:建立检验假设→样本均值排序→计算 q 值→查 q 临界值表判断结果。

(2) 多个实验组与一个对照组均值间两两比较。

多个实验组与一个对照组均值间两两比较,若目的是减小第二类错误,则最好选用最小显著性差异法(LSD 法);若目的是减小第一类错误,则最好选用新复极差法,前者查 t 临界值表,后者查 q' 临界值表。

三、方差分析的假定条件

(1) 各处理条件下的样本是随机的。
(2) 各处理条件下的样本是相互独立的,否则可能出现无法解析的输出结果。
(3) 各处理条件下的样本均来自正态分布总体,否则使用非参数分析方法。
(4) 各处理条件下的样本方差相同。

在试验中,将要考察的指标称为试验指标;影响试验指标的条件称为因素;因素所处的状态称为该因素的水平。如果一项试验中只有一个因素在改变,则称其为单因素试验,如果有多个因素在改变,则称其为多因素试验。相应的方差分析分别称为单因素试验的方差分析和多因素试验的方差分析。

四、方差分析的原理

方差分析的目的是检验各个水平的均值 μ_1、μ_2、$\cdots$、μ_m 是否相等(m 为水平个数),而实现这个目的的手段是进行方差的比较(即考察各观察值的差异)。

变量的观察值之间存在着差异,差异来自于两个方面,一个方面是由因素中的不同水平造成的差异,称之为系统性差异(或系统性误差),如饮料的不同颜色带来不同的销售量;另一个方面是由于抽选样本的随机性而产生的差异,称之为随机性差异(或随机性误差),如相同颜色的饮料在不同商场的销售量也不同。

上述两个方面产生的差异可以用两个方差来计量。一个叫组间方差,即水平之间的方差,是衡量不同总体下各样本之间差异的方差。在组间方差里,既有系统性误差,也有随机性误差。例如,在例 8-1 中,不同颜色的饮料在不同地点(超市)的销售量之间的差异,既包括系统性误差(即由于人们对不同颜色的偏爱造成的差异),也包括随机性误差(即由于抽样的随机性造成的差异),不同颜色的饮料在不同地点(超市)的销售量之间的方差即为组间方差。另一个叫组内方差,即水平内部的方差,是衡量同一个总体下样本数据的方差。在组内方差里仅有随机性差异。例如,在例 8-1 中,可以把同一个颜色的饮料在不同地点(超市)的销售量之间的差异看成是随机因素的影响结果,同一个颜色的饮料在不同地点(超市)的销售量之间的方差即为组内方差。

如果不同的水平对结果没有影响,那么在组间方差中,就仅仅有受随机因素影响的差异,而没有受系统性因素影响的差异,这样一来,组间方差与组内方差就非常接近,两个方差的比值就会接近于 1;反之,如果不同的水平对结果有影响,在组间方差中就不仅有随机性误差,而且有系统性误差,这时,组间方差就会大于组内方差,两个方差的比值就会大于1,当这个比值大到某种程度时,我们就可以作出判断,说不同水平之间存在着显著性差异。因此,方差分析就是通过不同方差的比较,作出接受原假设或拒绝原假设的判断。例如,在例8-1中,判断饮料的不同颜色对销售量是否有显著性影响的问题,实际上也就是检验销售量的差异主要由什么因素所引起的问题。如果这种差异主要由系统性误差引起,我们就说饮料的不同颜色对销售量有显著性影响。

第二节 单因素方差分析

为说明问题方便,我们以例8-2为例,阐述单因素方差分析的基本步骤。

【例8-2】 已知在一组给定的条件下饲养的小鸡所增加的体重服从正态分布。某养鸡场欲检验四种不同的饲料配方对小鸡增重的影响是否不相同(假定不同饲料配方下小鸡增重的方差相等)。为此,他们对四组初始条件完全相同的小鸡,在其他饲养条件完全相同时,分别使用四种不同的饲料配方进行喂养,所得到的增重数据如表8-2所示。

表8-2 四种不同饲料配方下小鸡的增重情况

饲料配方 i	小鸡序列 j							行合计 $y_{i\cdot}$
	38周后小鸡个体的增重 y_{ij} /克							
	1	2	3	4	5	6	
配方1	370	420	450	490	—	—	1 730
配方2	490	380	400	390	500	410	2 570
配方3	330	340	400	380	470	—	1 920
配方4	410	480	400	420	380	410	2 500
列合计 $y_{\cdot j}$	1 600	1 620	1 650	1 680	1 350	820	8 720

试分析四种饲料配方对小鸡增重的影响是否不相同。

解:本例中,"饲料"是一个因素,因素中的水平有四个,即喂养小鸡的四种饲料配方。不同的饲料配方是小鸡饲养随机试验的不同条件,因此,四组不同的数据应分别看作四个不同总体即四个随机变量 y_1、y_2、y_3、y_4 的样本。在水平1(配方1)下有四个样本水平值,$n_1=4$;在水平2(配方2)下有六个样本水平值,$n_2=6$;在水平3(配方3)下有五个样本水平值,$n_3=5$;在水平4(配方4)下有六个样本水平值,$n_4=6$。所以,我们现在的问题是检验方差相等的四个正态随机变量 y_1、y_2、y_3、y_4 的均值(期望值)μ_1、μ_2、μ_3、μ_4 是否相等。

有时,人们还会使用另外的提法:增重与饲料配方是否有关。其实,回答了均值是否相等的问题,自然也就回答了增重与饲料配方是否有关的问题。因为,如果试验条件的差别没有使均值产生差异,自然说明该试验条件不是变量的影响因素,即说明试验条件与变量相互独立。

对于类似本例的问题,一般地,把随机变量的分组数目记作 m,本例中 $m=4$。

(一) 建立假设

原假设 $H_0: \mu_1 = \mu_2 = \cdots = \mu_m$。备择假设 $H_1: \mu_1, \mu_2, \cdots, \mu_m$ 不全相等。式中，μ_m 为第 m 个总体（水平）的均值。

可见，单因素方差分析的原假设 H_0 是假设在控制变量的不同水平下，各总体均值无显著差异，即控制变量的不同水平对观察变量没有产生显著的影响。而备择假设 H_1 是假设在控制变量的不同水平下，各总体均值有显著差异。

就例 8-2 来讲，提出的假设如下。

原假设 $H_0: \mu_1 = \mu_2 = \mu_3 = \mu_4$，即假设四种饲料配方下小鸡增重的均值是相等的。

备择假设 $H_1: \mu_1, \mu_2, \mu_3, \mu_4$ 不全相等，即假设饲料配方对小鸡增重有显著影响。

怎样判断饲料配方对小鸡增重是否有显著影响呢？这就需要通过对数据误差来源的分析，来判断各总体均值是否相等。

首先需要考察各观察数据的误差。

在同一种饲料配方（同一个总体）下，小鸡增重是不同的。因此，可以把不同小鸡增重的差异看成是随机因素的影响结果，即这种差异是由抽样的随机性所造成的，称为随机误差。

在不同饲料配方（不同总体）下，小鸡增重也是不同的。这种差异可能是由抽样的随机性造成的，也可能是由饲料配方本身造成的。由于饲料配方本身所形成的误差是由系统性因素造成的，称为系统性误差。

衡量同一种饲料配方下样本数据的方差，叫组内方差，显然组内方差只包含随机误差。

衡量不同种饲料配方下各样本数据的方差，叫组间方差。组间方差既包括随机性误差，也包括系统性误差。

如果饲料配方对小鸡增重没有影响，则组间方差只包括随机性误差，这时组间方差与组内方差的比值就会接近于 1。反之，如果饲料配方对小鸡增重有影响，则组间方差中既有随机性误差，也有系统性误差，这时组间方差与组内方差的比值就会大于 1，当这个比值大到某个程度时，我们就可以说不同饲料配方之间存在显著性差异，从而说明饲料配方对小鸡增重有显著影响。

(二) 计算水平均值

假定从第 i 个总体中抽取一个容量为 n_i 的简单随机样本，则第 i 组样本平均数为：

$$\overline{y_{i.}} = \frac{\sum_{j=1}^{n_i} y_{ij}}{n_i} \quad (i = 1, 2, \cdots, m)$$

式中，n_i 为第 i 个总体的样本观察值个数，y_{ij} 为第 i 个总体的第 j 个观察值。

就例 8-2 来讲，有：

配方 1 的小鸡增重均值 $\overline{y_{1.}} = (370 + 420 + 450 + 490) \div 4$ 克 $= 432.5$ 克

配方 2 的小鸡增重均值 $\overline{y_{2.}} = (490 + 380 + 400 + 390 + 500 + 410) \div 6$ 克 $= 428.33$ 克

配方 3 的小鸡增重均值 $\overline{y_{3.}} = (330 + 340 + 400 + 380 + 470) \div 5$ 克 $= 384$ 克

配方 4 的小鸡增重均值 $\overline{y_{4.}} = (410 + 480 + 400 + 420 + 380 + 410) \div 6$ 克 $= 416.67$ 克

（三）计算全部观察值的总均值

总的样本平均数为：

$$\overline{y..} = \frac{\sum_{i=1}^{m}\sum_{j=1}^{n_i} y_{ij}}{n} = \frac{\sum_{i=1}^{m} n_i \overline{y_{i.}}}{\sum_{i=1}^{m} n_i}$$

式中，n_i 为第 i 组样本的数据个数，$n_1+n_2+\cdots+n_m=n$。

就例 8-2 来讲，全部小鸡平均增重量为：

$$\overline{y..} = 8720 \div 21 \text{ 克} = 415.24 \text{ 克}$$

$$n = n_1+n_2+n_3+n_4 = 4+6+5+6 = 21$$

（四）计算离差平方和

方差分析采用的统计推断方法是计算 F 统计量，进行 F 检验。因此，为了构造检验的统计量，需要计算三个离差平方和。

方差分析将观察变量总的离差平方和，记为 SST，并将它分解成两个部分：一部分是由控制变量引起的离差，记为 SSR，即水平项离差平方和（也称为组间离差平方和）；另一部分是由随机变量引起的离差，记为 SSE，即误差项离差平方和（也称为组内离差平方和）。于是有：

$$\text{SST} = \text{SSR} + \text{SSE}$$

式中，总离差平方和为：

$$\text{SST} = \sum_{i=1}^{m}\sum_{j=1}^{n_i}(y_{ij}-\overline{y..})^2$$

组间离差平方和为：

$$\text{SSR} = \sum_{i=1}^{m}\sum_{j=1}^{n_i}(\overline{y_{i.}}-\overline{y..})^2 = \sum_{i=1}^{m} n_i(\overline{y_{i.}}-\overline{y..})^2$$

组内离差平方和为：

$$\text{SSE} = \sum_{i=1}^{m}\sum_{j=1}^{n_i}(y_{ij}-\overline{y_{i.}})^2$$

以上三式中，总样本平均数的计算公式为：

$$\overline{y..} = \frac{\sum_{i=1}^{m} n_i \overline{y_{i.}}}{\sum_{i=1}^{m} n_i} = \frac{1}{n}\sum_{i=1}^{m}\sum_{j=1}^{n_i} y_{ij}$$

各组样本平均数的计算公式为：

$$\overline{y_{i.}} = \frac{1}{n_i}\sum_{j=1}^{n_i} y_{ij}$$

以上各式中，n_i 是各组样本观察值的个数，n 为所有样本观察值的个数，m 是分组数目。

就例 8-2 来讲，有：

总离差平方和　　$\text{SST} = \sum_{i=1}^{m}\sum_{j=1}^{n_i}(y_{ij}-\overline{y..})^2$
$$= (370-415.24)^2 + (420-415.24)^2 + \cdots + (380-415.24)^2$$

$$+(410-415.24)^2 = 46\,923.810$$

组间离差平方和
$$SSR = \sum_{i=1}^{m}\sum_{j=1}^{n_i}(\overline{y_{i\cdot}}-\overline{y_{\cdot\cdot}})^2 = \sum_{i=1}^{m}n_i(\overline{y_{i\cdot}}-\overline{y_{\cdot\cdot}})^2$$
$$= 4\times(432.5-415.24)^2 + 6\times(428.33-415.24)^2 + 5$$
$$\times(384-415.24)^2 + 6\times(416.67-415.24)^2 = 7\,111.676$$

组内离差平方和
$$SSE = \sum_{i=1}^{m}\sum_{j=1}^{n_i}(y_{ij}-\overline{y_{i\cdot}})^2$$
$$= [(370-432.5)^2 + (420-432.5)^2 + (450-432.5)^2$$
$$+(490-432.5)^2] + [(490-428.33)^2 + (380-428.33)^2$$
$$+(400-428.33)^2 + (390-428.33)^2 + (500-428.33)^2$$
$$+(410-428.33)^2] + [(330-384)^2 + (340-384)^2$$
$$+(400-384)^2 + (380-384)^2 + (470-384)^2]$$
$$+[(410-416.67)^2 + (480-416.67)^2 + (400-416.67)^2$$
$$+(420-416.67)^2 + (380-416.67)^2 + (410-416.67)^2]$$
$$= 39\,811.667$$

（五）构造统计量并计算检验统计量的样本值

$$F = \frac{组间方差}{组内方差} = \frac{MSR}{MSE} = \frac{SSR/(m-1)}{SSE/(n-m)} = \frac{7\,111.676/(4-1)}{39\,811.667/(21-4)} = \frac{2\,370.559}{2\,341.863} = 1.012\,3$$

（六）确定检验规则，列出方差分析表，作出统计决策

（1）P 值规则：

根据算得的检验统计量的样本值（F 值）算出 P 值 $= 0.411\,573$（见表 8-3）。由于 P 值 $= 0.411\,573 >$ 显著性水平 $\alpha = 0.05$，所以不能拒绝 H_0，即没有得到足以表明四种饲料配方下小鸡增重水平有差异的显著证据。

（2）临界值规则：

根据给定的显著性水平 $\alpha = 0.05$，查表得临界值 $F_{0.05}(3,17) = 3.20$。因为 $F = 1.01 < 3.20$，检验统计量的样本值落入接受域，所以不能拒绝 H_0，即没有得到足以表明四种饲料配方下小鸡增重水平有差异的显著证据。

表 8-3 例 8-2 的方差分析表

变异来源	离差平方和	自由度	均方差	F 值	P 值	临界值
组间	7 111.676	3	2 370.559	1.012 3	0.411 573	3.196 774
组内	39 811.667	17	2 341.863			
总计	46 923.343	20				

【例 8-3】 根据例 8-1 中四种不同颜色饮料在五家超市的销售情况数据，对饮料的颜色是否对销售量有影响进行方差分析。

解：

第一步，建立假设。

原假设 $H_0: \mu_1 = \mu_2 = \mu_3 = \mu_4$，即假设饮料颜色对销售量没有影响。

备择假设 $H_1: \mu_1, \mu_2, \mu_3, \mu_4$ 不全相等,即假设饮料颜色对销售量有影响。

第二步,计算水平均值。

无色饮料销售量均值　　$\overline{y_{1.}} = 136.6 \div 5$ 箱 $= 27.32$ 箱

粉色饮料销售量均值　　$\overline{y_{2.}} = 147.8 \div 5$ 箱 $= 29.56$ 箱

橘黄色饮料销售量均值　$\overline{y_{3.}} = 132.2 \div 5$ 箱 $= 26.44$ 箱

绿色饮料销售量均值　　$\overline{y_{4.}} = 157.3 \div 5$ 箱 $= 31.46$ 箱

第三步,计算全部观察值的总均值。

各种颜色饮料销售量总的样本平均数 $\overline{y_{..}} = (136.6 + 147.8 + 132.2 + 157.3) \div 20$ 箱 $= 28.695$ 箱

第四步,计算离差平方和。

总离差平方和　　$\text{SST} = \sum_{i=1}^{m} \sum_{j=1}^{n_i} (y_{ij} - \overline{y_{..}})^2$
$= (26.5 - 28.695)^2 + (28.7 - 28.695)^2 + \cdots + (32.8 - 28.695)^2$ 箱
$= 115.9295$ 箱

组间离差平方和　　$\text{SSR} = \sum_{i=1}^{m} \sum_{j=1}^{n_i} (\overline{y_{i.}} - \overline{y_{..}})^2 = \sum_{i=1}^{m} n_i (\overline{y_{i.}} - \overline{y_{..}})^2$
$= [5 \times (27.32 - 28.695)^2 + 5 \times (29.56 - 28.695)^2 + 5 \times (26.44 - 28.695)^2 + 5 \times (31.46 - 28.695)^2]$ 箱
$= 76.8455$ 箱

组内离差平方和　　$\text{SSE} = \sum_{i=1}^{m} \sum_{j=1}^{n_i} (y_{ij} - \overline{y_{i.}})^2$
$= (10.688 + 8.572 + 13.192 + 6.632)$ 箱 $= 39.084$ 箱

其中, $\sum_{j=1}^{n_1} (y_{1j} - \overline{y_{1.}})^2 = [(26.5 - 27.32)^2 + \cdots + (27.2 - 27.32)^2]$ 箱 $= 10.688$ 箱

$\sum_{j=1}^{n_2} (y_{2j} - \overline{y_{2.}})^2 = [(31.2 - 29.56)^2 + \cdots + (29.6 - 29.56)^2]$ 箱 $= 8.572$ 箱

$\sum_{j=1}^{n_3} (y_{3j} - \overline{y_{3.}})^2 = [(27.9 - 26.44)^2 + \cdots + (26.5 - 26.44)^2]$ 箱 $= 13.192$ 箱

$\sum_{j=1}^{n_4} (y_{4j} - \overline{y_{4.}})^2 = [(30.8 - 31.46)^2 + \cdots + (32.8 - 31.46)^2]$ 箱 $= 6.632$ 箱

第五步,构造统计量并计算检验统计量的样本值。

$$F = \frac{\text{组间方差}}{\text{组内方差}} = \frac{\text{MSR}}{\text{MSE}} = \frac{\text{SSR}/(m-1)}{\text{SSE}/(n-m)} = \frac{76.8455/(4-1)}{39.0840/(20-4)} = \frac{25.6152}{2.4428} = 10.486$$

第六步,确定检验规则,列出方差分析表,作出统计决策。

(1) P 值规则:

根据算得的检验统计量的样本值(F 值)算出 P 值 $= 0.000466$(见表 8-4)。由于 P 值 $= 0.000466 <$ 显著性水平 $\alpha = 0.05$,所以拒绝 H_0,接受备择假设 H_1,即通过检验可知 μ_j 不全相等,说明饮料的颜色对销售量有显著影响。

(2)临界值规则：

根据给定的显著性水平 $\alpha=0.05$，查表得临界值 $F_{0.05}(3,16)=3.24$。因为 $F=10.486>3.24$，检验统计量的样本值落入拒绝域，所以拒绝 H_0，接受备择假设 H_1，即通过检验可知 μ_j 不全相等，说明饮料的颜色对销售量有显著影响。

表8-4 例8-1的方差分析表

变异来源	离差平方和	自由度	均方差	F 值	P 值	临界值
组间	76.845 5	3	25.615 2	10.486	0.000 466	3.234
组内	39.084	16	2.442 8			
总计	115.929 5	19	—			

实验十

第九章
时间序列分析

YINGYONG TONGJI
YU SHIWU

第一节 时间序列分析概述

社会经济现象常常具有动态性,总是随着时间的推移而变化,将统计指标的数值按时间先后顺序进行排列就得到了时间序列。统计不仅要从静态上揭示研究现象在具体时间、具体地点和具体条件下的数量特征和数量关系,而且要从动态上反映其变化发展过程及变化规律性,为此,就需要对时间序列进行分析。时间序列分析包括水平分析、速度分析、趋势分析以及季节变动分析等内容。

一、时间序列的概念

将总体指标的数值按时间先后顺序排列起来所得到的统计数列,叫作时间序列。通常情况下,时间序列包含两个基本要素:一个是现象所属的时间,时间可以是年、季度、月、周、日或其他任何时间形式;另一个是反映现象的统计指标数值。现实中,时间序列有很多种,例如我国的居民消费价格指数(CPI)和工业生产批发价格指数(PPI)组成的序列就是典型的时间序列,如表9-1所示。

表 9-1 CPI 和 PPI 组成的时间序列

年　份	CPI	PPI
1991	103.4	106.2
1992	106.4	106.8
1993	114.7	124
1994	124.1	119.5
1995	117.1	114.9
1996	108.3	102.9
1997	102.8	99.7
1998	99.2	95.9
1999	98.6	97.6
2000	100.4	102.8
2001	100.7	98.7
2002	99.2	97.8
2003	101.2	102.3
2004	103.9	106.1
2005	101.8	104.9
2006	101.5	103
2007	104.8	103.1
2008	105.9	106.9

续表

年 份	CPI	PPI
2009	99.3	94.6
2010	103.3	105.5

二、时间序列的分类

按指标表现形式的不同,时间序列可分为总量序列、相对数序列与平均数序列。

(一)总量序列

总量序列是基础序列,其指标数值以绝对数表示。总量序列反映的是现象总体的总规模或总水平变化发展过程。按照时间属性的不同,总量序列又分为时点序列与时期序列。

1. 时期序列

反映现象在某一段时期内的发展过程的总量叫时期指标,由一系列时期指标所形成的总量序列叫时期序列。时期序列的特点:各指标值相加有实际经济意义(互不包含),各指标值的大小与时期长短有关,连续登记得到各指标值。某企业的销售额序列如表9-2所示。

表9-2 某企业的销售额序列(时期长度均为1个月)　　　　　　　　　　　单位:万元

月份	1	2	3	4	5	6
销售额	220	232	240	252	292	255

2. 时点序列

反映现象在某个时点上所达到的状态的总量叫时点指标,由一系列时点指标所形成的总量序列叫时点序列。时点序列的特点:各指标值相加无实际经济意义(互相包含),各指标值的大小与时点间的间隔长短无直接关系,一次性调查得到各指标值。人口序列如表9-3所示。

表9-3 人口序列(间隔1年)　　　　　　　　　　　　　　　　　　　　单位:万人

时间	2005年末	2007年末	2008年末
人口	500	508	511

3. 时期序列与时点序列的区别

时期序列与时点序列的区别如表9-4所示。

表9-4 时期序列与时点序列的区别

区别内容 \ 序列	时 期 序 列	时 点 序 列
可加性	有	无
数值与时距长度的相关性	有	无
统计连续性	有	无

识别时期序列与时点序列,对于我们把握整个时间序列序时平均数的计算至关重要。大家在刚接触到这部分内容时,难以区分时期序列与时点序列,特别是对时点序列中的间隔相等与

间隔不等,一时不好判别。要正确识别时期序列与时点序列,就要认清时期指标与时点指标的区别。

时期指标就是反映某种现象在一段时间内变化发展的总量,它的最大特点是累加后可以反映更长时间内的总量,有实际经济意义,并且指标数值大小与时期长短有关,即时期越长,指标数值越大。由时期指标在不同时间上的指标数值构成的数列即为时期数列。因此,诸如产量、销售额、生产总值等都属于时期指标,由它们所构成的时间序列便是时期序列。

时点指标用于反映某种现象在某个时点上的数量,其最大特点是各个时点上的指标数值直接相加没有实际经济意义,指标数值的大小与时点间隔的长短没有直接关系。由时点指标在不同时间上的指标数值构成的数列即为时点数列。诸如库存物资量和库存额、存款余额和贷款余额、人口数等都是时点指标,由它们所构成的时间序列便是时点序列。一般来说,时点序列往往附带有明确的时点概念,常带有"年末""年初"或"月底""月初"等字样,而时期指标或时期序列则无此类字样。

【例 9-1】 指出下列指标是属于时期指标还是时点指标。

产品产量、总产值、GDP、商品零售总额、库存额(量)、年末人口数、储蓄存款(贷款)余额、耕地面积、一年内出生人口数、年内增加的耕地面积。

解:时期指标有产品产量、总产值、GDP、商品零售总额、一年内出生人口数、年内增加的耕地面积。时点指标有库存额(量)、年末人口数、储蓄存款(贷款)余额、耕地面积。

(二)相对数时间序列

相对数时间序列是观察值为相对指标的时间序列,它反映现象之间相互联系的发展过程,是由总量指标时间序列派生出来的。比如人口的自然增长率即为相对数时间序列,我国第三产业占 GDP 比重的数据构成的时间序列,也是相对数时间序列。

(三)平均数时间序列

平均数时间序列是将一系列同类的平均指标按时间先后顺序排列起来而形成的数列,反映社会经济现象一般水平的发展趋势。比如各个时期的职工平均工资组成的时间序列、各个时期单位面积产量组成的时间序列等都是平均数时间序列。在平均数时间序列中,各个指标数值是不能相加的,相加没有任何意义。

(四)总结

在时间序列中,总量时间序列是用于动态分析的基本序列,相对数时间序列和平均数时间序列则是由总量时间序列派生出来的。为了对社会经济现象的发展变化情况进行全面的分析研究,需要将几种时间序列结合起来运用。

【例 9-2】 某企业 2011—2013 年职工人数、工业增加值和劳动生产率的时间序列资料如表 9-5 所示,指出各行分别为什么序列。

表 9-5 某企业时间序列表

时间	2011 年	2012 年	2013 年
职工人数/人	1 000	1 100	1 200
生产工人数/人	850	880	1 000

续表

生产工人数占职工总人数的比重/(%)	85	80	83
全员劳动生产率/(万元/人)	0.85	0.85	1.08
生产工人劳动生产率/(万元/人)	1.0	1.06	1.3

解：表9-5中，第2、3行是总量时间序列，第6、7行是平均数时间序列，第4、5行是相对数时间序列。

三、时间序列的编制原则

编制时间序列时必须遵循可比性原则，该原则具体包括以下几方面内容。

（一）时间长短应一致

时期序列指标数值的大小与时期长短直接相关，因此时期序列各指标所属时期的长短应该一致，以便进行比较。

时点序列的各个指标数值，只是表明现象在某一时点上的状况，不存在所属时间长短的问题。但是时间间隔相等比时间间隔不等更能准确反映现象的发展过程及其规律性。

（二）经济内容应一致

经济内容一致指的是各个指标的经济内容要一致，不同质的指标不能编在一个时间序列中。例如，不能把全员劳动生产率与生产工人劳动生产率不加区别地编在一个时间序列中，也不能把商品产值与销售产值不加区分地编制在一起。

（三）总体范围应一致

在时间序列中，各个指标所包含的总体范围前后要一致。例如，要研究某地区的人口变动情况，就必须保证该地区前后有相同的行政区划分，如有变动，就要进行调整，然后再进行动态分析。

（四）计算方法与计量单位要一致

时间序列采用的价格、计量单位、计算方法等各项指标都应该相同。例如，要研究企业劳动生产率的变动，产量用实物量还是价值量，人数用全部职工还是生产工人，前后要统一。

第二节 时间序列的水平分析

为了研究各种随时间变化的现象之间的关系及其内在的规律，我们需要对时间序列的主要指标进行水平分析。

一、发展水平

时间序列中与所属时间相对应的指标数值称为发展水平，记为 y_i，它通常指总量指标，也可以是相对指标或平均指标。其中，y_1 叫最初水平，最后一个指标值 y_n 叫最末水平，y_2 到 y_{n-1} 统称为中间水平。

二、平均发展水平

将时间序列各时期发展水平加以平均得到的平均数叫平均发展水平,又称序时平均数,记为 $\bar{y}$,它是动态平均数,与我们在第三章中所研究的平均数(可称为静态平均数)有许多不同之处。广义上讲,凡是根据时间序列计算出的平均数均称为序时平均数,包括平均发展水平、平均发展速度、平均增长速度。狭义上讲,序时平均数仅指平均发展水平,它代表时间序列各时期发展水平的平均数,而一般平均数表示总体内各个单位在同一时间内的标志值的平均数。

(一) 序时平均数与一般平均数的区别

1. 平均数的时间意义不同

序时平均数是动态平均数,它代表的是不同时期或时点上数值的平均数,它是时间顺序意义上的平均数;而一般平均数是静态平均数,它代表的是同一时期内总体各单位标志值的平均数。

2. 被平均的数值的性质不同

序时平均数是对总体在不同时间的指标值加以平均,而一般平均数则是对总体内各单位的标志值加以平均。

3. 计算平均数依据的基础不同

序时平均数是根据时间序列计算的,而一般平均数则是基于变量数列计算的。

4. 计算平均数的方法不同

计算序时平均数,先要将时间序列归为具体的类型,结合类型特点,再选择相应的序时平均数的计算公式进行计算;而计算一般平均数,要根据平均数的基本公式,结合资料特点,选择相应的数值平均数的计算公式进行计算。

一般平均数与序时平均数的区别如表 9-6 所示。

表 9-6 一般平均数与序时平均数的区别

区别 \ 平均数	一般平均数	序时平均数
时间性不同	静态平均	动态平均
平均的对象不同	对标志值求平均	对指标值求平均
计算的根据不同	根据变量数列求平均	根据时间序列求平均
计算方法不同	算术平均,调和平均,几何平均	依据序列类型,采用相应方法

(二) 时期序列序时平均数的计算

时期序列具有可加性,计算序时平均数的方法比较简单,直接将时间长度内的所有指标相加后除以时距长度即可。

$$\bar{y} = \frac{y_1 + y_2 + \cdots + y_n}{n} = \frac{\sum y_i}{n} \qquad (公式 9.1)$$

式中,y_i 为各时期的发展水平($i=1,2,\cdots,n$),n 为时期序列的项数,$\bar{y}$ 为序时平均数。

【例 9-3】 某企业 2010 年前几个月的销售额资料如表 9-7 所示。

表 9-7 某企业 2010 年前几个月的销售额

月份	1	2	3	4	5
销售额/万元	8 000	7 500	8 200	9 000	9 300

计算该企业第一季度平均每月的销售额。

解：

第一步，根据给出的数据确定序列的类型。

销售额为时期指标，该序列为时期序列。

第二步，选择计算公式，进行计算。

时期序列应该选用简单算术平均数公式求解，即 $\bar{y} = \dfrac{\sum y_i}{n}$。

$$\bar{y} = \frac{\sum y_i}{n} = \frac{8\,000 + 7\,500 + 8\,200}{3} \text{万元} = 7\,900 \text{万元}$$

【例 9-4】 某商店某年 1～6 月份的商品销售额（万元）分别为 220、232、240、252、292 和 255，试计算该商店第一、二季度及上半年平均每月销售额。

解：

第一季度平均每月销售额为：

$$\bar{y} = \frac{\sum y_i}{n} = \frac{220 + 232 + 240}{3} \text{万元} = 230.67 \text{万元}$$

第二季度平均每月销售额为：

$$\bar{y} = \frac{\sum y_i}{n} = \frac{252 + 292 + 255}{3} \text{万元} = 266.33 \text{万元}$$

上半年平均每月销售额为：

$$\bar{y} = \frac{\sum y_i}{n} = \frac{220 + 232 + 240 + 252 + 292 + 255}{6} \text{万元} = 248.5 \text{万元}$$

（三）时点序列序时平均数的计算

时点序列序时平均数的计算方法因掌握资料的情况不同而异。时点序列中一般以"天"作为最小的时间单位，以天为间隔的时点序列称为连续时点序列；以其他时间单位为间隔的时点序列称为间断时点序列，如以星期、月、年等为间隔的时点序列就称为间断时点序列。

1. 连续时点序列

若掌握的资料是间隔相等（如每日的十点）的连续时点序列，则用简单算术平均数公式计算序时平均数即可。例如，某单位对职工天天都进行考勤，因而已知每日出勤人数，若计算某月的平均出勤人数，则用简单算术平均数公式来计算即可。

$$\bar{y} = \frac{\sum y_i}{n}$$

若掌握的资料是间隔不等的连续时点序列，则要以各时点之间的间隔期为权数，用加权平均法计算。如有些时点现象并不连续发生变化，因而只在它发生变动时作变动记录即可。这种

时点序列序时平均数的计算公式为:

$$\bar{y} = \frac{y_1 f_1 + y_2 f_2 + \cdots + y_n f_n}{f_1 + f_2 + \cdots + f_n} = \frac{\sum y_i f_i}{\sum f_i} \quad \text{(公式 9.2)}$$

式中,f_i 为各时点之间间隔期的长度。

【例 9-5】 某公司某年第二季度职工人数变动情况如表 9-8 所示。

表 9-8 某公司某年第二季度职工人数变动情况　　　单位:人

时间	4月1日	5月15日	6月22日
工人数	1 000		
增减人数		+20	+40

求第二季度平均职工人数。

解:

第一步,根据给出的数据确定序列的类型。

本题中职工人数时间序列是连续时点序列,已知变动数值。

第二步,确定时间间隔是否相等。

经观察,职工人数时间序列属于间隔不等的连续时点序列。

第三步,选择计算公式,并进行计算。

$$\bar{y} = \frac{\sum y_i f_i}{\sum f_i} = \frac{1\ 000 \times 44 + 1\ 020 \times 38 + 1\ 060 \times 9}{44 + 38 + 9} \text{人} = 1\ 015 \text{人}$$

2. 间断时点序列

对于间隔不等的时点序列,依据计算 $\bar{y}$ 的积分运算,在曲线方程 $y = f(x)$ 未知的情况下,可分段求直角梯形面积 $S_i = \frac{y_i + y_{i+1}}{2} f_i$,因此,序时平均数的加权平均计算公式为:

$$\bar{y} = \frac{\frac{y_1 + y_2}{2} f_1 + \frac{y_2 + y_3}{2} f_2 + \cdots + \frac{y_{n-1} + y_n}{2} f_{n-1}}{f_1 + f_2 + \cdots + f_{n-1}} \quad \text{(公式 9.3)}$$

上式中,如果各个间隔长度均相等,即 $f_1 = f_2 = \cdots = f_{n-1}$,则序时平均数的加权平均计算公式可以简化为(首尾折半公式):

$$\bar{y} = \frac{\frac{y_1}{2} + y_2 + \cdots + y_{n-1} + \frac{y_n}{2}}{n - 1} \quad \text{(公式 9.4)}$$

因此,对时点序列求序时平均数,当间隔相等时用首尾折半公式,当间隔不等时用加权平均公式。

【例 9-6】 某年第一季度某银行居民储蓄存款资料如表 9-9 所示。

表 9-9 某年第一季度某银行居民储蓄存款资料　　　单位:万元

日期	1月1日	2月1日	3月1日	4月1日
存款余额	500	450	480	520

试计算第一季度居民平均存款余额。

解：
第一步,根据给出的数据确定序列的类型。
本题中存款余额时间序列是时点序列。
第二步,确定时间间隔是否相等。
经观察,序列中各个月月初数据都有,且属于间隔相等的间断时点序列。
第三步,选择计算公式,并进行计算。

$$\bar{y} = \frac{\frac{y_1}{2} + y_2 + \cdots + \frac{y_n}{2}}{n-1} = \frac{\frac{500}{2} + 450 + 480 + \frac{520}{2}}{4-1} \text{万元} = 480 \text{万元}$$

【例 9-7】 某商店某年商品库存额资料如表 9-10 所示。

表 9-10 某商店某年商品库存额   单位:万元

日期	1月1日	4月1日	9月1日	12月31日
商品库存额	46	40	38	54

试计算该商店全年平均商品库存额。

解：
第一步,根据给出的数据确定序列的类型。
本题中商品库存额时间序列是时点序列。
第二步,确定时间间隔是否相等。
经观察,序列中各个月月初数据不全都有,且属于间隔不等的间断时点序列。
第三步,选择计算公式,并进行计算。

$$\bar{y} = \frac{\frac{y_1 + y_2}{2}f_1 + \frac{y_2 + y_3}{2}f_2 + \cdots + \frac{y_{n-1} + y_n}{2}f_{n-1}}{f_1 + f_2 + \cdots + f_{n-1}}$$

$$= \frac{\frac{46+40}{2} \times 3 + \frac{40+38}{2} \times 5 + \frac{38+54}{2} \times 4}{3+5+4} \text{万元} = 42.3 \text{万元}$$

【例 9-8】 某公司 2010 年第四季度职工出勤人数资料如表 9-11 所示。

表 9-11 某公司 2010 年第四季度职工出勤人数

月份	9	10	11	12
月底人数/人	500	515	530	560

要求计算第四季度平均每天职工出勤人数。

解：
第一步,根据给出的数据确定序列的类型。
职工出勤人数为时点指标,该序列为时点序列。
第二步,确定时间间隔是否相等。
经观察,序列中各个月月底人数都有,且属于间隔相等的间断时点序列。
第三步,选择计算公式,并进行计算。
间隔相等的间断时点序列的序时平均数应该选用首尾折半公式求解,即:

$$\bar{y} = \frac{\frac{y_1}{2} + y_2 + \cdots + y_{n-1} + \frac{y_n}{2}}{n-1} = \frac{\frac{500}{2} + 515 + 530 + \frac{560}{2}}{4-1} \text{人} = 525 \text{人}$$

【例 9-9】 资料与例 9-8 的相同,但去掉 11 月底的人数,计算第四季度平均每天职工出勤人数。

解:

第一步,根据给出的数据确定序列的类型。

职工出勤人数为时点指标,序列为时点序列。

第二步,确定时间间隔是否相等。

经观察,序列缺少 11 月月底人数,且属于间隔不等的间断时点序列。

第三步,选择计算公式,并进行计算。

间隔不等的间断时点序列求序时平均数应该选用加权平均公式,即:

$$\bar{y} = \frac{\frac{y_1+y_2}{2}f_1 + \frac{y_2+y_3}{2}f_2 + \cdots + \frac{y_{n-1}+y_n}{2}f_{n-1}}{f_1 + f_2 + \cdots + f_{n-1}}$$

$$= \frac{\frac{500+515}{2} \times 1 + \frac{515+560}{2} \times 2}{1+2} \text{人} = \frac{1\,582.5}{3} \text{人} = 527.5 \text{人}$$

【例 9-10】 某年下半年某公司职工人数资料如表 9-12 所示。

表 9-12 某公司职工人数资料

月份	6	7	8	9	10	11	12
月末职工人数/人	300	290	280	270	310	320	350

试求该公司第三、第四季度及下半年的平均职工人数。

解:

第一步,根据给出的数据确定序列的类型。

月末职工人数属时点指标,序列中有各个月月底的职工人数,属于间断时点序列。

第二步,确定时间间隔是否相等。

经观察,序列中各指标值的时间间隔相等(均为一个月),属于间隔相等的间断时点序列。

第三步,选择计算公式,并进行计算。

间隔相等的间断时点序列求序时平均数应该选用首尾折半公式。

第三季度平均职工人数:

$$\bar{y}_{第三季度} = \frac{\frac{y_1}{2} + y_2 + \cdots + y_{n-1} + \frac{y_n}{2}}{n-1} = \frac{\frac{300}{2} + 290 + 280 + \frac{270}{2}}{4-1} \text{人} = 285 \text{人}$$

第四季度平均职工人数:

$$\bar{y}_{第四季度} = \frac{\frac{y_1}{2} + y_2 + \cdots + y_{n-1} + \frac{y_n}{2}}{n-1} = \frac{\frac{270}{2} + 310 + 320 + \frac{350}{2}}{4-1} \text{人} = 313.33 \text{人}$$

下半年平均职工人数:

$$\bar{y}_{\text{下半年}} = \frac{\frac{y_1}{2} + y_2 + \cdots + y_{n-1} + \frac{y_n}{2}}{n-1}$$

$$= \frac{\frac{300}{2} + 290 + 280 + 270 + 310 + 320 + \frac{350}{2}}{7-1} \text{人} = 299.17 \text{人}$$

在已知第三季度和第四季度平均职工人数的前提下,还可用简单平均的方法求出下半年平均职工人数:

$$\bar{y}_{\text{下半年}} = \frac{\bar{y}_{\text{第三季度}} + \bar{y}_{\text{第四季度}}}{2} = \frac{285 + 313.33}{2} \text{人} = 299.17 \text{人}$$

(四)相对数序列序时平均数的计算

由相对指标构成的时间序列称为相对数序列。相对指标是两个总量指标的对比,进行对比的总量指标可以是时期指标,也可以是时点指标。相应地,相对指标时间序列可以是两个时期序列或时点序列的对应项对比的结果,也可以是时期序列和时点序列对应项对比的结果。因此,先计算相对指标时间序列 $y = \frac{a}{b}$,再分别求出分子指标与分母指标的序时平均数 $\bar{a}$ 和 $\bar{b}$,将 $\bar{a}$ 与 $\bar{b}$ 进行对比便得到所要求的序时平均数,即:

$$\bar{y} = \frac{\bar{a}}{\bar{b}} \tag{公式9.5}$$

式中,$\bar{y}$ 为相对指标时间序列的序时平均数,$\bar{a}$ 代表分子指标的时间序列序时平均数,$\bar{b}$ 代表分母指标的时间序列序时平均数。根据这个公式计算相对指标时间序列序时平均数时,应当分清分子、分母的时间序列是时期序列还是时点序列,间断相等还是间断不等,然后分别根据不同情况进行计算。

(1) 若掌握的资料分别是分子指标和分母指标的时间序列,则直接用公式计算即可。

$$\bar{y} = \frac{\bar{a}}{\bar{b}} = \frac{\frac{\sum a}{n}}{\frac{\sum b}{n}} = \frac{\sum a}{\sum b} \tag{公式9.6}$$

(2) 若掌握的资料是相对指标时间序列和分母指标的时间序列,则先用各期的相对指标乘以各期的分母指标来求各期的分子指标,再将计算结果代入公式9.6中进行计算,即:

$$\bar{y} = \frac{\bar{a}}{\bar{b}} = \frac{\frac{\sum by}{n}}{\frac{\sum b}{n}} = \frac{\sum by}{\sum b} \tag{公式9.7}$$

(3) 若掌握的资料是相对指标时间序列和分子指标的时间序列,则先用各期的分子指标除以各期的相对指标来求各期的分母指标,再将计算结果代入公式9.6中进行计算,即:

$$\bar{y} = \frac{\bar{a}}{\bar{b}} = \frac{\frac{\sum a}{n}}{\frac{\sum \frac{a}{y}}{n}} = \frac{\sum a}{\sum \frac{a}{y}} \tag{公式9.8}$$

【例 9-11】 某超市的商品销售额与商品库存额资料如表 9-13 所示。

表 9-13　某超市商品销售情况

月份	3	4	5	6
商品销售额/万元	—	280	300	440
月末商品库存额/万元	120	160	145	100

试计算第二季度月平均商品流转次数。

解：平均商品流转次数 $\bar{y} = \dfrac{\text{月平均商品销售额}\,\bar{a}}{\text{月平均商品库存额}\,\bar{b}}$。

第二季度月平均商品销售额（商品销售额序列为时期序列）为：

$$\bar{a} = \frac{\sum a}{n} = \frac{280+300+440}{3}\text{万元} = 340\text{万元}$$

第二季度月平均商品库存额（本题中商品库存额序列为间隔相等的间断时点序列）为：

$$\bar{b} = \frac{\dfrac{b_1}{2}+b_2+\cdots+\dfrac{b_n}{2}}{n-1} = \frac{\dfrac{120}{2}+160+145+\dfrac{100}{2}}{4-1}\text{万元} = 138.33\text{万元}$$

第二季度月平均商品流转次数为：

$$\bar{y} = \frac{\bar{a}}{\bar{b}} = \frac{340}{138.33}\text{次} = 2.46\text{次}$$

【例 9-12】 某企业 2010 年第四季度产值资料如表 9-14 所示。

表 9-14　某企业 2010 年第四季度产值

月份	10	11	12
月产值/万元	2 100	2 200	2 280
计划完成程度/(%)	102	99	103

试计算第四季度月产值平均计划完成程度。

解：

第一步，确定序列的类型。

因为计划完成程度为相对指标，故序列为相对数序列。

第二步，写出经济表达式。

$$\text{月产值平均计划完成程度} = \frac{\text{月平均实际产值}}{\text{月平均计划产值}}\times 100\%$$

第三步，选择计算公式，并进行计算。

因为实际产值与计划产值均为时期指标，因此我们选用以下公式进行计算。

$$\bar{y} = \frac{\bar{a}}{\bar{b}} = \frac{\dfrac{\sum a}{n}}{\dfrac{\sum \dfrac{a}{y}}{n}} = \frac{(2\,100+2\,200+2\,280)/3}{\left(\dfrac{2\,100}{102\%}+\dfrac{2\,200}{99\%}+\dfrac{2\,280}{103\%}\right)/3} = \frac{2\,193.33}{2\,164.88}\times 100\% = 101.31\%$$

（五）平均数序列序时平均数的计算

由平均指标构成的时间序列称为平均数序列。平均指标也是由两个总量指标对比得到的，因此,其时间序列序时平均数的计算方法和相对指标时间序列序时平均数的计算方法是一致的,首先区分分子指标和分母指标是时期指标还是时点指标,再分别按不同情况下的时间序列序时平均数的计算方法进行计算。

【例 9-13】 某公司第一季度职工人数和总产值资料如表 9-15 所示。

表 9-15 某公司第一季度职工人数和总产值资料

月份	1	2	3	4
职工人数/人	500	515	530	560
总产值/万元	1 600	1 650	1 850	2 000

试计算第一季度职工月平均劳动生产率。

解:

第一步,确定序列的类型。

职工人数序列为间隔相等的间断时点序列,而总产值序列为时期序列。

第二步,写出经济表达式。

$$职工月平均劳动生产率 = \frac{月平均总产值}{月平均职工人数}$$

第三步,选取计算公式,并进行计算。

因为职工人数序列为间隔相等的间断时点序列,而总产值序列为时期序列,所以选取以下公式进行计算。

$$\bar{y} = \frac{\bar{a}}{\bar{b}} = \frac{\dfrac{\sum a}{n}}{\left(\dfrac{b_1}{2} + b_2 + \cdots + b_{n-1} + \dfrac{b_n}{2}\right)/(n-1)}$$

$$= \frac{(1\ 600 + 1\ 650 + 1\ 850)/3}{(500/2 + 515 + 530 + 560/2)/(4-1)} \text{ 万元/人}$$

$$= \frac{1\ 700}{525} \text{ 万元/人} = 3.24 \text{ 万元/人}$$

第一季度职工月平均劳动生产率为:

$$\bar{y}_1 = 3\bar{y} = 3 \times 3.24 \text{ 万元/人} = 9.72 \text{ 万元/人}$$

三、增长量

增长量是描述现象的某一数量特征在一定时期内所增长或减少的绝对数量,它是时间序列中报告期水平与基期水平之差。

$$增长量 = 报告期水平 - 基期水平 \quad (公式 9.9)$$

增长量指标的数值可能为正,也可能为负。当报告期水平高于基期水平时,增长量为正,表示增加;当报告期水平小于基期水平时,增长量为负,表示减少。因此,增长量指标又称增减量指标。根据所采取基期的不同,增长量可以分为逐期增长量、累计增长量和年距增长量。

(一) 逐期增长量

逐期增长量是报告期水平与前期水平之差,用于说明报告期水平与前一期水平相比增长或减少的总量,它表明现象逐期增加或减少的绝对数量。

$$逐期增长量 = 报告期水平 - 前期水平 = y_i - y_{i-1} \quad (公式9.10)$$

(二) 累计增长量

累计增长量是报告期水平与某一固定基期水平之差,用于说明报告期水平经过较长时间的发展后比该固定基期水平增加或减少的总量。它表明报告期水平比该固定基期水平增加或减少的绝对数量。

$$累计增长量 = 报告期水平 - 固定基期水平 = y_i - y_1 (i=2,3,\cdots,n) \quad (公式9.11)$$

逐期增长量与累计增长量的关系:

(1) 在同一时间序列中累计增长量等于相应期逐期增长量之和。

$$y_i - y_1 = (y_2 - y_1) + (y_3 - y_2) + \cdots + (y_i - y_{i-1})(i=2,3,\cdots,n) \quad (公式9.12)$$

(2) 相邻的两个累计增长量之差等于相应的逐期增长量。

$$(y_i - y_1) - (y_{i-1} - y_1) = y_i - y_{i-1} (i=2,3,\cdots,n) \quad (公式9.13)$$

(三) 年距增长量

对于按月、季编制的时间序列,为了消除季节变动的影响,还需计算年距增长量。年距增长量等于报告期发展水平比上年同期发展水平增加或减少的数量,即:

$$年距增长量 = 报告期水平 - 上年同期水平 \quad (公式9.14)$$

四、平均增长量

平均增长量用来说明某一现象在一段时间内平均每期增加或减少的绝对数量,是逐期增长量的算术平均数。其计算公式为:

$$平均增长量 = \frac{\sum(y_i - y_{i-1})}{n-1}(i=2,3,\cdots,n) \quad (公式9.15)$$

式中,$n-1$ 表示逐期增长量的项数。根据逐期增长量与累计增长量之间的数量关系,平均增长量还可以表示为:

$$平均增长量 = \frac{逐期增长量之和}{逐期增长量个数} = \frac{y_i - y_1}{n-1}(i=2,3,\cdots,n) \quad (公式9.16)$$

【例 9-14】 某公司各年利润额(万元)资料如表 9-16 所示。

表 9-16 某公司各年利润额 单位:万元

年份序号	1	2	3	4	5	6
利润	650	748	795	810	860	910

试计算:(1) 逐期增长量和累计增长量;

(2) 平均发展水平和平均增长量。

解:逐期增长量和累计增长量的计算情况如表 9-17 所示。

表 9-17 逐期增长量和累计增长量的计算情况

年份序号	1	2	3	4	5	6
利润/万元	650	748	795	810	860	910

增长量	逐期	—	98	47	15	50	50
/万元	累计	—	98	145	160	210	260

平均发展水平为：

$$\bar{y} = \frac{\sum y}{n} = \frac{650+748+795+810+860+910}{6} \text{万元} = 795.5 \text{万元}$$

平均增长量为：

$$\bar{\Delta} = \frac{y_n - y_1}{n-1} = \frac{910-650}{5} \text{万元} = 52 \text{万元}$$

第三节 时间序列的速度分析

反映现象发展变化的速度指标主要有发展速度、增长速度、平均发展速度和平均增长速度，它们之间具有密切的关系。

一、发展速度

发展速度是报告期发展水平与基期发展水平之比，是表明某种现象发展程度的相对指标。用公式表示为：

$$\text{发展速度} = \frac{\text{报告期水平}}{\text{基期水平}} \tag{公式9.17}$$

发展速度通常用百分数表示，当比值较大时，也可用倍数和翻番数表示，它表明现象报告期水平为基期水平的百分之几或几倍。当它大于 100%（或 1）时，表明现象的发展水平是提高的；当它小于 100%（或 1）时，表明现象的发展水平是降低的。

根据采用基期的不同，发展速度可分为环比发展速度、定基发展速度和年距发展速度。

（一）环比发展速度

环比发展速度是报告期水平与前一期水平之比，它表明报告期水平为前一期水平的百分之几或几倍。环比发展速度时间序列用于表明现象的逐期发展程度。环比发展速度用公式表示为：

$$\text{环比发展速度} = \frac{\text{报告期水平}}{\text{前一期水平}} = \frac{y_i}{y_{i-1}} (i=2,3,\cdots,n) \tag{公式9.18}$$

（二）定基发展速度

定基发展速度是报告期水平与某一固定基期水平（通常是最初水平）之比，它表明报告期水平为某固定基期水平的百分之几或几倍。定基发展速度时间序列的各期数值能说明现象在一较长时期内的发展总速度。

$$\text{定基发展速度} = \frac{\text{报告期水平}}{\text{固定基期水平}} = \frac{y_i}{y_1} (i=1,2,\cdots,n) \tag{公式9.19}$$

（三）环比发展速度与定基发展速度的关系

环比发展速度与定基发展速度使用的基期和说明的问题不同，但这两种发展速度之间却存在一定的关系。

（1）同一时间序列中各期环比发展速度的连乘积等于其相应时期的定基发展速度，即：

$$\frac{y_2}{y_1} \times \frac{y_3}{y_2} \times \cdots \times \frac{y_n}{y_{n-1}} = \frac{y_n}{y_1} \quad \text{（公式 9.20）}$$

（2）相邻两个定基发展速度之比等于相应时期的环比发展速度，即：

$$\frac{y_i}{y_1} \times \frac{y_{i-1}}{y_1} = \frac{y_i}{y_{i-1}} (i = 2, 3, \cdots, n) \quad \text{（公式 9.21）}$$

（四）年距发展速度

类似于年距发展水平指标，对于按月、季编制的时间序列，可计算年距发展速度。年距发展速度用公式表示为：

$$\text{年距发展速度} = \frac{\text{报告期水平}}{\text{上年同期水平}} \quad \text{（公式 9.22）}$$

年距发展速度消除了季节变动的影响，表明报告期水平相对于上年同期水平发展变化的方向与程度，是实际统计分析中经常应用的指标。

【例 9-15】 以例 9-14 的资料为依据，计算环比发展速度和定基发展速度。

解：环比发展速度和定基发展速度的计算结果如表 9-18 所示。

表 9-18　环比发展速度和定基发展速度的计算结果

年份序号		1	2	3	4	5	6
利润/万元		650	748	795	810	860	910
发展速度/(%)	环比	—	115.08	106.28	101.89	106.17	105.81
	定基	100.00	115.08	122.31	124.62	132.31	140.00

二、增长速度

增长速度又称增长率，它是报告期增长量与基期水平之比，是表明现象增长程度的相对指标。其一般公式是：

$$\text{增长速度} = \frac{\text{报告期增长量}}{\text{基期水平}} = \frac{\text{报告期水平} - \text{基期水平}}{\text{基期水平}} = \text{发展速度} - 100\%$$

（公式 9.23）

发展速度与增长速度是一个问题的两种说明，两者有着密切的关系。首先，发展速度说明报告期水平是基期水平的百分之几，包括了基期水平；而增长速度则说明报告期水平比基期水平增长了百分之几，扣除了基期水平。其次，发展速度是通过将报告期水平与基期水平进行对比计算得到的；增长速度是通过用报告期水平减去基期水平后与基期水平进行对比计算得到的。最后，发展速度数值没有正负之分，只有大于 1 或小于 1 之分；而增长速度数值则有正负之分：若发展速度大于 1，则增长速度为正值，表示现象的发展水平是递增的；若发展速度小于 1，则增长速度为负值，表示现象的发展水平是递减的；若发展速度等于 1，则增长速度为 0，表示现象的发展水平维持不变。根据所采用基期的不同，增长速度分为环比增长速度、定基增长速度和年距增长速度。

（一）环比增长速度

环比增长速度是逐期增长量与其前一期发展水平之比，用于表明现象逐期增长速度。其计算公式为：

$$环比增长速度 = \frac{逐期增长量}{前一期水平} = \frac{报告期水平 - 前一期水平}{前一期水平}$$

$$= 环比发展速度 - 100\%$$

$$= \frac{y_i - y_{i-1}}{y_{i-1}} = \frac{y_i}{y_{i-1}} - 1 \quad (i = 2, 3, \cdots, n)$$

（公式 9.24）

（二）定基增长速度

定基增长速度是累计增长量与某一固定基期水平之比，用于表明现象在一段时期内总的增长程度。其计算公式为：

$$定期增长速度 = \frac{报告期水平 - 固定基期水平}{固定基期水平}$$

$$= 定基发展速度 - 1$$

$$= \frac{y_i - y_1}{y_1} = \frac{y_i}{y_1} - 1 \quad (i = 1, 2, \cdots, n)$$

（公式 9.25）

（三）年距增长速度

年距增长速度用于表明报告期水平比上年同期水平增加或降低了百分之几。其计算公式为：

$$年距增长速度 = \frac{报告期水平 - 上年同期水平}{上年同期水平}$$

$$= 年距发展速度 - 1$$

（公式 9.26）

发展速度与增长速度是对社会经济现象进行动态分析的基本指标，在应用中要注意的问题：定基增长速度与环比增长速度不能像定基发展速度与环比发展速度那样互相推算，因为定基增长速度不等于相应时期内各环比增长速度的连乘积，且两个相邻时期内的定基增长速度的比值也不等于相应时期内的环比增长速度。定基增长速度与环比增长速度之间的推算，必须先通过定基发展速度与环比发展速度的推算，再由推算出的发展速度减去 1 得到。

（四）增长 1% 的绝对值指标

增长速度是一种相对数，当比较不同总体的同类现象的增长程度时，如果它们的基期水平相差较大，仅用其相对增长速度无法全面地说明现象的增长情况，因此，应该把速度指标与水平指标结合起来说明，这就需要计算增长 1% 的绝对值。

增长 1% 的绝对值指标表示速度每增长一个百分点而增加的绝对数量，它是将时间序列的水平指标和速度指标结合起来进行分析的指标，其计算公式如下：

$$增长 1\% 的绝对值 = \frac{逐期增长量}{环比增长速度 \times 100} = \frac{前一期水平}{100}$$

$$= \frac{y_i - y_{i-1}}{\frac{y_i - y_{i-1}}{y_{i-1}} \times 100} = \frac{y_{i-1}}{100} \quad (i = 2, 3, \cdots, n)$$

（公式 9.27）

【例 9-16】 以例 9-14 的资料为依据,计算环比增长速度和定基增长速度。

解:环比增长速度和定基增长速度的计算结果如表 9-19 所示。

表 9-19 环比增长速度和定基增长速度的计算结果

年份序号		1	2	3	4	5	6
利润/万元		650	748	795	810	860	910
增长速度/(%)	环比	—	15.08	6.28	1.89	6.17	5.81
	定基	—	15.08	22.31	24.62	32.31	40.00

三、平均发展速度和平均增长速度

平均速度指标有平均发展速度和平均增长速度两种。平均发展速度是现象在各个时期环比发展速度的平均数;平均增长速度则是现象在整个时期内平均增长变化的程度,通常用平均发展速度减去 1(或 100%)来计算。

因此,掌握了平均发展速度的计算方法,就可以求出平均增长速度。平均发展速度是在一定时期内各期环比发展速度的序时平均数。

(一)平均发展速度的基本计算方法

平均发展速度的基本计算方法有两种,即水平法和累积法。

1. 水平法(几何平均法)

一定时期内现象发展的总速度等于各期环比发展速度的连乘积,则根据平均数的性质,以平均发展速度代替各期的环比发展速度计算出来的总发展速度应等于实际的总发展速度。平均发展速度的计算公式为:

$$\overline{x} = \sqrt[n]{\frac{y_n}{y_0}} = \sqrt[n]{\frac{y_1}{y_0} \times \frac{y_2}{y_1} \times \cdots \times \frac{y_n}{y_{n-1}}} \quad \text{(公式 9.28)}$$

$$\overline{x} = \sqrt[n]{\prod x} \quad \text{(公式 9.29)}$$

$$\overline{x} = \sqrt[n]{R} \quad \text{(公式 9.30)}$$

式中,$\overline{x}$ 为平均发展速度,y_0 为时间序列最初水平,y_n 为时间序列最末期水平,n 为环比发展速度的项数,R 为倍数。

2. 累计法(高次方程法)

这一方法的原理:以时间序列的最初水平 y_0 为基期水平,用平均发展速度代替各期的环比发展速度推算的各期理论水平应等于各期的实际水平。公式为

$$\overline{x} + \overline{x}^2 + \overline{x}^3 + \cdots + \overline{x}^n - \frac{\sum_{i=1}^{n} y_i}{y_0} = 0 \quad \text{(公式 9.31)}$$

高次方程的求解过程比较麻烦,过去通常借助事先编制好的平均增长速度查对表来求解,但过程烦琐,计算机普及后,高次方程可利用事先编制好的程序来求解。

(二)水平法与累计法的区别

1. 设计思想不同

水平法要求根据平均发展速度推算的最末期的理论发展水平应等于最末期的实际发展水

平;而累计法则要求根据平均发展速度推算的各期理论发展水平之和等于各期实际发展水平之和。

2. 计算公式不同

水平法的计算依据是各环比发展速度的连乘积等于定基发展速度,基本公式是几何平均数的计算公式,即根据各期环比发展速度求它们的几何平均数,即:

$$\bar{x} = \sqrt[n]{x_1 x_2 \cdots x_n} = \sqrt[n]{\prod x}$$

累计法计算平均发展速度,基于时间序列各时期发展水平所建立的高次方程:

$$\bar{x} + \bar{x}^2 + \cdots + \bar{x}^n - \frac{\sum_{i=1}^{n} y_i}{y_0} = 0$$

解此方程,求得其正根,即为平均发展速度。

3. 适用场合不同

水平法不仅适用于总量指标的时期序列、时点序列,而且适用于相对指标和平均指标的时间序列,并且主要应用于经济活动时间较短的经济现象的平均发展速度的测定,确保最末期发展水平的理论数与实际数完全一致;而累计法仅适用于具有"可加性"的时期序列和经济活动需要较长时间的连续投入,经济活动效果在经过较长时间后方可显现的经济现象,其目的在于确保各时期发展水平之和的理论数和实际数完全一致,这方面的应用实例有基本建设投资额、固定资产投资额、造林绿化面积等。

4. 优缺点不同

用水平法求平均发展速度计算简便,但所计算的平均发展速度的大小仅与时间序列的最初水平和最末期水平有关,与中间各期水平无关,因此序列波动较大时,平均发展速度的代表性欠佳。用累计法求平均发展速度计算较复杂,且必须解一元高次方程或查平均速度查对表,但是,累计法综合了各期发展水平,得出的平均发展速度的代表性较好。

综上所述,水平法是计算平均发展速度的常用方法,在经济分析中绝大多数时间序列均采用水平法计算平均发展速度。

【例9-17】 2005年我国粗钢产量为34 936.15万吨,2010年达到62 665万吨,试计算年平均增长速度,并预测按此年平均增长速度,我国2015年的粗钢产量将达到多少万吨?

解:

已知 $y_0 = y_{2005} = 34\ 936.15$ 万吨,$y_n = y_{2010} = 62\ 665$ 万吨,$n=5$,则年平均发展速度为:

$$\bar{x} = \sqrt[n]{\frac{y_n}{y_0}} = \sqrt[5]{\frac{62\ 665}{34\ 936.15}} \times 100\% = \sqrt[5]{1.793\ 7} \times 100\%$$

$$= 1.123\ 958 \times 100\% = 112.395\ 8\%$$

平均增长速度为:

平均增长速度 $= \bar{x} - 100\% = 112.395\ 8\% - 100\% = 12.395\ 8\%$

计算结果表明,我国粗钢产量"十一五"期间年平均增长12.395 8%。

按照此年平均增长速度,我国2015年的粗钢产量将达到:

$$y_{2015} = y_{2010}(\bar{x})^5 = 62\ 665 \times (112.395\ 8\%)^5 \text{万吨} = 112\ 402.367 \text{万吨}$$

【例9-18】 "十一五"期间,我国各年的GDP环比增长速度分别为12.7%、14.2%、9.6%、9.1%、10.3%,试计算"十一五"期间GDP年平均增长速度。

解：因为环比增长速度的连乘积不等于定基增长速度，所以应将各环比增长速度加 1 得到各环比发展速度。因为有 5 个环比发展速度，因此 $n=5$，选用水平法的第二个公式计算平均发展速度，即"十一五"期间 GDP 年平均发展速度为：

$$\bar{x} = \sqrt[n]{\prod x}$$
$$= \sqrt[5]{(12.7\%+1)\times(14.2\%+1)\times(9.6\%+1)\times(9.1\%+1)\times(10.3\%+1)}\times 100\%$$
$$= \sqrt[5]{1.6975}\times 100\% = 1.1116\times 100\% = 111.16\%$$

则"十一五"期间我国 GDP 年平均增长速度为：

$$\bar{x} - 100\% = 111.16\% - 100\% = 11.16\%$$

【例 9-19】（1）我国提出 2010 年人均 GDP 要比 2000 年翻一番，试求年平均增长率；（2）我国提出 2010 年单位 GDP 能源消耗要比"十五"期末降低 20%，试计算年平均降低率。

解：

（1）翻一番的含义是 2010 年人均 GDP 为 2000 年的 2 倍，即 $R=2$，又已知 $n=2010-2000=10$，则：

$$\bar{x} = \sqrt[n]{R} = \sqrt[10]{2}\times 100\% = 107.18\%$$

故年平均增长率保持在 7.18% 以上，即可实现人均 GDP 翻一番的目标。

（2）单位 GDP 能源消耗降低 20% 的含义是 2010 年单位 GDP 能源消耗为 2005 年的 0.8，即 $R=0.8$，又因为 $n=2010-2005=5$，则：

$$\bar{x} = \sqrt[n]{R} = \sqrt[5]{0.8}\times 100\% = 95.64\%$$

故年平均降低率要保持在 $100\% - 95.64\% = 4.36\%$ 以上，方可实现单位 GDP 能源消耗下降 20% 的目标。

【例 9-20】 某大型工程今年实际基本建设投资额为 8 000 万元，计划明、后两年基本建设投资总额是今年的 2.8 倍，求年平均增长速度和明、后两年各年的计划基本建设投资额。

解：大型工程基本建设投资一般需连续多年进行，关心的是较长时期的投资效果，所以，年平均发展速度的计算应采用累计法。

已知 $\dfrac{\sum\limits_{i=1}^{2} y_i}{y_0} = 2.8, n=2, \bar{x} + \bar{x}^2 - 2.8 = 0$，解得 $\bar{x} = 1.2464$，则：

$$\text{平均增长速度} = 124.64\% - 100\% = 24.64\%$$

明、后两年的计划基本建设投资额分别为：

$$y_1 = y_0\bar{x} = 8\,000\times 1.2464\text{ 万元} = 9\,971.2\text{ 万元}$$
$$y_2 = y_0\bar{x}^2 = 8\,000\times 1.2464^2\text{ 万元} = 12\,428.1\text{ 万元}$$

【例 9-21】 客运量是在一定时期内某种运输工具实际运送的旅客数量。近十年来，我国民航运输得到了长足的发展。对民航客运量数据的速度分析结果是制定运输发展规划的重要依据。2000—2010 年我国民航客运量数据如表 9-20 所示。

表 9-20 2000—2010 年我国民航客运量   单位：万人

年　份	客 运 量	年　份	客 运 量
2000	6 722	2006	15 968

续表

年 份	客 运 量	年 份	客 运 量
2001	7 524	2007	18 576
2002	8 594	2008	19 189
2003	8 759	2009	23 052
2004	12 123	2010	26 600
2005	13 827		

试计算 2000—2010 年我国民航客运量的平均发展速度,并预测 2015 年民航客运量。

解:

第一步,计算环比发展速度和环比增长速度。

$$环比发展速度 = \frac{y_n}{y_{n-1}} \times 100\%$$

$$环比增长速度 = 环比发展速度 - 100\%$$

第二步,计算定基发展速度和定基增长速度。

$$定基发展速度 = \frac{y_n}{y_0} \times 100\%$$

$$定基增长速度 = 定基发展速度 - 100\%$$

速度指标计算表如表 9-21 所示。

表 9-21 速度指标计算表

年 份	客运量/万人	环比发展速度/(%)	环比增长速度/(%)	定基发展速度/(%)	定基增长速度/(%)
2000	6 722	—	—	—	—
2001	7 524	111.93	11.93	111.93	11.93
2002	8 594	114.22	14.22	127.85	27.85
2003	8 759	101.92	1.92	130.30	30.30
2004	12 123	138.41	38.41	180.35	80.35
2005	13 827	114.06	14.06	205.70	105.70
2006	15 968	115.48	15.48	237.55	137.55
2007	18 576	116.33	16.33	276.35	176.35
2008	19 189	103.30	3.30	285.47	185.47
2009	23 052	120.13	20.13	342.93	242.93
2010	26 600	115.39	15.39	395.72	295.72

第三步,计算"十五"期间、"十一五"期间以及 2000—2010 年民航客运量的平均增长速度。

(1) "十五"期间我国民航客运量年平均发展速度为:

$$\overline{x} = \sqrt[n]{\frac{y_n}{y_0}} = \sqrt[5]{\frac{13\ 827}{6\ 722}} \times 100\% = \sqrt[5]{2.057\ 0} \times 100\% = 115.52\%$$

（2）"十一五"期间我国民航客运量年平均发展速度为：

$$\overline{x} = \sqrt[n]{\Pi x}$$
$$= \sqrt[5]{115.48\% \times 116.33\% \times 103.30\% \times 120.13\% \times 115.39\%} \times 100\%$$
$$= \sqrt[5]{1.923\ 616} \times 100\% = 113.98\%$$

（3）2000—2010年我国民航客运量年平均发展速度为：

$$\overline{x} = \sqrt[n]{R} = \sqrt[10]{395.72\%} = 114.75\%$$

第四步，进行预测。

按照2000—2010年民航客运量平均增长速度增长，我国民航客运量2015年预计可达到：

$$\hat{y}_{2015} = y_{2010}\overline{x}^n = 26\ 600 \times (114.75\%)^5\ 万人 = 52\ 923\ 万人$$

从计算结果看，我国民航客运量2000—2010年逐年增长，除2003年和2008年由于分别受非典与金融危机的影响，增长速度在5%以下外，其余年份年增长速度都超过5%，其中环比增长速度有八年在10%以上，有两年甚至在20%以上，年平均增长速度高达14.75%，民航客运量在十年间增长了近三倍，即将近翻两番，表明我国民航业快速发展。按此速度预计，到2015年我国民航客运量将达到52 923万人。

第四节 长期趋势测定

任何现象的发展变化都同时受到多种因素的影响，有些因素是长期起作用的，有些因素只是短期或偶然起作用的。长期趋势因素是指在较长时间内比较稳定，经常起作用的根本性因素。偶然因素则是指在目前科学技术条件下不能预测或控制的因素。

一、时间序列的构成与分解

（一）长期趋势

长期趋势是指由于受到某种根本性因素的影响，时间序列在较长时间内朝着一定的方向持续上升、下降或者留在某一水平上的倾向。长期趋势因素是时间序列变动影响因素中最基本、最常见的因素，反映了事物的主要变化趋势。

长期趋势的特点：固定、受根本性因素影响、长时间的总态势、规律性强、易测定。长期趋势有线性、非线性之分，也可以分为增加趋势、减少趋势、水平趋势。例如，随着国民经济的发展，我国的人均国内生产总值、城镇居民家庭的人均可支配收入呈不断增长的趋势，而人口死亡率、文盲率却呈下降的趋势。

（二）季节变动

定义：时间序列在一年内（也可以是一季内、一月内、一周内）由于受到社会、政治、经济、季节等因素的影响，而形成的有规律的周期性重复变动。

特点：周期短（一年以内）且固定、规律性强、易测定。

举例：商品销售量随季节更换的变化、客流量变化。

（三）循环变动

定义：时间序列以若干年为周期，形成的有涨有落的周期性变动。

特点：周期长于一年且不固定、规律性差、不易测定。

举例："繁荣—衰退—萧条—复苏—繁荣"周而复始的变化。

（四）随机变动（不规则波动、偶然变动、剩余变动）

定义：现象由于受到各种偶然因素的影响而呈现的不规则运动。随机变动是时间序列中无法由以上三种变动解释的变动。

特点：由偶然因素引起、无任何规律、难以测定。

举例：自然灾害造成的经济数据的变化。

二、长期趋势的测定方法

长期趋势是由现象在发展过程中的本质因素决定的。通过对时间序列趋势变动的分析，可以掌握现象发展最基本的规律性，从而对其未来发展趋势作出预测。此外，研究长期趋势的目的之一是将其对应影响因素从时间序列中予以剔除，以便更好地分析其他影响因素的变动规律。进行长期趋势分析的主要任务是测定时间序列的趋势值，常用的方法有移动平均法和趋势模型法。

（一）移动平均法

移动平均法是指按一定的间隔长度计算平均数，边平均边移动，由一系列移动平均数形成新的时间序列，达到从时间序列中消除周期变动和随机变动，呈现现象发展的长期变动趋势的目的。移动平均法可分为奇数项移动平均法和偶数项移动平均法。应用移动平均法的关键是确定合理的移动步长。当序列存在周期变动时，可以周期长度作为移动步长；当序列不存在周期变动时，一般以奇数为移动步长；还可以通过试验的办法，选择一个使均方误差达到最小的移动步长。

1. 奇数项移动平均法

设时间序列有 n 期，各期的指标值依次为 $y_1, y_2, \cdots, y_n$，若所平均的项数是奇数，则其中间项的趋势测定值经过一次移动平均就可得到。用 $M_t^{(1)}$ 表示一次移动平均数，计算公式为：

$$M_t^{(1)} = \frac{1}{N}(y_{t-\frac{N-1}{2}} + \cdots + y_{t-1} + y_t + y_{t+1} + \cdots + y_{t+\frac{N-1}{2}}) \quad \text{（公式 9.32）}$$

式中，N 为奇数，是移动平均的项数；$t = \frac{N+1}{2}, \frac{N+1}{2}+1, \cdots, n-\frac{N+1}{2}$，为每次移动平均中间项所对应的时期；$M_t^{(1)}$ 为第 t 期的中心化移动平均数。

以 $N=3$ 为例，由上式可以计算出各期的中心化移动平均数：

$$M_2^{(1)} = \frac{1}{3}(y_1 + y_2 + y_3)$$

$$M_3^{(1)} = \frac{1}{3}(y_2 + y_3 + y_4)$$

$$M_4^{(1)} = \frac{1}{3}(y_3 + y_4 + y_5)$$

$$\vdots$$

$$M_{n-2}^{(1)} = \frac{1}{3}(y_{n-3} + y_{n-2} + y_{n-1})$$

以 $N=5$ 为例,由上式可以计算出各期的中心化移动平均数:

$$M_3^{(1)} = \frac{1}{5}(y_1 + y_2 + y_3 + y_4 + y_5)$$

$$M_4^{(1)} = \frac{1}{5}(y_2 + y_3 + y_4 + y_5 + y_6)$$

$$\vdots$$

$$M_{n-2}^{(1)} = \frac{1}{5}(y_{n-4} + y_{n-3} + y_{n-2} + y_{n-1} + y_n)$$

式中,$M_4^{(1)}$ 是 y_2、y_3、y_4、y_5、y_6 的平均数,应作为每次移动平均中间项,即时间序列第 4 期的长期趋势值,通常称为第 4 期的中心化移动平均数;相应地,$M_{n-2}^{(1)}$ 为第 $n-2$ 期的中心化移动平均数,作为第 $n-2$ 期的长期趋势值。

【例 9-22】 用移动平均法(移动平均项数为奇数)测定表 9-22 所示序列的长期趋势及预测值。

表 9-22 移动平均计算表(移动平均项数为奇数) 单位:万吨

年份序号	产量	三项移动平均值	三项移动平均预测值	五项移动平均值	五项移动平均预测值
1	25	—	—	—	—
2	24	24.3	—	—	—
3	24	24.7	—	26.6	—
4	26	28.0	24.3	28.8	—
5	34	32.0	24.7	31.0	—
6	36	35.0	28.0	34.2	26.6
7	35	37.0	32.0	36.8	28.8
8	40	38.0	35.0	39.0	31.0
9	39	41.3	37.0	—	34.2
10	45	—	38.0	—	36.8
11	—	—	41.3	—	39.0

2. 偶数项移动平均法

若所移动平均的项数为偶数,则计算出来的移动平均数对应的中间项在两个时期之间,不能代表任一时期的趋势值。以 $N=4$ 为例,有:

$$M_{2.5}^{(1)} = \frac{1}{4}(y_1 + y_2 + y_3 + y_4)$$

$$M_{3.5}^{(1)} = \frac{1}{4}(y_2 + y_3 + y_4 + y_5)$$

$$M_{4.5}^{(1)} = \frac{1}{4}(y_3 + y_4 + y_5 + y_6)$$

解决的办法是对一次移动平均数再做一次项数为 2 的移动平均,即计算二次移动平均数并以此作为长期趋势值,用 $M_t^{(2)}$ 表示,即:

$M_3^{(2)} = \frac{1}{2}(M_{2.5}^{(1)} + M_{3.5}^{(2)})$,作为第 3 期的趋势值;

$M_4^{(2)} = \frac{1}{2}(M_{3.5}^{(1)} + M_{4.5}^{(2)})$,作为第 4 期的趋势值;

依次类推。

【例 9-23】 用移动平均法(移动平均项数为偶数)测定表 9-23 所示序列的长期趋势。

表 9-23 移动平均计算表(移动平均项数为偶数)　　　　　　　　单位:吨

季度序号	销售量	四项移动平均值	再二项移动平均值
1	12	—	—
2	21	15	—
3	9	16	15.5
4	18	19	17.5
1	16	20	19.5
2	33	21	20.5
3	13	21	21.0
4	22	21	21.0
1	16	22	21.5
2	33	24	23.5
3	17	—	—
4	30	—	—

【例 9-24】 根据表 9-24 所示 2000—2011 年我国单位面积棉花产量,分别计算 3 年移动平均趋势值和 4 年移动平均趋势值。

表 9-24 2000—2011 年我国单位面积棉花产量

年　份	单位面积棉花产量/(千克/公顷)	年　份	单位面积棉花产量/(千克/公顷)
2000	1 093	2006	1 295
2001	1 107	2007	1 286
2002	1 175	2008	1 302
2003	951	2009	1 289
2004	1 111	2010	1 229
2005	1 129	2011	1 308

解:根据奇数移动平均法和偶数移动平均法的计算公式进行计算,计算结果如表 9-25 所示。

表 9-25　单位面积棉花产量移动平均趋势值

年　份	时间序号	单位面积棉花产量/(千克/公顷)	移动平均数		
			$N=3$	$N=4$	
			$M_t^{(1)}$	$M_{t+1}^{(1)}$	$M_t^{(2)}$
2000	1	1 093	—	—	—
2001	2	1 107	1 125	1 082	—
2002	3	1 175	1 078	1 086	1 084
2003	4	951	1 079	1 092	1 089
2004	5	1 111	1 064	1 122	1 107
2005	6	1 129	1 178	1 205	1164
2006	7	1 295	1 237	1 253	1 229
2007	8	1 286	1 294	1 293	1 273
2008	9	1 302	1 292	1 277	1 285
2009	10	1 289	1 273	1 282	1 280
2010	11	1 229	1 275	—	—
2011	12	1 308	—	—	—

(二)趋势模型法

趋势模型法是根据时间序列长期趋势的表现形态,建立一个合适的趋势模型,来描述趋势变动的规律性,并测定各期的趋势值。

长期趋势的类型与求解参数的方法很多,因此,趋势模型法的关键:一是选择合适的数学模型,二是用合理的方法求解数学模型的参数。

根据社会经济现象的实际统计数据,选择合适的趋势数学模型有三种基本方法:第一种方法是散点图法,即根据时间数据绘制散点图,观察散点图的走势,选择合适的模型;第二种方法是计算法,即计算指标实际值的特征值,根据特征值选择合适的模型;第三种方法是误差平方和最小法,当散点图法和计算法均不能很好地判断趋势时,可同时拟合几种趋势模型,在求出各期趋势的理论值后,选择拟合误差平方和最小的模型作为最佳模型,进行趋势预测。

求解趋势模型参数的方法有很多种,如最小二乘法、全数列平均法、分段平均法、三点法或四点法、三段总和法等,其中最常用的是最小二乘法。

1.线性趋势模型

当发展现象的一次差大致相等时,可拟合线性趋势模型。线性趋势模型为 $\hat{y}=a+bt$。根据最小平方法,可得趋势模型中未知参数 a 和 b 的解为:

$$\begin{cases} a = \bar{y} - b\bar{t} \\ b = \dfrac{n\sum ty - \sum t \sum y}{n\sum t^2 - (\sum t)^2} \end{cases} \quad (公式 9.33)$$

若取时间序列的中间时期为原点,使得 $\sum t=0$,可得到参数 a 和 b 的简捷公式:

$$\begin{cases} a = \dfrac{\sum y}{n} \\ b = \dfrac{\sum ty}{\sum t^2} \end{cases}$$
（公式9.34）

原序列的项数不同，其时间的排列也不同，一般的：
原序列有奇数项，时间为：
$$\cdots,-3,-2,-1,0,1,2,3,\cdots$$
原序列有偶数项，时间为：
$$\cdots,-5,-3,-1,1,3,5,\cdots$$

2. 非线性趋势模型

现象的发展变动趋势若呈现出某种非线性形态，则需要配合适当的趋势曲线。常用的趋势曲线有二次曲线、指数曲线、修正指数曲线、龚帕兹曲线、罗吉斯蒂曲线，其中指数曲线用于描述以几何级数递增或递减的现象。指数曲线的一般形式为：
$$\hat{y}_t = ab^t$$
（公式9.35）

为确定指数曲线中的参数 a 和 b，可采用"线性化"手段将指数曲线转化为对数直线形式，即两端取对数，得：
$$\lg \hat{y}_t = \lg a + t \lg b$$
（公式9.36）

然后根据最小平方法的原理，按直线形式求参数的方法，解得 $\lg a$ 和 $\lg b$，再取其反对数，即得参数 a 和 b。

修正指数曲线、龚帕兹曲线、罗吉斯蒂曲线描述的是初期增长率高，随后增长率降低，最后增长率接近水平线的现象。其趋势方程均有三个未知常数，可用三段总和法求得。

【例 9-25】 农业是国民经济的基础，粮食产量是衡量农业经济发展最主要的指标。某地区历年粮食产量资料如表9-26中第1、3列所示。

现要求用最小二乘法拟合直线趋势模型，并预测2011—2015年的粮食产量。

解：

第一步，用Excel绘制粮食产量散点图，显示直线趋势，如图9-1所示。

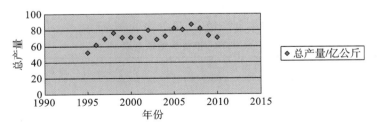

图9-1 粮食产量散点图

第二步，数列中共有16年的数据，为使 $\sum t = 0$，各年份序号形成一个公差为2的等差数列（原点在居中两年之间），即：$-15,-13,\cdots,-7,-5,-3,-1,1,3,5,7,\cdots,13,15$。计算结果如表9-26所示。

表 9-26 直线趋势模型最小二乘法(简捷法)计算表

年 份	年份序号 t	总产量 y/亿公斤	t^2	ty
1995	−15	52.17	225	−782.55
1996	−13	62.47	169	−812.11
1997	−11	69.11	121	−760.21
1998	−9	76.74	81	−690.66
1999	−7	70.68	49	−494.76
2000	−5	71.34	25	−356.70
2001	−3	70.69	9	−212.07
2002	−1	80.07	1	−80.07
2003	1	68.57	1	68.57
2004	3	72.50	9	217.50
2005	5	82.50	25	412.50
2006	7	80.60	49	564.20
2007	9	87.20	81	784.80
2008	11	82.26	121	904.86
2009	13	73.24	169	952.12
2010	15	71.25	225	1 068.75
合 计	0	1 171.39	1 360	784.17

第三步,计算直线趋势模型的参数值,拟合直线趋势模型。

$$a = \bar{y} = \frac{\sum y}{n} = \frac{1\ 171.39}{16} = 73.21$$

$$b = \frac{\sum ty}{\sum t^2} = \frac{784.17}{1\ 360} = 0.576\ 6$$

$$\hat{y} = 73.21 + 0.576\ 6t$$

第四步,预测 2011—2015 年的粮食产量,结果如表 9-27 所示。

表 9-27 粮食产量预测表

年 份	年份序号 t	粮食产量预测值 $\hat{y}$/亿公斤
2011	17	83.01
2012	19	84.17
2013	21	85.32
2014	23	86.47
2015	25	87.63

(1)粮食产量直线趋势模型 $\hat{y} = 73.21 + 0.576\ 6t$ 中 $b = 0.576\ 6$,说明该地区粮食产量每年增长 0.576 6 亿公斤。

(2) 计算标准估计误差。

$$S_{yx} = \sqrt{\frac{\sum(y-\hat{y})^2}{n-2}} = \sqrt{\frac{\sum y^2 - a\sum y - b\sum ty}{n-2}}$$

$$= \sqrt{\frac{86\,854.68 - 73.21 \times 1\,171.39 - 0.576\,6 \times 784.17}{16-2}}$$

$$= 6.79$$

【例 9-26】 电力是国民经济发展的基础能源,不断增加电力供应,是国民经济发展和人民生活的重要保证。某地区历年发电资料如表 9-28 中第 1、3 列所示。现要求用最小二乘法拟合指数趋势模型,并预测 2011—2015 年的发电量。

解:

第一步,用 Excel 绘制发电量散点图,展示指数发展趋势,如图 9-2 所示。

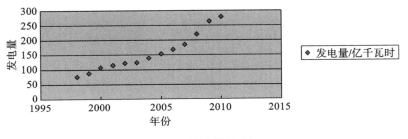

图 9-2 发电量散点图

第二步,因为该数列共有 13 年(为奇数)的数据,因此用以下方法表示各年的序号(以中间一年为原点),即: $-6, -5, -4, -3, -2, -1, 0, 1, 2, 3, 4, 5, 6$,可得 $\sum t = 0$。列表计算结果如表 9-28 所示。

表 9-28 指数曲线最小二乘法(简捷法)计算表

年 份	年份序号 t	发电量 y /亿千瓦时	lg y	t^2	$t$lg y
1998	−6	75.83	1.879 8	36	−11.278 8
1999	−5	88.29	1.945 9	25	−9.729 5
2000	−4	106.63	2.027 9	16	−8.111 6
2001	−3	114.10	2.057 3	9	−6.171 9
2002	−2	120.24	2.080 0	4	−4.160 0
2003	−1	124.57	2.059 4	1	−2.059 4
2004	0	136.92	2.136 5	0	0
2005	1	151.27	2.179 8	1	2.179 8
2006	2	167.53	2.224 1	4	4.448 2
2007	3	184.59	2.266 2	9	6.798 6
2008	4	220.02	2.342 5	16	9.370 0
2009	5	263.42	2.420 6	25	12.103 0

续表

年 份	年份序号 t	发电量 y /亿千瓦时	$\lg y$	t^2	$t\lg y$
2010	6	277.74	2.4436	36	14.6616
合 计	0		28.0636	182	8.0500

第三步，计算指数曲线趋势模型的参数值，拟合指数曲线趋势模型。

设 $A=\log a$，$B=\lg b$，$y'=\lg y$，则：

$$A=\frac{\sum y'}{n}=\frac{28.0636}{13}=2.1587$$

$$B=\frac{\sum ty'}{\sum t^2}=\frac{8.0500}{182}=0.0442$$

拟合的对数直线趋势方程为：

$$\hat{y}'=2.1587+0.0442t$$

求 A、B 的反对数，得：

$$a=144.1120 \quad b=1.1071$$

所以，指数曲线趋势方程为：

$$\hat{y}=144.1120\times1.1071^t \text{（原点在2004年中）}$$

第四步，将年份序号代入指数曲线趋势模型，预测 2011—2015 年的发电量，结果如表 9-29 所示。

表 9-29　2011—2015 年发电量预测值

年 份	年份序号 t	发电量预测值 $\hat{y}$/亿千瓦时
2011	7	295.39
2012	8	326.96
2013	9	361.91
2014	10	400.59
2015	11	443.41

（1）发电量指数曲线趋势模型 $\hat{y}=144.1120\times1.1071^t$ 中 $b=1.1071$，说明该地区发电量年平均发展速度是 110.71%，即年平均增长率为 10.71%，发电量增长较快。

（2）根据指数曲线趋势模型，可计算出 2006—2010 年发电量的趋势测定值（理论值），如表 9-30 中第 4 列所示，再计算绝对误差和相对误差，分别如表 9-30 中第 5、6 列所示，可以看出，相对误差均在 10% 以下，说明模型拟合效果很好。

表 9-30　发电量趋势测定值误差计算表　　　　　　　　　　单位：亿千瓦时

年 份	年份序号	实际值 y	趋势理论值 $\hat{y}$	绝对误差 $y-\hat{y}$	相对误差 $\frac{|y-\hat{y}|}{y}$
2006	2	167.53	176.63	-9.10	5.2

续表

年份	年份序号	实际值 y	趋势理论值 $\hat{y}$	绝对误差 $y-\hat{y}$	相对误差 $\dfrac{|y-\hat{y}|}{y}$
2007	3	184.59	195.55	−10.96	5.6
2008	4	220.02	216.49	3.53	1.6
2009	5	263.42	239.68	23.74	9.9
2010	6	277.74	265.35	12.39	4.7

【例 9-27】 某地区历年粮食产量资料如表 9-31 所示。

表 9-31 某地区历年粮食产量统计表

年份	2004	2005	2006	2007	2008	2009
产量/万吨	430	440	452	462	472	484

试拟合指数趋势数学模型,并预测 2011 年的粮食产量。

解:

(1) 选择合适的数学模型。模型的选取有两种方法,一是观察散点图,二是观察一次增长量是否为常数。

第一种方法:观察散点图。

某地区历年粮食产量散点图如图 9-3 所示。散点图中各散点基本在一条直线上,因此,应选择直线趋势模型。

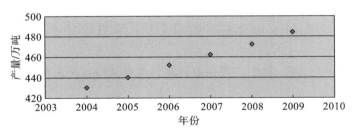

图 9-3 某地区历年粮食产量散点图

第二种方法:观察一次增长量是否为常数。

计算一次增长量,如表 9-32 所示。

表 9-32 一次增长量计算表

年份	产量/万吨	一次增长量/万吨
2004	430	—
2005	440	10
2006	452	12
2007	462	10
2008	472	10
2009	484	12

因为表 9-32 中一次增长量大体相等,故应选择直线趋势模型。

(2) 用最小二乘法求解直线趋势模型的参数。

解法一:普通法。

直线趋势模型最小二乘计算表(普通法)如表 9-33 所示。

表 9-33 直线趋势模型最小二乘计算表(普通法)

年 份	t	y	t^2	ty
2004	1	430	1	430
2005	2	440	4	880
2006	3	452	9	1 356
2007	4	462	16	1 848
2008	5	472	25	2 360
2009	6	484	36	2 904
合 计	21	2 740	91	9 778

根据最小二乘参数求解的公式,有:

$$b = \frac{n\sum ty - \sum t \sum y}{n\sum t^2 - (\sum t)^2} = \frac{6 \times 9\,778 - 21 \times 2\,740}{6 \times 91 - (21)^2} = \frac{1\,128}{105} = 10.742\,9$$

$$a = \frac{\sum y - b\sum t}{n} = \frac{2\,740 - 10.742\,9 \times 21}{6} = \frac{2\,514.399\,1}{6} = 419.066\,5$$

$$\hat{y} = 419.066\,5 + 10.742\,9t$$

解法二:简捷法。

容易看出,当 $\sum t = 0$ 时,最小二乘参数计算公式将变得非常简单:

$$a = \bar{y} = \frac{\sum y}{n}$$

$$b = \frac{\sum ty}{\sum t^2}$$

问题在于怎样对时间序号赋值,使得 $\sum t = 0$。在对时间序列进行连续观察(在绝大多数的趋势分析问题中都能做到)的条件下,对观察得到的时间项数需分奇偶性进行不同的赋值。

① 对奇数项,中间项的时间序号为 0,公差为 1,即时间 t 的序列为:

······ −5 −4 −3 −2 −1 0 1 2 3 4 5 ······

② 对偶数项,中间无 0,公差为 2,即时间 t 的序列为:

······ −9 −7 −5 −3 −1 1 3 5 7 9 ······

③ 对偶数项,中间无 0,公差为 1,即时间 t 的序列为:

······ −2.5 −1.5 −0.5 0.5 1.5 2.5 ······

直线趋势模型最小二乘计算表(简捷法②)如表 9-34 所示。

表 9-34　直线趋势模型最小二乘计算表（简捷法②）

年　份	t	y	t^2	ty
2004	-5	430	25	$-2\ 150$
2005	-3	440	9	$-1\ 320$
2006	-1	452	1	-452
2007	1	462	1	462
2008	3	472	9	1 416
2009	5	484	25	2 420
合　计	0	2 740	70	376

根据表 9-34 所示数据，可解得：

$$a = \bar{y} = \frac{\sum y}{n} = \frac{2\ 740}{6} = 456.666\ 7$$

$$b = \frac{\sum ty}{\sum t^2} = \frac{376}{70} = 5.371\ 4$$

$$\hat{y} = 456.666\ 7 + 5.371\ 4t$$

直线趋势模型最小二乘计算表（简捷法③）如表 9-35 所示。

表 9-35　直线趋势模型最小二乘计算表（简捷法③）

年　份	t	y	t^2	ty
2004	-2.5	430	6.25	$-1\ 075$
2005	-1.5	440	2.25	-660
2006	-0.5	452	0.25	-226
2007	0.5	462	0.25	231
2008	1.5	472	2.25	708
2009	2.5	484	6.25	1 210
合　计	0	2 740	17.50	188

$$a = \bar{y} = \frac{\sum y}{n} = \frac{2\ 740}{6} = 456.666\ 7$$

$$b = \frac{\sum ty}{\sum t^2} = \frac{188}{17.50} = 10.742\ 9$$

$$\hat{y} = 456.666\ 7 + 10.742\ 9t$$

（3）预测 2011 年的粮食产量。

普通法：2011 年 $t=8$，粮食产量的趋势预测值（万吨）为

$$\hat{y} = (419.066\ 5 + 10.742\ 9 \times 8)\ 万吨 = 505.009\ 7\ 万吨$$

简捷法②：2011 年 $t=9$，粮食产量的趋势预测值（万吨）为

$$\hat{y} = (456.666\ 7 + 5.371\ 4 \times 9)\text{万吨} = 505.009\ 3\text{万吨}$$

简捷法③：2011 年 $t = 4.5$，粮食产量的趋势预测值（万吨）为

$$\hat{y} = (456.666\ 7 + 10.742\ 9 \times 4.5)\text{万吨} = 505.009\ 8\text{万吨}$$

可见，三种方法的计算结果相同。

第五节 季节变动的测定

一、季节变动测定的目的

现象季节变动是指某些社会经济现象，随着季节的更换而发生的短周期的比较有规律的变动。测定季节变动的目的：①测定季节变动的规律，进行预测，据以安排生产行为以及其他经济行为；②从序列中剔除季节变动，以分析其他变动。进行季节变动分析时应具备三年以上的按月或季收集的实际值资料。分析季节变动的目的是掌握季节变动的规律，更好地组织各项社会经济活动。季节变动的分析主要有两种方法：按月（季）平均法和趋势剔除法。

二、按月（季）平均法

按月（季）平均法是分析和测定季节变动最常用、最简便的方法。这种方法对原时间序列数据不剔除长期趋势因素，直接计算季节比率。季节比率可以按月计算，也可以按季计算。其计算步骤如下。

①将各年同季（月）的实际值排列在一起；
②计算各年同季（月）实际值的平均数；
③计算全部数据总的季（月）平均数；
④用同季（月）平均数除以总季（月）平均数，即得季节比率 S（S 一般用百分数表示）。季节比率又称为季节指数，其含义是某季（月）平均数为总平均数的百分之几，用于描述季节变动的规律。

如果现象的发展没有季节变动，则各期的季节指数应等于 100%；如果现象在某一月份或季度有明显的季节变化，则各期的季节指数应大于或小于 100%。

4 个季节指数之和应等于 400%，12 个季节指数之和应等于 $1\ 200\%$，若不等，应进行调整。

【例 9-28】 某企业某产品连续 3 年的销售额资料如表 9-36 所示。

表 9-36　某企业某产品连续 3 年的销售额资料　　　　　　　　单位：万元

年份序号	第一季度	第二季度	第三季度	第四季度
一	48	105	158	49
二	54	100	171	55
三	58	89	144	54

要求：
（1）用按月（季）平均法测定季节变动。

(2)若预测第四年销售额比第三年增长10%,试预测第四年各季度的销售额。

解:

(1)按季平均法测定的步骤如下:

①计算各季销售额的平均数。

②计算销售额季总平均数。

③计算各季的季节比率。季节比率=季平均数÷季总平均数,季节比率的计算如表 9-37 所示。

表 9-37 季节比率的计算 单位:万元

年 份 序 号	第 一 季 度	第 二 季 度	第 三 季 度	第 四 季 度
一	48	105	158	49
二	54	100	171	55
三	58	89	144	54
季平均数	53.33	98.00	157.67	52.67
季节比率/(%)	58.98	108.39	174.38	58.25

$$\text{季总平均数} = \frac{53.33+98.00+157.67+52.67}{4} \text{万元} = 90.4175 \text{万元}$$

(2)若预测第四年销售额比第三年增长10%,则第四年各季度平均销售额预测值(万元)为:

$$\hat{T} = (58+89+144+54) \times 110\% \div 4 \text{ 万元} = 379.5 \div 4 \text{ 万元} = 94.875 \text{ 万元}$$

则第四年各季度销售额预测值($\hat{T} \times S$)为:

第一季度   94.875×58.98% 万元=55.96 万元
第二季度   94.875×108.39% 万元=102.84 万元
第三季度   94.875×174.38% 万元=165.44 万元
第四季度   94.875×58.25% 万元=55.26 万元

三、趋势剔除法

趋势剔除法适用于既存在季节变动,又存在增长或减少趋势变动的时间序列。它的基本思想是用合适的方法先求出各实际值的趋势值,然后剔除趋势,计算出季节指数,以显示季节变动的规律。具体方法有移动平均趋势剔除法、最小二乘趋势剔除法等。

移动平均趋势剔除法的步骤:

①用移动平均法求各月的趋势值;

②用各月的实际值除以趋势值,从原序列剔除趋势变动的影响,求出各月的季节比率;

③将同月的季节比率简单平均,消除随机变动,求出最后的季节比率;

④若12个季节比率之和不等于1 200%,进行调整;

⑤结合经济分析,对循环变动的完整周期长度、高峰、低谷、平均周期等进行进一步分析,以便对下一个周期的变动作出预测。

【例9-29】 某地区某商品连续四年分季商品销售量资料如表9-38中第1列所示,试用移动平均趋势剔除法测定商品销售量季节变动的规律。

解：

第一步，采用四项移动平均和再两项移正平均的方法，计算各期的移动平均数，即得各期的趋势值 T。

第二步，用各期的实际值除以各期的趋势值，得各期的季节变动与偶然变动相对数 SI。

趋势剔除法计算表如表 9-38 所示。

表 9-38 趋势剔除法计算表

年份序号	季度序号	销售量/万件 (y)	四项移动平均	再两项移正平均 (T)	剔除趋势值/(%) ($y/T=SI$)
一	1	10	—	—	—
	2	30	26.0	—	—
	3	48	26.5	26.3	182.51
	4	16	27.5	27.0	59.26
二	1	12	28.0	27.8	43.17
	2	34	28.5	28.3	120.14
	3	50	28.8	28.7	174.22
	4	18	29.0	28.9	62.28
三	1	13	29.5	29.3	44.37
	2	35	29.8	29.7	117.85
	3	52	30.0	29.9	173.91
	4	19	30.8	30.4	62.50
四	1	14	31.5	31.2	44.87
	2	38	31.8	31.7	119.87
	3	55	—	—	—
	4	20	—	—	—

第三步，将各季度的季节变动与偶然变动相对数排列在一起，计算其平均数，剔除偶然变动，得到各季的季节指数，如表 9-39 所示。

表 9-39 趋势剔除法季节指数计算表　　　　　　　　　　　　单位：%

年份序号	第一季度	第二季度	第三季度	第四季度	合　计
一	—	—	182.51	59.26	—
二	43.17	120.14	174.22	62.28	—
三	44.37	117.85	173.91	62.50	—
四	44.87	119.87	—	—	—
同季合计	132.41	357.86	530.64	184.04	1 204.95

续表

年份序号	第一季度	第二季度	第三季度	第四季度	合　　计
同季平均	44.14	119.27	176.88	61.35	401.64
季节指数	43.96	118.78	176.16	61.10	400.00

第四步，因为4个季节指数相加之和大于400%，故需计算调整系数，用各季节指数乘以调整系数得最后的季节指数，结果如表9-39中最后1行所示。

$$调整系数 = \frac{400.00}{401.64} = 0.99592$$

第六节　时间序列预测

一、趋势外推法

将时间代入已求得的长期趋势模型，得出未来期的预测值。这里的假定是，时间序列过去的发展趋势的规律可延续到将来。

二、自回归预测法

时间序列前后期数值之间存在的相关关系称为自相关关系。利用时间序列的自相关关系，建立自回归模型进行预测的方法，称为自回归预测法，通过前期指标值预测未来的趋势值。

当各期指标值之间呈线性相关关系时，相应的自回归模型的一般形式为：

$$\hat{y}_t = \beta_0 + \beta_1 y_{t-1} + \beta_2 y_{t-2} + \cdots + \beta_n y_{t-n} \quad (公式9.37)$$

上式称为n阶自回归趋势模型，t期的指标值为因变量，t期之前的指标值为自变量，β_0,β_1,β_2,$\cdots$,β_n为待估参数。特别地，若时间序列各期指标值仅受前一期或前i期指标值的影响，相应的自回归模型称为一阶自回归模型，即：

$$\hat{y}_t = \beta_0 + \beta_1 y_{t-i} \quad (i=1,2,\cdots,n) \quad (公式9.38)$$

当时间序列各期指标值之间呈非线性相关关系时，相应的自回归模型表现为各种曲线模型，常见的是二次曲线自回归模型：

$$\hat{y}_t = \beta_0 + \beta_1 y_{t-i} + \beta_2 y_{t-i}^2 \quad (i=1,2,\cdots,n) \quad (公式9.39)$$

自回归模型能否用于预测，必须通过误差项的自相关检验来确定。

三、移动平均法

将t期的一定步长的移动平均值作为$t+1$期的预测值。移动平均法的主要思想是通过对若干期观察值求平均的方法，减少时间序列由于偶然因素造成的短期波动，以显示时间序列的根本趋势。移动平均法适用于对没有明显上升或者下降趋势的时间序列的预测。

这里所说的移动平均法与长期趋势值测定中所用的移动平均法的不同之处在于，这种用于预测的移动平均数不代表移动项中间项的趋势值，而是下一期的预测值，所以无论移动平均的项数是奇数还是偶数都不影响计算。移动平均法可分为简单移动平均预测法和加权移动平均预测法。

1. 简单移动平均

将 N 期的平均数作为下一期预测值的预测公式为：

$$\hat{y}_{t+1} = \hat{M}_{t+1} = \frac{1}{N}(y_t + y_{t-1} + \cdots + y_{t-N+1}) \quad \text{（公式 9.40）}$$

【例 9-30】 根据例 9-24 的资料，根据 2000—2011 年我国单位面积棉花产量的数据，利用 3 期简单移动平均法预测 2012 年我国的单位面积棉花产量。

解：2012 年对应的时间序号为 13，所以：

$$\hat{M}_{13} = \frac{1}{3}(y_{12} + y_{11} + y_{10}) = \frac{1}{3}(1\,289 + 1\,229 + 1\,308)\,千克/公顷 = 1\,275.33\,千克/公顷$$

即用 3 期简单移动平均法预测我国 2012 年的棉花单位面积产量为 1 275.33 千克/公顷。

2. 加权移动平均

现实中会遇到各期数值对预测值的影响不同的情况。一般来说，近期值比远期值更重要，因而在移动平均时应给予更大的权重，相应的移动平均法称为加权移动平均法，其公式为

$$\hat{y}_{t+1} = \hat{M}_{\omega_i}^{(1)} = \frac{\omega_0 y_t + \omega_1 y_{t-1} + \cdots + \omega_{N-1} y_{t-N+1}}{\omega_0 + \omega_1 + \cdots + \omega_{N-1}} \quad \text{（公式 9.41）}$$

式中，$\hat{M}_{\omega_i}^{(1)}$ 是 t 期的一次加权平均数，用它作为第 $t+1$ 期的预测值；ω_i 为 y_{t-i} 的权数，应满足 $\omega_0 > \omega_1 > \cdots > \omega_{N-1}$，以保证各期指标值对预测值的影响由近及远逐渐减小。

移动平均法只有一期的预测能力，若要进行多期预测，则必须对预测值再计算移动平均数，这可能产生预测误差的积累，而且加权移动平均法中权数的选择也具有较大的随意性，因此，预测的准确性较差。

【例 9-31】 根据例 9-24 的资料，根据 2000—2011 年我国单位面积棉花产量的数据，利用 3 期加权移动平均法预测 2012 年我国的单位面积棉花产量（权重分别为 $\frac{1}{2}$、$\frac{1}{3}$、$\frac{1}{6}$）。

解：2012 年对应的时间序号为 13，所以：

$$\hat{M}_{13} = \frac{1}{2}y_{12} + \frac{1}{3}y_{11} + \frac{1}{6}y_{10}$$

$$= \left(\frac{1}{2} \times 1\,289 + \frac{1}{3} \times 1\,229 + \frac{1}{6} \times 1\,308\right)千克/公顷 = 1\,272.17\,千克/公顷$$

即用 3 期加权移动平均法预测我国 2012 年的棉花单位面积产量为 1 272.17 千克/公顷。

四、指数平滑法

指数平滑法是以时间序列预测期之前所有期实际值的加权平均数作为预测值的方法，分为一次指数平滑法、二次指数平滑法、三次指数平滑法。

（一）一次指数平滑法

一次指数平滑法是平稳型时间序列的另一种预测方法，它以时间序列预测期之前所有时期指标值的加权平均数作为预测值，预测公式为：

$$\hat{y}_{t+1} = S_t^{(1)} = \alpha y_t + (1-\alpha)\hat{y}_t \quad \text{（公式 9.42）}$$

也可表示为：

$$\hat{y}_{t+1} = S_t^{(1)} = \hat{y}_t + \alpha(y_t - \hat{y}_t) \quad \text{（公式 9.43）}$$

式中,α 为平滑系数。

此方法之所以称为"平滑"法,是因为它是一种递推预测方法,带有滚动推算的特色,只能逐期进行。事实上,根据第一期实际值与预测值,可以推算出第 2 期预测值,再根据第 2 期实际值与预测值可以推算出第 3 期预测值,依次类推,根据第 t 期的实际值与预测值,便可推算出 $t+1$ 期的预测值。

在指数平滑预测中,必须正确解决平滑系数和平滑初始值的确定问题。

在确定 α 值时,应先观察分析时间序列的变动特点,如时间序列波动较小,α 应取较小数值,通常在 0.1 与 0.3 之间;如时间序列波动较大,α 应取较大数值,通常在 0.6 与 0.9 之间;当难以判断时,可选用几个不同的 α 值试算比较,从中选取预测误差最小的 α 值。

关于初始预测值 $S_0^{(1)}$ 的确定,一般依据资料项数 n 的大小而定。当 $n<20$ 时,取前 3 项实际值的平均值为初始预测值 $S_0^{(1)}$;当 $n \geqslant 20$ 时,一般用第 1 期的实际值作为 $S_0^{(1)}$。

一次指数平滑法的特点:

(1) t 期的预测值实质上是以前所有各期实际值的加权平均数,且符合近期权数大,远期权数小的预测思想。

$$\hat{y}_{t+1} = \alpha y_t + (1-\alpha)\hat{y}_t = \alpha y_t + \alpha(1-\alpha)y_{t-1} + \alpha(1-\alpha)^2 y_{t-2} + \alpha(1-\alpha)^3 y_{t-3} + \cdots + \alpha(1-\alpha)^{t-1} y_1$$

(2) 可以证明,当 t 很大时,各期权数之和等于 1。

设 $\alpha, \alpha(1-\alpha), \alpha(1-\alpha)^2, \alpha(1-\alpha)^3, \cdots, \alpha(1-\alpha)^{t-1}$ 是公比为 $1-\alpha$ 的等比递缩数列,其和为

$$S = \alpha \frac{1-(1-\alpha)^t}{1-(1-\alpha)} = 1-(1-\alpha)^t$$

当 $t \to \infty$ 时,S 等于 1。

(3) 具有根据本期预测误差对下期预测值进行调整的机制。

$$\hat{y}_{t+1} = \alpha y_t + (1-\alpha)\hat{y}_t = \alpha y_t + \hat{y}_t - \alpha \hat{y}_t = \hat{y}_t + \alpha(y_t - \hat{y}_t)$$

式中,$(y_t - \hat{y}_t)$ 为 t 期的预测误差。

(4) 一次指数平滑法只有一期的预测能力。

(5) 一次指数平滑法仅适用于水平趋势的数列。

(6) 平滑初始值和平滑系数的确定有较大主观性。

【例 9-32】 某企业某种产品近 8 年的产量资料如表 9-40 所示。

表 9-40 某企业某产品近 8 年的产量资料   单位:万吨

时间序号	1	2	3	4	5	6	7	8
产品产量	85	93	91	87	83	92	86	88

要求:用一次指数平滑法预测第 9 期的产品产量。

解:

该数列属于水平型数列,适合用一次指数平滑法作预测。

第一步,确定平滑初始值。

$$S_0^{(1)} = \frac{y_1 + y_2 + y_3}{3} = \frac{85 + 93 + 91}{3} \text{万吨} = 89.7 \text{万吨}$$

第二步,确定平滑系数。因为该数列波动不大,所以取 $\alpha = 0.3$。

第三步,计算各期的一次指数平滑值,计算公式为:
$$S_t^{(1)} = \alpha y_t + (1-\alpha) S_{t-1}^{(1)}$$
如第1期和第2期的一次指数平滑值为:
$$S_1^{(1)} = \alpha y_1 + (1-\alpha) S_0^{(1)} = [0.3 \times 85 + (1-0.3) \times 89.7] 万吨 = 88.3 万吨$$
$$S_2^{(1)} = \alpha y_2 + (1-\alpha) S_1^{(1)} = [0.3 \times 93 + (1-0.3) \times 88.3] 万吨 = 89.7 万吨$$
其他各期类推,计算结果如表9-41中第3列所示。

表9-41 一次指数平滑法计算表

时间序号 t	产品产量 y_t	一次指数平滑值 $S_t^{(1)}$	一次指数平滑预测值 $\hat{y}_{t+1} = S_t^{(1)}$
0	—	89.7	—
1	85	88.3	89.7
2	93	89.7	88.3
3	91	90.1	89.7
4	87	89.2	90.1
5	83	87.3	89.2
6	92	88.7	87.3
7	86	87.9	88.7
8	88	87.9	87.9
9	—	—	87.9

第四步,将各期的一次指数平滑值下移一期,即得到各期的一次指数平滑预测值,如表9-41中第4列所示,即:
$$\hat{y}_{t+1} = S_t^{(1)}$$
第9期产品产量的预测值为:
$$\hat{y}_{8+1} = \alpha y_8 + (1-\alpha) S_7^{(1)} = [0.3 \times 88 + (1-0.3) \times 87.9] 万吨 = 87.9 万吨$$
或 $$\hat{y}_{8+1} = \alpha y_8 + (1-\alpha) \hat{y}_8 = [0.3 \times 88 + (1-0.3) \times 87.9] 万吨 = 87.9 万吨$$

【例9-33】 甲乙两个企业某产品产量资料如表9-42所示。

表9-42 甲乙两个企业某产品产量资料　　　　　　　　　单位:万吨

甲企业	年份序号	1	2	3	4	5	6	7	8
	产量	30	40	48	56	66	78	87	96
乙企业	年份序号	1	2	3	4	5	6	7	8
	产量	45	53	51	47	43	50	46	48

要求:
(1)分析两个企业产量资料的趋势有什么不同。
(2)分别采用不同的 α 进行预测,并比较预测误差,说明一次指数平滑法的适用范围。

解：
第一步，确定平滑初始值。

甲企业 $S_0^{(1)} = \dfrac{y_1 + y_2 + y_3}{3} = \dfrac{30 + 40 + 48}{3}$ 万吨 $= 39.3$ 万吨

乙企业 $S_0^{(1)} = \dfrac{y_1 + y_2 + y_3}{3} = \dfrac{45 + 53 + 51}{3}$ 万吨 $= 49.7$ 万吨

第二步，确定平滑系数。

为了比较预测效果，采用 $\alpha = 0.1, \alpha = 0.3, \alpha = 0.9$ 分别对甲、乙数列做一次指数平滑预测。

第三步，计算各期的一次指数平滑值，计算公式为：

$$S_t^{(1)} = \alpha y_t + (1-\alpha) S_{t-1}^{(1)}$$

甲企业（$\alpha = 0.1$），第1期和第2期的一次指数平滑值为：

$S_1^{(1)} = \alpha y_1 + (1-\alpha) S_0^{(1)} = [0.1 \times 30 + (1-0.1) \times 39.3]$ 万吨 $= 38.4$ 万吨

$S_2^{(1)} = \alpha y_2 + (1-\alpha) S_1^{(1)} = [0.1 \times 40 + (1-0.1) \times 38.4]$ 万吨 $= 38.6$ 万吨

乙企业（$\alpha = 0.3$），第1期和第2期的一次指数平滑值为：

$S_1^{(1)} = \alpha y_1 + (1-\alpha) S_0^{(1)} = [0.3 \times 45 + (1-0.3) \times 49.7]$ 万吨 $= 48.3$ 万吨

$S_2^{(1)} = \alpha y_2 + (1-\alpha) S_1^{(1)} = [0.3 \times 53 + (1-0.3) \times 48.3]$ 万吨 $= 49.7$ 万吨

其余类推，计算结果如表9-43所示。

第四步，将各期的一次指数平滑值下移一期，即得到各期的一次指数平滑预测值，即：

$$\hat{y}_{t+1} = S_t^{(1)}$$

如甲企业第9期产品产量的预测值（$\alpha = 0.1$）为：

$\hat{y}_{8+1} = \alpha y_8 + (1-\alpha) S_7^{(1)} = [0.1 \times 96 + (1-0.1) \times 51.1]$ 万吨 $= 55.6$ 万吨

乙企业第9期产品产量的预测值（$\alpha = 0.3$）为：

$\hat{y}_{8+1} = \alpha y_8 + (1-\alpha) S_7^{(1)} = [0.3 \times 48 + (1-0.3) \times 47.5]$ 万吨 $= 47.7$ 万吨

表9-43 指数平滑预测计算表

企业	时期序号 t	实际值 y_t	$\alpha = 0.1$		$\alpha = 0.3$		$\alpha = 0.9$	
			指数平滑值 $S_t^{(1)}$	指数预测值 $\hat{y}_t$	指数平滑值 $S_t^{(1)}$	指数预测值 $\hat{y}_t$	指数平滑值 $S_t^{(1)}$	指数预测值 $\hat{y}_t$
甲企业	0		39.3		39.3		39.3	
	1	30	38.4	39.3	36.5	39.3	30.9	39.3
	2	40	38.6	38.4	37.6	36.5	39.1	30.9
	3	48	39.5	38.6	40.7	37.6	47.1	39.1
	4	56	41.2	39.5	45.3	40.7	55.1	47.1
	5	66	43.7	41.2	51.5	45.3	64.9	55.1
	6	78	47.1	43.7	59.5	51.5	76.7	64.9
	7	87	51.1	47.1	67.7	59.5	86.0	76.7
	8	96	55.6	51.1	76.2	67.7	95.0	86.0

续表

企业	时期序号 t	实际值 y_t	$\alpha=0.1$		$\alpha=0.3$		$\alpha=0.9$	
			指数平滑值 $S_t^{(1)}$	指数预测值 $\hat{y}_t$	指数平滑值 $S_t^{(1)}$	指数预测值 $\hat{y}_t$	指数平滑值 $S_t^{(1)}$	指数预测值 $\hat{y}_t$
乙企业	0		49.7		49.7		49.7	
	1	45	49.2	49.7	48.3	49.7	45.5	49.7
	2	53	49.6	49.2	49.7	48.3	52.3	45.5
	3	51	49.7	49.6	50.1	49.7	51.1	52.3
	4	47	49.4	49.7	49.2	50.1	47.4	51.1
	5	43	48.8	49.4	47.3	49.2	43.4	47.4
	6	50	48.9	48.8	48.1	47.3	49.3	43.4
	7	46	48.6	48.9	47.5	48.1	46.3	49.3
	8	48	48.5	48.6	47.7	47.5	47.83	46.3

本题进行一次指数平滑法预测时,α 分别选用了 0.1、0.3、0.9 三个不同的值,可以看出,预测结果是不相同的,那么,哪一个的预测效果更好呢？在定量预测中,比较预测准确度就是比较预测误差的大小。预测误差是指预测值与实际值之间的偏差程度,误差值越小,说明预测准确度越高。

衡量单个预测值准确程度的指标有：

绝对误差 $\qquad |y_t - \hat{y}_t| \qquad$ (公式9.44)

相对误差 $\qquad \dfrac{y_t - \hat{y}_t}{y_t} \times 100\% \qquad$ (公式9.45)

衡量序列所有预测值准确程度的指标有：

平均绝对误差 $\qquad \dfrac{1}{n}\sum_{t=1}^{n}|y_t - \hat{y}_t| \qquad$ (公式9.46)

平均相对误差 $\qquad \dfrac{1}{n}\sum_{t=1}^{n}\dfrac{y_t - \hat{y}_t}{y_t} \qquad$ (公式9.47)

均方误差 $\qquad \dfrac{1}{n}\sum_{t=1}^{n}(y_t - \hat{y}_t)^2 \qquad$ (公式9.48)

均方根误差 $\qquad \sqrt{\dfrac{1}{n}\sum_{t=1}^{n}(y_t - \hat{y}_t)} \qquad$ (公式9.49)

乙数列指数平滑预测误差比较表如表 9-44 所示。

表 9-44 乙数列指数平滑预测误差比较表

时期序号 t	实际值 y_t	$\alpha=0.1$			$\alpha=0.3$			$\alpha=0.9$		
		预测值 $\hat{y}_t$	绝对误差	平方误差	预测值 $\hat{y}_t$	绝对误差	平方误差	预测值 $\hat{y}_t$	绝对误差	平方误差
1	45	49.7	4.7	22.09	49.7	4.7	22.09	49.7	4.7	22.09

续表

时期序号 t	实际值 y_t	$\alpha=0.1$			$\alpha=0.3$			$\alpha=0.9$		
		预测值 $\hat{y}_t$	绝对误差	平方误差	预测值 $\hat{y}_t$	绝对误差	平方误差	预测值 $\hat{y}_t$	绝对误差	平方误差
2	53	49.2	3.8	14.44	48.3	4.7	22.09	45.5	7.5	56.25
3	51	49.6	1.4	1.96	49.7	1.3	1.69	52.3	1.3	1.69
4	47	49.7	2.7	7.29	50.1	3.1	9.61	51.1	4.1	16.81
5	43	49.4	6.4	40.96	49.2	6.2	38.44	47.4	4.4	19.36
6	50	48.8	1.2	1.44	47.3	2.7	7.29	43.4	6.6	43.56
7	46	48.9	2.9	8.41	48.1	2.1	4.41	49.3	3.3	10.89
8	48	48.6	0.6	0.36	47.5	0.5	0.25	46.3	1.7	2.89
合计			23.7	96.95		25.3	105.87		33.6	173.54
平均			2.963	12.12		3.16	13.23		4.20	21.69

从表中数据可以看出,当 $\alpha=0.1$ 时,平均绝对误差和均方误差都比 $\alpha=0.3$、$\alpha=0.9$ 时小,因此,选用 $\alpha=0.1$ 对乙企业第 9 期产品产量作如下预测:

$$\hat{y}_{8+1} = \alpha y_8 + (1-\alpha)S_7^{(1)}$$
$$= [0.1 \times 48 + (1-0.1) \times 48.6] 万吨 = 48.54 万吨$$

(二)二次指数平滑法

二次指数平滑法是对一次指数平滑后的数列再做一次指数平滑,利用一次指数平滑值和二次指数平滑值的关系,建立直线趋势预测模型进行预测的方法。

递推公式为:

$$S_t^{(2)} = \alpha S_t^{(1)} + (1-\alpha)S_{t-1}^{(2)} \quad (公式9.50)$$

$$\hat{y}_{t+T} = a_t + b_t T \quad (公式9.51)$$

其中:

$$a_t = 2S_t^{(1)} - S_t^{(2)}$$

$$b_t = \frac{\alpha}{1-\alpha}(S_t^{(1)} - S_t^{(2)}) \quad (公式9.52)$$

二次指数平滑法保持了一次指数平滑法的特点,不仅能处理水平型时间序列的预测,而且对有上升或下降趋势的直线型时间序列进行预测时,克服了滞后偏差,使预测更为准确。二次指数平滑法所建立的直线趋势预测模型中,参数 a_t、b_t 是动态的,它们随着新增样本信息的变化而变化,具有初步的自我适应能力。虽然从理论上讲,二次指数平滑法具有无限的预测能力,但是从预测实际效果考虑,预测期不宜过长,否则,二次指数平滑法将失去其优点。

【例 9-34】 甲企业某产品产量资料如表 9-45 所示。

表 9-45 甲企业某产品产量资料   单位:万吨

甲企业	年份序号	1	2	3	4	5	6	7	8
	产量	30	40	48	56	66	78	87	96

要求:用二次指数平滑法对甲企业第 9~12 期的产品产量进行预测($\alpha=0.7$)。

解:

第一步,确定一次指数平滑初始值。

$$S_0^{(1)} = \frac{y_1+y_2+y_3}{3} = \frac{30+40+48}{3}\text{万吨} = 39.3\text{万吨}$$

第二步,计算各期的一次指数平滑值。

如第 1 期、第 2 期的一次指数平滑值为:

$$S_1^{(1)} = \alpha y_1 + (1-\alpha)S_0^{(1)} = [0.7\times 30+(1-0.7)\times 39.3]\text{万吨} = 32.8\text{万吨}$$

$$S_2^{(1)} = \alpha y_2 + (1-\alpha)S_1^{(1)} = [0.7\times 40+(1-0.7)\times 32.8]\text{万吨} = 37.8\text{万吨}$$

其他各期类推,一次指数平滑值计算结果如表 9-46 第 3 列所示。

第三步,确定二次指数平滑初始值。

$$S_0^{(2)} = \frac{S_0^{(1)}+S_1^{(1)}+S_2^{(1)}}{3} = \frac{39.3+32.8+37.8}{3}\text{万吨} = 36.6\text{万吨}$$

第四步,计算各期的二次指数平滑值。

如第 1 期、第 2 期的二次指数平滑值为:

$$S_1^{(2)} = \alpha S_1^{(1)} + (1-\alpha)S_0^{(2)} = [0.7\times 32.8+(1-0.7)\times 36.6]\text{万吨} = 33.9\text{万吨}$$

$$S_2^{(2)} = \alpha S_2^{(1)} + (1-\alpha)S_1^{(2)} = [0.7\times 37.8+(1-0.7)\times 33.9]\text{万吨} = 36.6\text{万吨}$$

其他各期类推,二次指数平滑值计算结果如表 9-46 第 4 列所示。

第五步,计算各期预测直线模型的参数,计算公式为:

$$a_t = 2S_t^{(1)} - S_t^{(2)}$$

$$b_t = \frac{\alpha}{1-\alpha}(S_t^{(1)} - S_t^{(2)})$$

例如第一期:

$$a_1 = 2S_1^{(1)} - S_1^{(2)} = 2\times 32.8 - 33.9 = 31.7$$

$$b_1 = \frac{\alpha}{1-\alpha}(S_1^{(1)} - S_1^{(2)}) = \frac{0.7}{1-0.7}(32.8 - 33.9) = -2.6$$

其他各期类推,参数计算结果如表 9-46 第 5、6 列所示。

表 9-46 指数平滑值计算表   单位:万吨

年份序号 t	实际值 y	一次指数平滑值 S	二次指数平滑值 S	模型参数 a	模型参数 b	预测值 $\hat{y}$ ($T=1$)
0	—	39.3	36.6	—	—	—
1	30	32.8	33.9	31.7	−2.6	—
2	40	37.8	36.6	39.0	2.8	29.1
3	48	45.0	42.5	47.5	5.8	41.8
4	56	52.7	49.6	55.8	7.2	53.3
5	66	62.0	58.3	65.7	8.6	63.0

续表

年份序号 t	实际值 y	一次指数平滑值 S	二次指数平滑值 S	模型参数 a	模型参数 b	预测值 $\hat{y}$ ($T=1$)
6	78	73.2	68.7	77.7	10.5	74.3
7	87	82.9	78.6	87.2	10.0	88.2
8	96	92.1	88.1	96.1	9.3	97.2

第六步，根据参数计算结果，进行预测。

预测模型为：

$$\hat{y}_{t+T} = a_t + b_t T$$

其中，$\hat{y}_{t+T}$ 表示 $t+T$ 期的预测值，a_t 和 b_t 分别表示直线模型的动态参数，T 为从 t 期向前预测的期数。

例如从第 8 期向前预测的模型为：

$$\hat{y}_{8+T} = a_8 + b_8 T = 96.1 + 9.3T$$

根据从第 8 期向前预测的模型，第 9~12 期的预测值(单位:万吨)分别为(T 分别取 1、2、3、4)：

$$\hat{y}_{8+1} = a_8 + b_8 \times 1 = (96.1 + 9.3 \times 1) 万吨 = 105.4 万吨$$

$$\hat{y}_{8+2} = a_8 + b_8 \times 2 = (96.1 + 9.3 \times 2) 万吨 = 114.7 万吨$$

$$\hat{y}_{8+3} = a_8 + b_8 \times 3 = (96.1 + 9.3 \times 3) 万吨 = 124.0 万吨$$

$$\hat{y}_{8+4} = a_8 + b_8 \times 4 = (96.1 + 9.3 \times 4) 万吨 = 133.3 万吨$$

从表 9-46 第 7 列所示预测结果来看(均从上期预测下期)，越到近期，预测误差越小，证明二次指数平滑法对具有直线趋势的数列的预测效果是比较理想的。

【例 9-35】某企业某种产品近 7 年的产量(单位:万吨)资料如表 9-47 所示。

表 9-47　某企业某产品近 7 年产量资料

时间序号	1	2	3	4	5	6	7
产品产量/万吨	45	57	69	83	96	108	120

要求：用二次指数平滑法预测第 8 期和第 9 期的产品产量($\alpha=0.7$)。

解：该时间数列呈直线上升型趋势，适合用二次指数平滑法作预测。二次指数平滑法的预测公式为

$$\hat{y}_{t+T} = a_t + b_t T$$

第一步，确定一次指数平滑初始值，并计算各期的一次指数平滑值。

$$S_0^{(1)} = \frac{y_1 + y_2 + y_3}{3} = \frac{45 + 57 + 69}{3} 万吨 = 57 万吨$$

第 1 期、第 2 期的一次指数平滑值为：

$$S_1^{(1)} = \alpha y_1 + (1-\alpha) S_0^{(1)} = [0.7 \times 45 + (1-0.7) \times 57] 万吨 = 48.6 万吨$$

$$S_2^{(1)} = \alpha y_2 + (1-\alpha) S_1^{(1)} = [0.7 \times 57 + (1-0.7) \times 48.6] 万吨 = 54.5 万吨$$

其他各期类推,一次指数平滑值计算结果如表 9-48 第 3 列所示。

第二步,确定二次指数平滑初始值,计算各期的二次指数平滑值。

$$S_0^{(2)} = \frac{S_0^{(1)} + S_1^{(1)} + S_2^{(1)}}{3} = \frac{57 + 48.6 + 54.5}{3} 万吨 = 53.4 万吨$$

第 1 期、第 2 期的二次指数平滑值为:

$$S_1^{(2)} = \alpha S_1^{(1)} + (1-\alpha) S_0^{(2)} = [0.7 \times 48.6 + (1-0.7) \times 53.4] 万吨 = 50.0 万吨$$

$$S_2^{(2)} = \alpha S_2^{(1)} + (1-\alpha) S_1^{(2)} = [0.7 \times 54.5 + (1-0.7) \times 50.0] 万吨 = 53.2 万吨$$

其他各期类推,二次指数平滑值计算结果如表 9-48 中第 4 列所示。

第三步,计算各期预测直线模型的参数,计算公式为:

$$a_t = 2S_t^{(1)} - S_t^{(2)}$$

$$b_t = \frac{\alpha}{1-\alpha}(S_t^{(1)} - S_t^{(2)})$$

例如第一期:

$$a_1 = 2S_1^{(1)} - S_1^{(2)} = 2 \times 48.6 - 50.0 = 47.2$$

$$b_1 = \frac{\alpha}{1-\alpha}(S_1^{(1)} - S_1^{(2)}) = \frac{0.7}{1-0.7}(48.6 - 50.0) = -3.3$$

其他期类推,参数计算结果如表 9-48 中第 5、6 列所示。

表 9-48 二次指数平滑法计算表　　　　　　　　　　单位:万吨

时间序号 t	实际值 y_t	一次指数平滑值 $S_t^{(1)}$	二次指数平滑值 $S_t^{(2)}$	模型参数 a_t	模型参数 b_t	预测值 ($T=1$) $\hat{y}_{t+T}$
0	—	57.0	53.4	—	—	—
1	45	48.6	50.0	47.2	−3.3	—
2	57	54.5	53.2	55.8	3.0	43.9
3	69	64.7	61.3	68.1	7.9	58.8
4	83	77.5	72.6	82.4	11.4	76.0
5	96	90.5	85.1	95.9	12.6	93.8
6	108	102.8	97.5	108.1	12.4	108.5
7	120	114.8	109.6	120.0	12.1	120.5

第四步,根据参数计算结果,进行预测。

从第 7 期向前预测的模型为:

$$\hat{y}_{7+T} = a_7 + b_7 \times T = 120.0 + 12.1T$$

第 8 期和第 9 期的预测值分别为:

$$\hat{y}_{7+1} = a_7 + b_7 \times 1 = (120.0 + 12.1 \times 1) 万吨 = 132.1 万吨$$

$$\hat{y}_{7+2} = a_7 + b_7 \times 2 = (120.0 + 12.1 \times 2) 万吨 = 144.2 万吨$$

时间序列长短周期增长率互换

1. 相关知识

(1) 根据月度或季度数据计算的增长率称为月度增长率或季度增长率,为使各增长率便于比较,应将其换算为年度增长率。计算公式为:

$$G_A = \left(\frac{y_i}{y_{i-n}}\right)^{m/n} - 1$$

式中,m 为一年中的时期个数,n 为所跨的时期总数。

季度增长率被年度化时,$m=4$;月度增长率被年度化时,$m=12$;当 $m=n$ 时,上述公式就是年度增长率。

(2) 在根据年度增长率安排月度计划或季度计划时,需要将年度增长率换算为月度或季度平均增长率。计算公式为:

$$月度增长率 = \left(\frac{y_i}{y_{i-1}}\right)^{\frac{1}{12}} - 1$$

$$季度增长率 = \left(\frac{y_i}{y_{i-1}}\right)^{\frac{1}{4}} - 1$$

式中,y_i 与 y_{i-1} 分别表示第 i 年与第 $i-1$ 年的发展水平。

2. 背景资料

1) 背景资料 1

某地区 2008 年 3 月份财政收入总额为 250 亿元,2010 年 6 月份的财政收入总额为 302 亿元。试计算年度增长率。

2) 背景资料 2

某地区某年第 1 季度完成的国内生产总值为 500 亿元,当年第 3 季度完成的国内生产总值为 530 亿元。试计算年度增长率。

3) 背景资料 3

某地区钢铁产量 2009 年为 472 万吨,2010 年为 485 万吨。试计算月度平均增长率和季度平均增长率。

3. 计算过程

第一步,计算背景资料 1 中的年度增长率。

因为 2008 年 3 月到 2010 年 6 月经历了 27 个月,即 $n=27,m=12$。

所以年度增长率为:

$$G_A = \left(\frac{y_i}{y_{i-n}}\right)^{m/n} - 1 = \left(\sqrt[27]{\frac{302}{250}}\right)^{12} - 1 = (100.70\%)^{12} - 1 = 8.76\%$$

第二步,计算背景资料 2 中的年度增长率。

因为第 1 季度到第 3 季度经历了 2 个季度,即 $n=2,m=4$。

所以年度增长率为:

$$G_A = \left(\frac{y_i}{y_{i-n}}\right)^{m/n} - 1 = \left(\sqrt[2]{\frac{530}{500}}\right)^{4} - 1 = [(102.96\%)^4 - 1] \times 100\% = 12.38\%$$

第三步,计算背景资料 3 中的月度平均增长率和季度平均增长率。

$$月度平均增长率 = \left(\frac{y_i}{y_{i-1}}\right)^{\frac{1}{12}} - 1 = \left[\left(\frac{485}{472}\right)^{\frac{1}{12}} - 1\right] \times 100\% = 0.23\%$$

$$季度平均增长率 = \left(\frac{y_i}{y_{i-1}}\right)^{\frac{1}{4}} - 1 = \left[\left(\frac{485}{472}\right)^{\frac{1}{4}} - 1\right] \times 100\% = 0.68\%$$

实验十一

第十章
统计综合评价

YINGYONG TONGJI
YU SHIWU

比较是统计分析最常用的方法。通过对所反映总体某一方面特征的单个指标在不同时间、不同空间进行对比，可以分析社会经济现象在一定时间、地点、条件下的状况。但是，一个复杂的总体都是由若干个要素组成的，要全面反映复杂总体的数量特征，往往要用多个不同性质的指标，对这些含义悬殊、性质各异、数值差异显著、不能直接相加的指标，如何利用它们所提供的信息，科学地反映总体的真实状况，这就需要运用统计综合评价方法。例如，如何公正客观地评价江苏省各市的综合经济实力，怎样按经济实力排序；又譬如，如何评价高校各系部的教学管理、科研质量水准，怎样打分排名；诸如此类的问题，都属于统计综合评价问题。统计综合评价实质上是运用多指标进行对比分析的方法。因此，理解综合评价的意义，掌握综合评价方法，对于人们在工作学习中践行科学发展观意义重大。

第一节 统计综合评价概述

一、统计综合评价的概念

统计是认识客观世界的一种有力工具，它利用指标认识总体的数量特征。在统计研究中，除了考察单个总体外，有时还需要对多个总体进行定量判断或比较排序，这就涉及统计综合评价。

所谓统计综合评价，是根据研究目的建立一个统计指标体系，对各有关总体测定指标数值，在此基础上把各个指标值所提供的信息加以综合，得到一个综合评价值，据以对各有关总体做出评价。

事实上，综合评价已成为社会经济统计中的一个重要课题，大到比较各个国家和地区的经济实力，小到比较具体商品的质量差异，都需要用综合评价的方法。

二、统计综合评价的作用

统计综合评价分为单一指标综合评价和多指标综合评价。单一指标综合评价就是利用一个统计指标对事物的某一个方面做出判断的方法。多指标综合评价，则是根据研究目的建立一个统计指标体系，对事物的各个方面进行定量分析，得出概括性结论，从而揭示事物的本质及其发展规律。

统计综合评价是运用多指标比较现象的重要方法，具有全面性和综合性。统计综合评价的作用在于：一是对所研究对象的功能进行评定；二是对研究现象进行横向或纵向的比较。

三、统计综合评价的基本程序

1. 明确统计综合评价的目标

进行统计综合评价，必须先明确其评价的目标，即搞清楚为什么要进行统计综合评价。在目标明确之时，界定所要评价对象的范围，了解评价对象的属性和结构，确定评价的精确度以及评价所要说明的问题等。明确评价的目标，是统计综合评价的基础工作。

2. 建立评价指标体系

根据研究的目的，选择合适的统计指标，建立一个能够从不同角度、不同侧面反映评价对象的评价指标体系。评价指标体系可以是单一层次的,也可以是多层次的。例如,我国评价规模较大工业企业的经济效益时,利用工业增加值率、总资产贡献率、资产负债率、流动资产周转次数、工业成本费用利润率、全员劳动生产率、产品销售率等指标进行评价,该评价指标体系是单一层次的。对于因素较多的复杂现象,则可用多层次综合评判法进行评价。

3. 评价指标的无量纲化处理

综合评价需要运用由多个指标组成的指标体系,而这些指标的性质不同,计量单位往往也不一样,即它们具有不同的量纲,因而,必须对各指标的实际值进行无量纲化处理,或者说进行同度量处理,使之具有可比性,在此基础上才能进行综合汇总。

4. 确定各评价指标的权重

综合评价涉及许多因素,而每一因素又有各种不同的评价指标。例如,一种产品是否受欢迎受到多种因素的影响,这些因素包括产品的质量、产品的性能、产品的价格、产品的样式、产品的包装及售后服务等,而这六个因素对我们评价的目标——产品受欢迎程度,所起的作用强度是不同的。在综合评价中,权衡不同指标重要性的数值称为权重或权数,在评价中,须根据评价的目的和各个指标的内在含义对各个目标值赋予相应的权数。

如果评价指标体系是单一层次的,要求所有指标的权数总和等于100%;如果评价项目体系是多层次的,则要求同一层次中各指标的权数总和等于100%。

5. 计算综合评价结果

在对各个评价指标进行无量纲化处理和确定各评价指标相应的权数之后,选择评价方法,建立综合评价模型,将经过无量纲化处理的评价值代入综合评价模型,计算综合评价结果。

6. 根据综合评价结果进行统计分析

根据综合评价结果——综合值,评价客观现象的数量特征,并利用该综合值对被评价的各个对象进行排序、比较,指出被评价对象的优势、劣势或成绩、不足,据此查找原因,并提出相应改进措施。

四、统计综合评价的特点

统计综合评价是在定性分析的前提下,采用定量分析与定性分析相结合的方法,通过现象的数量表现,对研究现象进行深入全面的认识。但是由于相关理论还在不断完善过程中,统计综合评价不免存在一定的局限性,主要体现在以下几方面。

1. 统计综合评价结果具有相对性

综合评价尽管采用了一定的数学模式,其结果用数值表示,但它只有相对意义,一般情况下,它仅适用于在性质相同的对象之间进行比较和排序。此外,采用不同的评价方法,有可能得出不同的评价结果,评价结果并非绝对唯一的。

2. 综合评价结果有可能受主观因素的影响

在综合评价中,评价指标的选择、指标权重的分配以及评价模型的建立,常常需要依靠有关专家来确定,不同的专家给出的选择标准和权重分配有所差异,因此,综合评价的结果往往带有一定的主观性。

我们在开展统计综合评价时,必须认真比较各种评价方法的特点和适用范围,尽可能采用多种方法进行比较与分析,以最大限度地减少主观因素的干扰,提高综合评价结果的客观性和稳定性。

第二节 评价指标的选取

一、选择评价指标的原则

对客观现象进行统计综合评价的关键是科学地选择评价指标,建立一个合适的评价指标体系。根据统计评价的目的,选择合适的统计指标,以便从不同角度、不同侧面反映评价对象的特征。在选择指标体系时应遵循以下若干原则。

1. 目的性

指标的选择应与研究目的相吻合,指标要确实能反映评价对象的内容,对实现评价目标有明确的导向性。

2. 客观性

评价指标体系要能够准确地把握所要研究问题的本质和内涵,能够客观地反映事物的特征。

3. 全面性

各评价指标要能从不同的角度综合反映评价对象的全貌,覆盖评价对象的基本内容。

4. 敏感性

所选择的指标要能比较敏感地反映评价对象的变化。

5. 相互独立性

尽可能选择相关程度低的指标,这是因为如果指标之间的相关程度过高,则用一项指标就能说明问题,若采用多项指标,反而加大了这类指标的权重。

6. 可比性

要尽可能采用相对指标,便于对不同对象进行比较,此外,各个指标的计量范围、口径等必须一致,如此才能进行综合汇总。

7. 可操作性

评价指标体系的选择要考虑资料收集的可能性,尽可能利用现有的统计资料。评价方法要简洁、方便,易于被社会各界接受。建立评价模型时,尽可能选择公式简明、公式中相关的参数易于获取的模型。

二、评价指标的选择方法

在实践中,根据上述原则选择具体评价指标的方法有两种:定性分析法和定量分析法。

(一) 定性分析法

定性分析法也称为专家意见法。评价者可根据评价目标及评价对象的特征,在所设计的调查表中列出一系列的评价指标,征询专家对所设计的评价指标的意见,然后进行统计处理,并反馈咨询结果,经几轮咨询后,如果专家意见趋于集中,则在最后一次咨询中确定出具体的评价指标体系。定性分析法又分为综合法和分析法。

1. 综合法

综合法,一般是指通过召开研讨会或征询意见的方式,集中专家的意见,以此确定评价指标。该方法是借着专家的智力优势和经验来选择指标的。

2. 分析法

分析法,是指将评价的对象划分为若干个组成部分或不同的侧面,明确各个侧面所要评价问题的内涵与外延,在此基础上,对每一侧面分别选用一个或若干个指标来反映评价对象的特征。

(二) 定量分析法

定量分析法主要分为试算法和系统聚类法。

1. 试算法

试算法,是通过对历史资料的试算来判断指标的有效性。

2. 系统聚类法

系统聚类法是通过判断指标之间的相似程度来筛选指标的方法。假定有 N 个指标,将每一个指标看作一类,根据指标间的相似程度,通过比较类间距离进行并类,将距离最小的两类加以合并,此时,剩余 $N-1$ 类。再选择类间距离最小的两类加以合并。这样,每合并一次就减少一类,最终形成由小到大的分类系统。整个分类过程可以绘制成一张聚类图,可以反映所有指标的亲疏关系,再依据这种关系确定指标体系所包含的指标个数。具体步骤如下:

第一步,度量指标间的相似程度。

度量指标间的相似程度常用的方法是建立相关系数矩阵。根据 N 个指标的历史资料,分别计算两两指标的相关系数形成相关系数矩阵 R,用以表示指标间的相关关系。

第二步,度量指标间的距离。

利用相关系数矩阵 R 表示指标间的相似程度时,必须将其转换为距离矩阵 D,d 值越小表明两个指标之间关系越密切。

$$d = 1 - |r_{ij}|$$
(公式 10.1)

第三步,根据聚类图确定指标的个数,再在每一类中选取具有代表性的指标。

【例 10-1】 现有 6 个指标,根据历史资料已知每两个指标的相关系数,如表 10-1 所示,请用系统聚类法选择评价指标。

表 10-1 相关系数矩阵

指标	1	2	3	4	5	6
1	1	0.75	0.58	0.54	0.44	0.60
2		1	0.55	0.56	0.56	0.62
3			1	0.89	0.73	0.60
4				1	0.74	0.72
5					1	0.80
6						1

解:将相关系数矩阵 R 转换为距离矩阵 D,如表 10-2 所示。

表 10-2　距离矩阵

指标	1	2	3	4	5	6
1	0	0.25	0.42	0.46	0.56	0.40
2		0	0.45	0.44	0.44	0.38
3			0	0.11	0.27	0.40
4				0	0.26	0.28
5					0	0.20
6						0

在距离矩阵中找到距离最小的两个指标，由 $d_{34}=0.11$ 得知，指标 3 和指标 4 的关系最为密切，将指标 3 和指标 4 聚为一类；由 $d_{56}=0.20$ 得知，指标 5 和指标 6 的关系较为密切，将指标 5 和指标 6 聚为一类；如此类推，逐步选择距离较小的指标，并绘制聚类图。

假定评价某一现象要选择四个评价指标，可在指标 3 和指标 4 中选择一个指标，将它确定为第一个评价指标，再在指标 5 和指标 6 中选择一个指标，将它确定为第二个评价指标，确定指标 1 为第三个评价指标，确定指标 2 为第四个评价指标。

若采用统计分析方法筛选指标，主要从两个方面考虑：一是删除次要的指标，即分别计算各个评价指标的变异系数，变异系数越大，说明该指标对评价结果的影响越大，应保留，反之，说明该指标对评价结果的影响越小，应予以删除；二是删除重复指标，一种做法是删除能为其他指标所替代的指标，另一种做法是选出有代表性的指标，这两种做法都是借助相关分析实现的。

第三节　评价指标的规范化处理

在统计综合评价过程中，由于类型、计量单位存在很大差异，评价指标不可以直接相加，因此需要对评价指标进行规范化处理。

一、评价指标的一致化

评价指标可分为三种类型，即正指标、逆指标和适度指标。正指标的取值越大越好，如产值、利润等；逆指标的取值越小越好，如成本、单位原材料消耗额等；而适度指标的取值越接近于某个理想值越好。在对各指标值进行综合评价时，必须确保各指标的类型相同，通常先将逆指标和适度指标转化为正指标，然后再做无量纲化处理，之后便可进行综合汇总。

将逆指标转化为正指标的公式为：

$$x'_{ij} = \frac{1}{x_{ij}} \qquad (公式 10.2)$$

将适度指标转化为正指标的公式为：

$$x'_{ij} = \frac{1}{|a - x_{ij}|} \qquad (公式 10.3)$$

其中，a 为最佳适度值，x_{ij} 代表第 i 个评价对象的第 j 个指标所对应的实际值。

二、评价指标的无量纲化

前已述及,为避免各指标由于单位不同以及数量之间的差异而导致的不可比性,在综合汇总前要去掉指标量纲的影响,把指标实际值转化为可比的无量纲的指标评价值,这个过程叫评价指标的无量纲化处理。对评价指标采用的无量纲化处理方法有相对化处理法、功效系数法和标准分数法。

(一) 相对化处理法

对评价指标进行相对化的无量纲处理,需要先确定一个对比的基准,然后用实际值与基准值进行对比,比值作为最终的评价值。

假设 x_{ij} 代表第 i 个评价对象的第 j 个指标所对应的实际值,x_j^* 是第 j 个指标的对比基准值,x'_{ij} 是经过相对化处理的第 i 个评价对象第 j 个指标的无量纲评价值,则相对化处理的计算公式为:

$$x'_{ij} = \frac{x_{ij}}{x_j^*} \tag{公式 10.4}$$

其中,对比基准值 x_j^* 是衡量事物发展变化的一些特殊指标值,可以是评价对象中的最大值、平均值、国际/国内先进水平、历史最高水平、计划水平、基期水平等。

相对化处理的另一种形式是将指标实际值转化为其在指标值总和中所占的比重(比重法),即以指标值总和作为对比基准值,计算公式为:

$$x'_{ij} = \frac{x_{ij}}{\sum_{i=1}^{n} x_{ij}} (j = 1, 2, \cdots, m; x_{ij} > 0) \tag{公式 10.5}$$

或

$$x'_{ij} = \frac{x_{ij}}{\sqrt{\sum_{i=1}^{n} x_{ij}^2}} (j = 1, 2, \cdots, m) \tag{公式 10.6}$$

其中,公式 10.5 适用于变量值均为正数的情况,最终评价值之和为 $\sum x'_{ij} = 1$;公式 10.6 适用于指标值为负数的情况,且满足 $\sum (x'_{ij})^2 = 1$。

(二) 功效系数法

功效系数法是根据多目标规划的原理,对各项评价指标先分别确定一个满意值 $x_i^{(h)}$ 与不允许值 $x_i^{(s)}$,以满意值为上限,以不允许值为下限,再计算评价对象指标值接近、达到或超过满意值的程度,即功效系数,进而将功效系数转化为功效分值。

功效系数法是将评价指标无量纲化的一种常用处理方法。无论指标是正还是负,无论指标如何取值,按功效系数法处理过的指标值都被统一规范为在区间 $[0, 100]$ 上取值的无量纲的正指标。

功效系数法的步骤:①确定各项评价指标的不允许值和满意值;②以满意值为上限,以不允许值为下限,分别计算评价对象各项指标值接近、达到或超过满意值的程度,即功效系数;③将功效系数转化为相应的功效分值,并以此作为该指标经过规范化处理后的评价值。计算公式为

$$d_i = \frac{x_i - x_i^{(s)}}{x_i^{(h)} - x_i^{(s)}} \times 40 + 60 \tag{公式 10.7}$$

其中，d_i 为第 i 个指标的功效分值，x_i 为第 i 个指标的实际值，$x_i^{(h)}$ 为第 i 个指标的满意值，$x_i^{(s)}$ 为第 i 个指标的不允许值。

【例 10-2】 某人参加全省英语职称考试，卷面满分 120 分，他考了 100 分，规定及格分数为 72 分，试将他的考分转换成百分制的分值。

解：已知 $x_i^{(h)}=120, x_i^{(s)}=72, x_i=100$，则

$$d_i = \frac{x_i - x_i^{(s)}}{x_i^{(h)} - x_i^{(s)}} \times 40 + 60 = \left(\frac{100-72}{120-72} \times 40 + 60\right)\text{分} = 83.33 \text{分}$$

即某人的卷面成绩 100 分相当于百分制的 83.33 分。

【例 10-3】 评价零售企业经济效益的指标体系包括销售利润率、流通费用率与全员劳动生产率。该三项评价指标的权重及某零售企业某年的指标值如表 10-3 所示。现按评语等级（即好、中、差）进行评价，同行业企业经济效益评价标准如表 10-4 所示。

表 10-3　某企业某年的经济效益

评价指标	单位	权重	实际值
销售利润率	%	0.4	25
流通费用率	%	0.25	12
全员劳动生产率	万元/人	0.35	10.5

表 10-4　企业经济效益评价标准

评价指标	好	中	差
销售利润率/(%)	30	20	5
流通费用率/(%)	4	10	16
全员劳动生产率/(万元/人)	15	10	5

根据表 10-3 和表 10-4 所示的资料，以评语"好"为满意值，以"差"为不允许值，用功效系数法对该零售企业的三项指标做无量纲化处理。

解：将数据代入公式 $d_i = \frac{x_i - x_i^{(s)}}{x_i^{(h)} - x_i^{(s)}} \times 40 + 60$，得各指标的功效分值为

$$d_1 = \frac{25-5}{30-5} \times 40 + 60 = 92$$

$$d_2 = \frac{12-16}{4-16} \times 40 + 60 = 73.33$$

$$d_3 = \frac{10.5-5}{15-5} \times 40 + 60 = 82$$

（三）标准分数法

所谓标准分数法，是仿效概率论中将非标准的正态分布转化为标准正态分布的做法，即定义 $Z = \frac{x_i - \bar{x}}{s}$，其中，$\bar{x}$ 为样本均值，s 为样本标准差，x_i 为第 i 个单位标志值。则相对于 x_i 而言，Z 为标准数值，当 $Z<0$ 时，表明该单位标志值低于平均水平，表现差；当 $Z=0$ 时，表明该单位标志值为中等水平，表现不好也不差；当 $Z>0$ 时，表明该单位标志值高出平均水平，表现好。可见，标准分数法是一种科学简便地反映标志值的方法，只要根据标准分数取值的符号以及标

准分值绝对数的大小,就可以将不能直接对比的实际值转换为可以直接对比的标准分数,并以此评判各个单位标志值的优劣。

第四节 指标赋权

对评价指标进行一致化和无量纲化处理后,在进行综合汇总前还需要对评价指标的重要性予以量化确定,即需要确定各个评价指标的权重系数 ω_j,在这里 ω_j 满足 $0<\omega_j<1$ 且 $\sum_{j=1}^{m}\omega_j=1$。

确定权重的方法有很多。按照权重表现形式划分,可以分为绝对数权重和相对数权重,而相对数权重能较直观地表现权重在评价中的作用;按权重形式的数量特点划分,可以分为定性赋权和定量赋权。在统计综合评价过程中,定性赋权和定量赋权的结合使用,能更好地表现现象的特征。

一、层次分析法

层次分析法是一种将定性方法与定量方法相结合起来确定权重的赋权方法。当复杂的评价对象表现为一个有序的递阶层次机构的整体,人们通过在各个评价项目间进行两两比较、判断,进而计算出各个评价项目的相对重要性系数,即为权重。设有 m 个评价指标,它们的权重向量 $\boldsymbol{\omega}=(\omega_1,\omega_2,\cdots,\omega_m)^T$ 是未知的,用层次分析法确定权重向量时,先用定性分析法确定 m 个指标的重要性等级并赋予标度,再运用线性代数中有关矩阵的基础知识及向量标准化的基本运算,便可以确定评价指标体系中各指标的权重。该方法具有原理简明、操作可行、透明度高、科学合理等特点,其具体步骤如下。

1. 确定评价指标的标度

对 m 个评价指标通过两两比较,确定它们的重要性等级,并用标度予以量化表示。具体可参考表 10-5。

表 10-5 指标间重要性等级标度参考表

标 度 赋 值	指标间重要性等级
1	同样重要
3	稍微重要
5	明显重要
7	特别重要
9	极端重要
1/3	稍不重要
1/5	明显不重要
1/7	特别不重要
1/9	极端不重要
2、4、6、8、1/2、1/4、1/6、1/8	介于以上两相邻标度之间

2. 建立判别矩阵

将 m 个评价指标进行两两比较,所得比例记为 a_{ij},即 $a_{ij}=\omega_i/\omega_j$ 并用矩阵表示,就形成了判别矩阵 A。

$$A = \begin{pmatrix} a_{11} & a_{12} & \cdots & a_{1m} \\ a_{21} & a_{22} & \cdots & a_{2m} \\ \vdots & \vdots & & \vdots \\ a_{m1} & a_{m2} & \cdots & a_{mm} \end{pmatrix} = \begin{pmatrix} \dfrac{\omega_1}{\omega_1} & \dfrac{\omega_1}{\omega_2} & \cdots & \dfrac{\omega_1}{\omega_m} \\ \dfrac{\omega_2}{\omega_1} & \dfrac{\omega_2}{\omega_2} & \cdots & \dfrac{\omega_2}{\omega_m} \\ \vdots & \vdots & & \vdots \\ \dfrac{\omega_m}{\omega_1} & \dfrac{\omega_m}{\omega_2} & \cdots & \dfrac{\omega_m}{\omega_m} \end{pmatrix}$$

矩阵 A 中的元素,满足 $a_{ij}>0$, $a_{ii}=1$, $a_{ji}=\dfrac{1}{a_{ij}}$,从严格意义上讲,判别矩阵 A 中的元素还应满足一致性条件,即 m 个指标两两比较满足 $a_{ij}=\dfrac{a_{ik}}{a_{jk}}(i,j,k=1,2,\cdots,m)$。

3. 计算 A 中各行元素的几何平均数 $\overline{a}_i$

$$\overline{a}_i = \left(\prod_{j=1}^{m} a_{ij}\right)^{\frac{1}{m}} = \left(\prod_{j=1}^{m} \frac{\omega_i}{\omega_j}\right)^{\frac{1}{m}} = \frac{\omega_i}{\sqrt[m]{\omega_1\omega_2\cdots\omega_m}} (i=1,2,\cdots,m)$$

4. 计算权重向量

$$\omega_i = \overline{a}_i \Big/ \sum_{j=1}^{m} \overline{a}_j$$

显然,$0<\omega_i<1$,$\sum_{i=1}^{m}\omega_i = \sum_{i=1}^{m}\dfrac{\overline{a}_i}{\sum_{j=1}^{m}\overline{a}_j} = \dfrac{\sum_{i=1}^{m}\overline{a}_i}{\sum_{i=1}^{m}\overline{a}_i} = 1$。

【例 10-4】 某校选拔学生干部时侧重考察选拔对象的工作能力、工作态度、团队精神与工作经验。试用层次分析法确定上述各项指标的权重。

解:

(1) 确定评价指标的重要性等级。

分别用 T_1、T_2、T_3、T_4 代表学生的工作能力、工作态度、团队精神与工作经验,经过两两比较,它们的重要性等级如下。

T_1	T_2 强烈不重要	T_3 不怎么重要 中度重要 T_2	T_4 同等重要 特别重要 稍微重要

即 $\dfrac{T_1}{T_2}=\dfrac{1}{6}$,$\dfrac{T_1}{T_3}=\dfrac{1}{2}$,$\dfrac{T_2}{T_3}=4$,$\dfrac{T_3}{T_4}=2$。

说明:强烈不重要介于明显不重要和特别不重要之间,因此 $\dfrac{T_1}{T_2}=\dfrac{1}{6}$。

不怎么重要介于同等重要和稍不重要之间,因此 $\dfrac{T_1}{T_3}=\dfrac{1}{2}$。

中度重要介于稍微重要和明显重要之间,因此 $\dfrac{T_2}{T_3}=4$。

轻微重要介于同等重要和稍微重要之间,因此 $\dfrac{T_3}{T_4}=2$。

(2)建立判别矩阵。

$$A=\begin{pmatrix} \dfrac{T_1}{T_1} & \dfrac{T_1}{T_2} & \dfrac{T_1}{T_3} & \dfrac{T_1}{T_4} \\ \dfrac{T_2}{T_1} & \dfrac{T_2}{T_2} & \dfrac{T_2}{T_3} & \dfrac{T_2}{T_4} \\ \dfrac{T_3}{T_1} & \dfrac{T_3}{T_2} & \dfrac{T_3}{T_3} & \dfrac{T_3}{T_4} \\ \dfrac{T_4}{T_1} & \dfrac{T_4}{T_2} & \dfrac{T_4}{T_3} & \dfrac{T_4}{T_4} \end{pmatrix}=\begin{pmatrix} 1 & \dfrac{1}{6} & \dfrac{1}{2} & 1 \\ 6 & 1 & 4 & 7 \\ 2 & \dfrac{1}{4} & 1 & 2 \\ 1 & \dfrac{1}{7} & \dfrac{1}{2} & 1 \end{pmatrix}$$

(3)计算 A 中各行元素的几何平均数。

$$\bar{a}_1=\sqrt[4]{1\times\dfrac{1}{6}\times\dfrac{1}{2}\times1}=0.537\,3$$

$$\bar{a}_2=\sqrt[4]{6\times1\times4\times7}=3.600\,2$$

$$\bar{a}_3=\sqrt[4]{2\times\dfrac{1}{4}\times1\times2}=1.000\,0$$

$$\bar{a}_4=\sqrt[4]{1\times\dfrac{1}{7}\times\dfrac{1}{2}\times1}=0.517\,0$$

(4)计算权重向量。

$$\omega_1=\bar{a}_1\bigg/\sum_{j=1}^{4}\bar{a}_i=\dfrac{0.537\,3}{5.654\,5}=0.095\,0$$

$$\omega_2=\bar{a}_2\bigg/\sum_{j=1}^{4}\bar{a}_i=\dfrac{3.600\,2}{5.654\,5}=0.636\,7$$

$$\omega_3=\bar{a}_3\bigg/\sum_{j=1}^{4}\bar{a}_i=\dfrac{1.000\,0}{5.654\,5}=0.176\,9$$

$$\omega_4=\bar{a}_4\bigg/\sum_{j=1}^{4}\bar{a}_i=\dfrac{0.517\,0}{5.654\,5}=0.091\,4$$

即学生的工作能力、工作态度、团队精神与工作经验的权重分别为 0.095 0、0.636 7、0.176 9、0.091 4。假定某个学生上述四方面的得分分别为 85、90、87 及 78,则他的综合得分为:

$$y=(85\quad 90\quad 87\quad 78)\begin{pmatrix} 0.095\,0 \\ 0.636\,7 \\ 0.176\,9 \\ 0.091\,4 \end{pmatrix}=87.90$$

【例 10-5】 用层次分析法确定会计人员职业道德测评中各项指标的权重。

解:

第一步,确定评价指标。

考察会计人员职业道德水准,参考财政部门有关规定,选定以下八项指标为评价指标:爱岗敬业、诚实守信、廉洁自律、客观公正、提高技能、坚持准则、参与管理及强化服务。

第二步,确定各个评价指标的重要性等级,各评价指标的重要性标度如表 10-6 所示。

表 10-6　各评价指标的重要性标度

指 标 序 号	指 标 名 称	标　　度	指 标 序 号	指 标 名 称	标　　度
1	诚实守信	8	5	廉洁自律	4
2	爱岗敬业	6	6	提高技能	3
3	坚持准则	5	7	强化服务	1.5
4	客观公正	4	8	参与管理	1

第三步,建立判别矩阵。

按表 10-6 所示的指标排列顺序及其标度值,建立的判别矩阵如下。

$$A = \begin{pmatrix} 1 & \frac{4}{3} & \frac{8}{5} & 2 & 2 & \frac{8}{3} & \frac{16}{3} & 8 \\ \frac{3}{4} & 1 & \frac{6}{5} & \frac{3}{2} & \frac{3}{2} & 2 & 4 & 6 \\ \frac{5}{8} & \frac{5}{6} & 1 & \frac{5}{4} & \frac{5}{4} & \frac{5}{3} & \frac{10}{3} & 5 \\ \frac{1}{2} & \frac{2}{3} & \frac{4}{5} & 1 & 1 & \frac{4}{3} & \frac{8}{3} & 4 \\ \frac{1}{2} & \frac{2}{3} & \frac{4}{5} & 1 & 1 & \frac{4}{3} & \frac{8}{3} & 4 \\ \frac{3}{8} & \frac{1}{2} & \frac{3}{5} & \frac{3}{4} & \frac{3}{4} & 1 & 2 & 3 \\ \frac{3}{16} & \frac{1}{4} & \frac{3}{10} & \frac{3}{8} & \frac{3}{8} & \frac{1}{2} & 1 & 1.5 \\ \frac{1}{8} & \frac{1}{6} & \frac{1}{5} & \frac{1}{4} & \frac{1}{4} & \frac{1}{3} & \frac{2}{3} & 1 \end{pmatrix}$$

第四步,计算判别矩阵中各行元素的几何平均数。

$$\overline{a}_1 = \sqrt[8]{1 \times \frac{4}{3} \times \frac{8}{5} \times 2 \times 2 \times \frac{8}{3} \times \frac{16}{3} \times 8} = 2.362\ 6$$

$$\overline{a}_2 = \sqrt[8]{\frac{3}{4} \times 1 \times \frac{6}{5} \times \frac{3}{2} \times \frac{3}{2} \times 2 \times 4 \times 6} = 1.772\ 0$$

类似地,得:

$$\overline{a}_3 = 1.476\ 6 \qquad \overline{a}_4 = \overline{a}_5 = 1.181\ 3$$

$$\overline{a}_6 = 0.886\ 0 \qquad \overline{a}_7 = 0.443 \qquad \overline{a}_8 = 0.295\ 3$$

第五步,计算各指标的权重。

$$\omega_1 = \frac{\overline{a}_1}{\sum_{i=1}^{8} \overline{a}_i} = \frac{2.362\ 6}{9.598\ 1} = 0.246\ 2$$

$$\omega_2 = \frac{\overline{a}_2}{\sum_{i=1}^{8} \overline{a}_i} = \frac{1.772\ 0}{9.598\ 1} = 0.184\ 6$$

类似地,得:
$$\omega_3 = 0.153\,8 \quad \omega_4 = \omega_5 = 0.123\,1 \quad \omega_6 = 0.092\,3$$
$$\omega_7 = 0.046\,2 \quad \omega_8 = 0.030\,8$$

二、熵值法

熵的概念源于热力学,是系统状态不确定性的一种量度。在信息论中,信息是系统有序程度的一种量度,而熵是系统无序程度的一种量度,两者绝对值相等,但符号相反。据此,可以利用评价中各方案的固有信息,通过熵值法得到各个指标的信息熵,信息熵越小,信息的无序度越低,信息的效用值越大,指标的权重越大。

熵值法是一种客观赋权法,其根据各项指标观测值所提供的信息来确定指标权重。设有 m 个待评方案,n 项评价指标,形成原始指标数据矩阵 $\boldsymbol{X} = (x_{ij})_{m \times n}$,对于某项指标 x_j 而言,指标值 x_{ij} 的差距越大,则该指标在综合评价中所起的作用越大。如果某项指标的指标值全部相等,则该指标在综合评价中不起作用。

在信息论中,熵是对不确定性的一种度量。信息量越大,不确定性就越小,熵也就越小;信息量越小,不确定性就越大,熵也就越大。根据熵的特性,我们可以通过计算熵值来判断一个方案的随机性及无序程度,也可以用熵值来判断某个指标的离散程度,指标的离散程度越大,该指标对综合评价的影响越大。因此,可根据各项指标的变异程度,利用信息熵这个工具,计算出各个指标的权重,为多指标综合评价提供依据。熵值法的具体步骤如下。

1. 建立数据矩阵

$$\boldsymbol{A} = \begin{pmatrix} X_{11} & \cdots & X_{1m} \\ \vdots & & \vdots \\ X_{n1} & \cdots & X_{nm} \end{pmatrix}_{n \times m}$$

其中,X_{ij} 第 i 个方案第 j 个指标的数值。

2. 数据的非负数化处理

由于熵值法计算采用的是各个方案某一指标占同一指标值总和的比值,因此不存在量纲的影响,不需要进行标准化处理。若数据中有负数,就需要对数据进行非负化处理。此外,为了避免求熵值时对数无意义,需要进行数据平移。

对于正指标:
$$X'_{ij} = \frac{X_{ij} - \min(X_{1j}, X_{2j}, \cdots, X_{nj})}{\max(X_{1j}, X_{2j}, \cdots, X_{nj}) - \min(X_{1j}, X_{2j}, \cdots, X_{nj})} + 1 \,(i=1,2,\cdots,n; j=1,2,\cdots,m)$$

对于逆指标:
$$X'_{ij} = \frac{\max(X_{1j}, X_{2j}, \cdots, X_{nj}) - X_{ij}}{\max(X_{1j}, X_{2j}, \cdots, X_{nj}) - \min(X_{1j}, X_{2j}, \cdots, X_{nj})} + 1 \,(i=1,2,\cdots,n; j=1,2,\cdots,m)$$

为了方便起见,非负数化处理后的数据仍记为 X_{ij}。

3. 计算第 j 项指标下第 i 个方案占该指标的比重

$$P_{ij} = \frac{X_{ij}}{\sum_{i=1}^{n} X_{ij}} \,(j=1,2,\cdots,m)$$

4. 计算第 j 项指标的熵值

$$e_j = -k \sum_{i=1}^{n} P_{ij} \ln P_{ij}$$

其中，$k>0$，ln 为自然对数，$e_j \geq 0$。常数 k 与样本数 m 有关，一般令 $k = \frac{1}{\ln m}$，则 $0 \leq e_j \leq 1$。

5. 计算第 j 项指标的差异系数

$$g_j = 1 - e_j$$

对于第 j 项指标，指标值 X_{ij} 的差异越大，对方案评价的作用越大，熵值就越小，则 g_j 越大，指标越重要。

6. 确定权数

$$W_j = \frac{g_j}{\sum_{j=1}^{m} g_j} (j = 1, 2, \cdots, m)$$

7. 计算各方案的综合得分

$$S_i = \sum_{j=1}^{m} W_j P_{ij} (i = 1, 2, \cdots, n)$$

熵值法是根据各项指标值的变异程度来确定指标权数的，这是一种客观赋权法，避免了人为因素带来的偏差，但忽略了指标本身的重要程度，有时确定的指标权数会与预期的结果相差甚远，同时熵值法不能减少评价指标的维数。

三、综合评价指数法

综合评价指数法是借助平均指数进行综合评价的常用方法。它是在建立科学评价指标体系的基础上，对每一项评价指标规定评价标准，确定权数，计算出每一项评价指标的个体指数值，再用加权算术平均的方法得出综合评价值，以进行排序比较的方法。作为评价标准的可以是计划指标值，或是某行业的标准值，或是历史最好时期的指标值，或是所有参评单位某指标的平均值，或是国内或国外先进水平值等。综合评价指数法的计算公式：

$$\bar{k}_j = \frac{\sum \left(\frac{x_{ij}}{x_i}\right) \omega_i}{\sum \omega_i} \times 100\%$$

【例 10-6】 工业企业综合经济效益评价指标体系如表 10-7 第 2 列所示。将全国的平均值作为各评价指标的标准值，如表 10-7 第 4 列所示。各评价指标的权数如表 10-7 第 5 列所示。甲、乙两企业某年各指标的实际值如表 10-7 第 6、7 列所示。试运用综合评价指数法分别计算甲、乙两企业的综合经济效益评价值，并进行比较。

表 10-7 工业企业综合经济效益评价指标

序号	指标名称	计量单位	全国平均值	统一权数	甲企业实际值	乙企业实际值
1	工业增加值率	元/百元	32	10	36	33

续表

序号	指标名称	计量单位	全国平均值	统一权数	甲企业实际值	乙企业实际值
2	工业产品销售率	%	98.5	15	90.1	98.6
3	工业成本费用利润率	元/百元	8.14	15	8.10	8.01
4	全员劳动生产率	元/人	6 548	10	6 558	6 560
5	流动资产周转次数	次	1.83	20	2.02	2.01
6	工业资金利税率	元/百元	28	30	28	32

解：根据综合评价指数法的计算公式，甲企业综合经济效益评价值的计算步骤如下。

第一步，用企业的实际值除以全国平均值，得该评价指标的个体指数。

第二步，用各指标的个体指数乘以各指标的权数，得综合评价值，如表10-8第7列所示。

最后得到甲企业综合经济效益指数评价值，为：

$$\bar{k}_j = \frac{\sum \left(\frac{x_{ij}}{\bar{x}_i}\right)\omega_i}{\sum \omega_i} \times 100\% = \frac{101.988\ 0}{100} \times 100\% = 101.988\%$$

表10-8 甲企业综合经济效益评价值计算表

序号	指标名称	全国平均值	统一权数	甲企业		
				实际值	个体指数	评价值
1	工业增加值率	32	10	36	1.125 0	11.250 0
2	工业产品销售率	98.5	15	90.1	0.914 7	13.720 5
3	工业成本费用利润率	8.14	15	8.10	0.995 1	14.926 5
4	全员劳动生产率	6 548	10	6 558	1.001 5	10.015 0
5	流动资产周转次数	1.83	20	2.02	1.103 8	22.076 0
6	工业资金利税率	28	30	28	1.000 0	30.000 0
综合指数		—	—	100		101.988 0

同理，乙企业综合经济效益评价值计算表如表10-9所示。

表10-9 乙企业综合经济效益评价值计算表

序号	指标名称	全国平均值	统一权数	乙企业		
				实际值	个体指数	评价值
1	工业增加值率	32	10	33	1.031 3	10.313 0
2	工业产品销售率	98.5	15	98.6	1.001 0	15.015 0
3	工业成本费用利润率	8.14	15	8.01	0.984 0	14.760 0

续表

序号	指标名称	全国平均值	统一权数	乙企业		
				实际值	个体指数	评价值
4	全员劳动生产率	6 548	10	6560	1.001 8	10.018 0
5	流动资产周转次数	1.83	20	2.01	1.098 4	21.968 0
6	工业资金利税率	28	30	32	1.142 9	34.287 0
综合指数		—	—	100	—	106.361

乙企业综合经济效益指数评价值为 106.361%

计算结果表明，甲乙企业综合经济效益指数评价值大于 100%，说明两企业的综合经济效益已超过全国平均水平；乙企业综合经济效益指数评价值高于甲企业，说明乙企业综合经济效益好于甲企业。

【例 10-7】 甲、乙两位会计人员职业道德测评各项评价指标的评分如表 10-10 所示。用层次分析法确定会计人员职业道德测评中各项指标的权重，进而确定综合评价值。

表 10-10 甲、乙两位会计人员职业道德评价得分

评价指标	权重	评分	
		甲	乙
诚实守信	0.246 3	81	90
爱岗敬业	0.184 6	79	92
坚持准则	0.153 8	70	85
客观公正	0.123 0	84	86
廉洁自律	0.123 0	90	80
提高技能	0.092 3	96	70
强化服务	0.046 2	75	90
参与管理	0.030 8	71	98

解：根据表 10-10 所示的数据，甲会计人员职业道德测评的综合得分为：

$$\overline{x}_甲 = \sum_{i=1}^{8} x_i \omega_i$$
$$= 81 \times 0.246\ 3 + 79 \times 0.184\ 6 + 70 \times 0.153\ 8 + 84 \times 0.123\ 0$$
$$+ 90 \times 0.123\ 0 + 96 \times 0.092\ 3 + 75 \times 0.046\ 2 + 71 \times 0.030\ 8$$
$$= 81.21$$

类似地，$\overline{x}_乙 = 86.28$。

可见，经综合评价，乙会计人员的职业道德水准较高。

基于改进熵值法的发达地区新型城镇化综合水平测度
——以江苏省为例
曹玲玲,陈香

摘要:本文基于新型城镇化的丰富内涵,从人口城镇化、经济发展水平、居民幸福指数、城市资源环境和城乡统筹一体化五种视角构建江苏省新型城镇化综合评价指标体系,创新性地采用主、客观赋权法相结合的改进熵值法对江苏省13个地级市的新型城镇化水平进行实证分析。结果显示:江苏省的新型城镇化发展水平逐年上升,但是存在明显的空间分布差异;五种视角下的测度值和新型城镇化的综合测度值并非完全匹配。

关键字:新型城镇化,改进熵值法,居民幸福指数,城乡统筹。

江苏省在改革开放以来,城镇化水平得到了迅猛的发展,然而传统的以房地产和市政基础设施建设为主的城镇化发展模式严重阻碍了经济的可持续发展,江苏省自2005年走上了新型城镇化发展之路。新型城镇化的核心就是以人为本,归根结底就是让居民满意与幸福。建立以居民幸福指数为导向的新型城镇化综合评价体系,是新时期学界、政府乃至社会广泛关注的重点课题。

江苏省作为我国发达省份之一,在新型城镇化发展取得傲人的成绩的同时还存在很多阻碍新型城镇化发展的因素。其一,江苏省区域内部经济发展严重失衡,苏南和苏北差距愈演愈烈,造成新型城镇化发展不和谐;其二,城乡收入差距逐年放大,城乡收入比重远远超出国际公认值2的标准,这完全有悖于新型城镇化发展城乡统筹一体化的中心思想;其三,城镇化扩张的速度与产业结构的优化升级并未吻合。因此,江苏省应率先走出一条可持续发展的新型城镇化道路,为其他省份提供实践经验。

长期以来我国的专家学者主要采用单一指标研究城镇化的相关课题,然而单一指标不能完全彰显出新型城镇化的丰富内涵,因此要建立复合评价指标体系对新型城镇化进行全面评价,以真实地反映出各个区域新型城镇化发展水平。本文深刻领会了2014年3月国家政府正式公布的《国家新型城镇化规划》的精髓,构建了基于居民幸福度的江苏省新型城镇化评价指标体系,创新性地采用主、客观赋权法相结合的改进熵值法对江苏省13个地级市的新型城镇化发展水平进行实证分析。

(一)新型城镇化综合测度水平体系

新型城镇化发展过程中,人口的城镇化并非简单的"农村人"变"城里人",更重要的是保障其在就业、医疗、养老、子女教育等各方面具有市民同等待遇,同时坚持城乡统筹一体化,大力促进产城互动以及区域之间均衡发展。建立统计综合评价指标体系应当遵循综合性、层次性、可操作性、可比性和相对独立性的原则,同时还要删除高复相关关系的指标和变异系数较小的指标,保留同类指标中单相关系数高的指标。

新型城镇化综合测度水平的具体含义应该包括以下五个方面:一是人口城镇化程度;二是城镇的经济发展水平;三是城镇居民幸福指数(由于江苏省的人均用水率、人均用电率及燃气普及率相对比较接近,为避免重复计算高相关程度指标,因此这些指标将不纳入新型城镇化综合水平测度范围);四是城市资源环境;五是城乡统筹一体化发展程度。

人口城镇化比重是测量城镇化水平最简单的指标,是测量新型城镇化综合发展水平的基础性指标。人口城镇化不能采用单一指标衡量,还需在人口转移方面增设人口密度和人口老龄化比重。城镇的经济发展水平直接体现城镇的工业化程度,经济发展是新型城镇化得以持续健康发展的物质基础,乃至一切来源。新型城镇化的核心是以人为本,而以人为本的核心就是让居民幸福感得以提高,提高居民生活的幸福程度是新型城镇化发展的直接目标。城市资源环境是新型城镇化发展的保障。城乡统筹一体化发展是新型城镇化发展的终极目标。本文通过采用定量分析的方法,构建江苏省新型城镇化综合测度指标体系(见表10-11),重点分析江苏省各个市级之间新型城镇化发展的差距。

表10-11 江苏省新型城镇化综合测度指标体系

一级指标	二级指标	三级指标	指标性质
人口城镇化	户籍	户籍人口比重/(%)	正指标
		人口密度/(人/平方公里)	逆指标
		人口老龄化比重/(%)	逆指标
经济发展水平	人均经济发展水平	人均GDP/元	正指标
	经济增长系数	GDP增长速度/(%)	正指标
	财政收入与支出	人均财政收入/元	正指标
		人均财政支出/元	正指标
	固定资产投资	人均固定资产投资/元	正指标
	金融发展水平	居民人均储蓄存款余额/元	正指标
	对外贸易	人均外商实际直接投资/亿元	正指标
		人均进出口总额/元	正指标
城镇居民幸福指数	教育	每万人高等教育在校学生人数/人	正指标
	医疗	年末每万人拥有医疗床位数/张	正指标
		年末每万人拥有医师数/位	正指标
	就业	城镇登记失业率/(%)	逆指标
	交通	每万人拥有公共交通车辆/台	正指标
	文化实施	每百万人公共图书馆藏书/册	正指标
	社会福利	敬老院数量/个	正指标
	保险	全市人均保费/元	正指标
	公共服务	公共服务财政预算支出比重/(%)	正指标
	养老	养老保险参保比重/(%)	正指标
	住房	月均收入与商品房评价比重/(%)	正指标

续表

一级指标	二级指标	三级指标	指标性质
城市资源环境	空气质量	空气质量达到良好以上天数/天	正指标
	水资源	污水处理率/(%)	正指标
	固体废物产量	工业固体废物综合利用率/(%)	正指标
	绿化	建成区绿化覆盖率/(%)	正指标
		人均公园绿地面积/平方米	正指标
	道路实施	城市人均道路面积/平方米	正指标
	住宅面积	城市居民人均住房建筑面积/平方米	正指标
城乡统筹一体化	收入结构	城乡收入比重/(%)	适度指标
	产业结构	第三产业与第一产业比例/(%)	适度指标
	消费结构	城乡恩格尔系数比重/(%)	适度指标
	住房	城乡人均住房面积比重/(%)	适度指标
	社会保障	城乡社会保障覆盖率比重/(%)	适度指标

(二) 江苏省新型城镇化综合测度的实证分析

2013年，江苏名义城镇化率达到了64.1%，但是专家统计真正享受城市待遇的人不到30%，这说明江苏省新型城镇化开拓发展不均衡、不协调。在此背景下，江苏省政府提出要继续推进新型城镇化和城乡发展一体化，培育沿海城镇轴、沿东陇城镇轴和沿运河城镇轴，继续打造南京、苏锡常、徐州三大都市圈。为明确了解三大都市圈新型城镇化发展水平及发展过程中遇到的瓶颈，根据新型城镇化综合测度指标体系，对江苏省各区域进行实证分析。

1. 数据来源

评价指标的数据主要来源于《江苏省统计年鉴》《苏州市统计年鉴》《南京市统计年鉴》《无锡市统计年鉴》《常州市统计年鉴》《南通市统计年鉴》《扬州市统计年鉴》《镇江市统计年鉴》《泰州市统计年鉴》《连云港市统计年鉴》《淮安市统计年鉴》《盐城市统计年鉴》《徐州市统计年鉴》和《宿迁市统计年鉴》，以及各级政府网站的统计资料、社会发展统计公报。

2. 数据的标准化处理

1) 归一化处理

对 $m=13$ 个评价对象的 $n=34$ 项指标进行综合评价，建立 $m \times n$ 综合测度水平的指标矩阵，指标性质不尽相同，需要将所有指标转化为正指标。

正指标　　　$x'_{ij} = x_{ij}$

逆指标　　　$x'_{ij} = \dfrac{1}{x_{ij}}$

适度指标　　$x'_{ij} = \dfrac{1}{|x_{ij}-a|}$（其中，$a$ 为适度值，x_{ij} 为原指标值）

2) 去量纲化处理

改进的功效系数法计算公式：

$$d_{ij} = \dfrac{x'_{ij} - x_j^{(s)}}{x_j^{(h)} - x_j^{(s)}} \times \alpha + (1-\alpha)$$

其中，$x_j^{(s)}$为同类指标中的不允许值，$x_j^{(h)}$为同类指标中的满意值，α的取值范围为$(0,1)$。变换之后指标值d_{ij}的取值介于0和1之间，α的取值由评价者自定。由于d_{ij}关于α的一阶导数小于0，因此若想提高某指标在统计综合评价中的权重，可适当降低α的取值。比重数据选取100%作为最满意值，60%为不允许值；绝对数据选取最大值为最满意值，最小值为不允许值。

3. 改进熵值法赋权

多指标统计综合评价中，权重的确定方法主要有主观赋权法和客观赋权法。客观赋权法成本低、实施较为简单，但是结果往往无法得到社会公认。主观赋权法统计结果不唯一、成本高，但若选取合适的专家和公正的赋权方法，评价结果具有权威性。主、客观赋权法相结合才是统计综合评价的发展趋势。本文中指标的去量纲化处理中，α的取值具有主观性，同时我们采用改进的熵值赋权法确定指标权重。利用客观赋权法进行统计综合评价时，时常会出现一些极端值，为了保证数据的完备性，需要对数据进行变换。

改进熵值法的计算步骤：

第一步，分别计算n个评价对象在第j项指标下取值的比重。

$$P_{ij} = \frac{d_{ij}}{\sum d_{ij}} (i=1,2,\cdots,n)(d_{ij} \geqslant 0, \sum d_{ij} > 0)$$

第二步，计算第j项指标的熵值。

$$e_j = -k \sum_{i=1}^{n} P_{ij} \ln P_{ij} (k = \frac{1}{\ln n}, j = 1,2,\cdots,m)$$

第三步，计算指标的差异性系数。

$$g_j = 1 - e_j (j=1,2,\cdots,m)$$

第四步，确定指标权重。

$$\omega_j = \frac{g_j}{\sum g_j}$$

第五步，计算每年各个城市新型城镇化统计综合评价的综合得分。

$$C_{ij} = \sum_{j=1}^{n} \omega_j d_{ij}$$

4. 区域层面江苏省新型城镇化综合评价实证分析

1) 综合测量结果与单一指标对比分析

复合型综合指标测度比单一指标测度相比，指标包含人口城镇化、经济发展水平、城镇居民幸福指数、城市资源环境和城乡统筹一体化五个方面，可以综合反映新型城镇化水平。从图10-1可以看出，经综合测度分析后江苏省13个地级市的城镇化水平与单一指标相比大多数有所提高，说明这些区域新型城镇化发展较为和谐；但是南京市的综合测度值下浮幅度较大，主要原因在于南京市的城乡统筹一体化、城镇居民幸福指数滞后于南京市的人口城镇化进程，说明南京市民享受城镇市民待遇的比率较低。泰州市、徐州市、盐城市、淮安市和连云港市的综合测度水平比其人口城镇化水平微低，说明这五个地级市在新型城镇化发展过程中后劲不足，与人口城镇化发展较不匹配。

2) 综合测量结果分析

由表10-12我们发现，江苏省及其13个地级市新型城镇化水平自2005年实施以来，总体

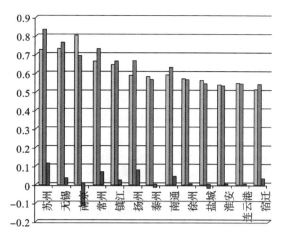

图 10-1　2012 年区域层面单一指标与复合指标对比分析图

趋势处于稳步上升状态,其中苏州市、无锡市、常州市、南京市和镇江市新型城镇化综合测度水平处于江苏省平均水平之上。江苏自 2005 年推动新型城镇化发展以来,由 0.348 上升到 0.661,平均每年上升 9.598 个百分点。从区域层面看,苏南的常州市和苏北的徐州市、盐城市、连云港市、淮安市和宿迁市,新型城镇化发展速度超过了 10%,说明这 6 个地级市的发展势头良好,更进一步说明江苏省在保持苏南的优势的情况下,大力扶持了苏北的新型城镇化发展,这也是江苏省新型城镇化水平得以平稳上升的根本动力之所在。宿迁市的发展速度尤为明显,成功摆脱"江苏最不发达地区"名声,这主要源于宿迁市在 2010 年开始大力发展文化产业和环境建设,新型城镇化发展相对和谐。

表 10-12　江苏省区域新型城镇化时间序列测度结果

区域	城市	2005年	2006年	2007年	2008年	2009年	2010年	2011年	2012年	平均增长速度
苏南	苏州	0.528	0.615	0.701	0.726	0.785	0.796	0.812	0.833	6.730
	无锡	0.471	0.551	0.587	0.647	0.691	0.715	0.749	0.763	7.134
	南京	0.421	0.493	0.539	0.574	0.621	0.668	0.685	0.690	7.313
	常州	0.373	0.467	0.519	0.575	0.659	0.689	0.716	0.728	10.024
苏中	镇江	0.363	0.402	0.453	0.495	0.561	0.613	0.648	0.664	9.010
	扬州	0.341	0.382	0.429	0.490	0.531	0.599	0.639	0.664	9.988
	泰州	0.335	0.384	0.418	0.449	0.497	0.557	0.561	0.566	7.780
	南通	0.345	0.403	0.461	0.490	0.528	0.593	0.611	0.629	8.959
苏北	徐州	0.270	0.279	0.365	0.417	0.459	0.497	0.532	0.563	11.069
	盐城	0.243	0.267	0.325	0.362	0.402	0.456	0.520	0.541	12.113
	淮安	0.254	0.280	0.346	0.389	0.441	0.498	0.518	0.530	11.080
	连云港	0.250	0.284	0.357	0.398	0.440	0.478	0.517	0.542	11.689
	宿迁	0.237	0.235	0.298	0.339	0.406	0.451	0.502	0.539	12.455
江苏省		0.348	0.388	0.445	0.491	0.540	0.593	0.635	0.661	9.598

我们将新型城镇化综合测度水平分为较高、一般、较低三个层次,为了更直观地表现江苏省新型城镇化水平的空间差异,采用 ArcGis 软件绘制空间分布图,如图 10-2 所示。由空间分布图可知新型城镇化水平呈阶梯状分布,苏南的苏州市、无锡市和常州市的新型城镇化水平最高,且远超过江苏省平均水平。南京市的新型城镇化水平一般,虽然作为省会可抢夺先机,但是南京市近年来人口城镇化扩展速度过快,导致其城镇人口并未真正实现市民化。泰州市虽为苏中的城市之一,但其新型城镇化水平却较差,主要源于泰州市城市资源相对紧缺。

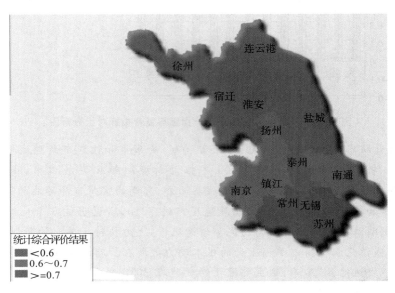

图 10-2　2012 年江苏省区域层面新型城镇化综合测度情况空间分布图

3)五种视角下新型城镇化综合测度结果分析

为进一步探索新型城镇化各个组成部分的发展情况,下面我们从人口城镇化、经济发展水平、城镇居民幸福指数、城市资源环境和城乡统筹一体化五个视角分别进行分析。经济发展水平的贡献度最高,达到 27.22%;人口城镇化的贡献度最低,只有 8.15%;城镇居民幸福指数、城市资源环境和城乡统筹一体化的贡献度分别为 24.07%、23.63% 和 16.93%。表 10-13 和图 10-3 显示,苏州市、无锡市和常州市不仅综合实力过硬,而且在每一视角下的测度值也位居前列。但多数城市新型城镇化综合测度水平与其在五种视角下的测度分值并不完全匹配,新型城镇化综合水平较高的城市也存在其薄弱环节,新型城镇化综合水平较低的城市,其城镇居民的幸福指数普遍较高。

表 10-13　2012 年江苏省区域新型城镇化综合测度结果

区　域	城　市	人口城镇化	经济发展水平	城镇居民幸福指数	城市资源环境	城乡统筹一体化	统计综合评价结果
苏南	苏州	0.035	0.257	0.204	0.186	0.151	0.833
	无锡	0.038	0.216	0.191	0.171	0.147	0.763
	南京	0.037	0.213	0.184	0.149	0.107	0.690
	常州	0.035	0.191	0.203	0.166	0.133	0.728

续表

区域	城市	人口城镇化	经济发展水平	城镇居民幸福指数	城市资源环境	城乡统筹一体化	统计综合评价结果
苏中	镇江	0.039	0.164	0.152	0.179	0.131	0.664
	扬州	0.041	0.139	0.197	0.178	0.110	0.664
	泰州	0.037	0.121	0.143	0.151	0.114	0.566
	南通	0.034	0.148	0.169	0.161	0.116	0.629
苏北	徐州	0.037	0.107	0.165	0.159	0.095	0.563
	盐城	0.050	0.101	0.154	0.142	0.094	0.541
	淮安	0.050	0.100	0.145	0.133	0.082	0.530
	连云港	0.044	0.097	0.162	0.147	0.093	0.542
	宿迁	0.039	0.089	0.146	0.154	0.111	0.539
江苏省		0.042	0.165	0.179	0.163	0.112	0.661

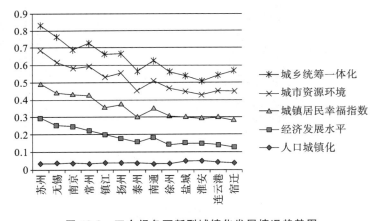

图 10-3 五个视角下新型城镇化发展情况趋势图

为了进一步观察五种视角下的排名,采用 ArcGIS 软件绘制空间分布图,如图 10-4 所示。由空间分布图可知,在人口城镇化视角下,淮安市、连云港市和盐城市的发展水平最优,宿迁市、扬州市和镇江市次之,徐州市、南京市、泰州市和无锡市较差,常州市、苏州市和南通市最差,重要原因在于淮安市、连云港市和盐城市的人口密度较小,老龄化问题不太突出,而常州市、苏州市和南通市的人口密度较大,南通市和常州市的老龄化问题已完全凸显出来。在经济发展水平视角下,南京市、苏州市、无锡市和常州市,由于其具有资源丰富、交通便利、毗邻上海经济区等优势,经济发展水平综合实力最强;镇江市、扬州市、泰州市、南通市和徐州市次之;连云港市、淮安市、盐城市和宿迁市,由于其基础相对薄弱且不具备得天独厚的优势,经济发展被边缘化。在城镇居民幸福指数视角下,苏州市、南京市、无锡市、常州市和扬州市城镇居民的幸福度最高;淮安市、盐城市、泰州市和镇江市城镇居民的幸福度最低,说明这四个城市的城镇人口市民化进程过慢,城镇人口没有在医疗、教育、保险、社会保障等方面实现真正的市民化。在城市资源视角下,苏州市、无锡市、常州市、镇江市、扬州市的水平最优,南通市、泰州市、徐州市和宿迁市次之,南京市、连云港市、盐城市和淮安市最差,主要原因在于连云港市、淮安市、盐城市和南京市这四个城市的环境治理较差,人均绿化面积明显不足,连云港市由于其城区较小,人均住房面积较为紧张。在城乡统筹一体化视角下,苏州市、无锡市、常州市、镇江市和宿迁市跃居高位,徐州市、连云港市、淮安市和盐城市最差,镇江市和宿迁市的城乡统筹较为突出。

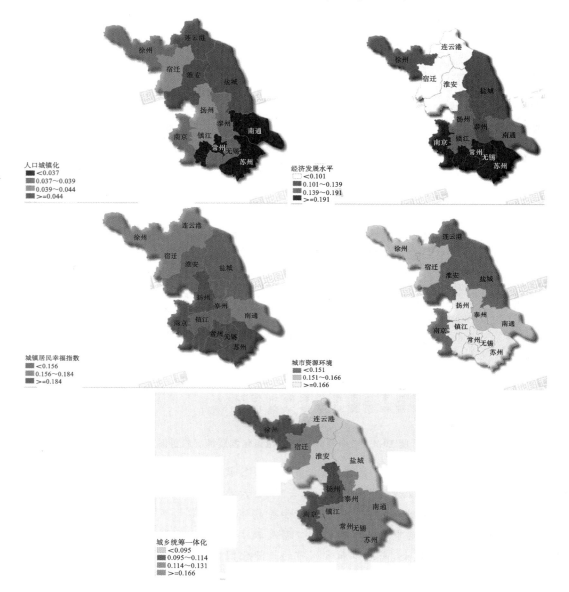

图10-4 五个视角下新型城镇化发展情况空间分布图

(三) 关于推进江苏省新型城镇化的政策建议

1. 改善城市环境,开辟城市资源

江苏省经过几十年的快速发展,区域生态环境遭受到了不同程度的破坏。改善城市环境,处理城市污染已刻不容缓,应做好宣传教育工作,从思想上提高广大居民保护环境的意识;加强城乡环境的监管,防止企业的污染源进入居民区,对已造成的污染要从根本上解决,杜绝事件再次发生;要保障新型城镇化能够可持续发展,就要不断开辟城市资源。

2. 不断提升居民幸福指数

新型城镇化的核心是以人为本,因此新型城镇化发展必须让尽可能多的居民满意。农民工的随迁子女要能够享受城镇居民子女同等的受教育权利,不可额外收取任何费用,这就需要省级财政乃至市级财政给予配套政策和补贴;农民工进城,允许其参加养老保险、医疗保险等社会保险,江苏省政府做好各项保障制度的衔接;加大社会公共服务的覆盖范围,开展农民工就业前培训和再就业培训,不断提升农民工的就业实力;进城居民要完全享有同等的社会福利政策;加大保障房投入力度,明确保障对象,确保保障房按需分配;江苏省的老龄化问题已经凸显苗头,政府要不断提升城乡居民的养老能力,真正让居民老有所依。

3. "苏北导向性"城乡统筹方针

江苏省自2005年推进新型城镇化发展以来,城乡统筹方面逐年稳步前进。通过对比分析,发现江苏省区域之间差距甚远,江苏省的13个地级市在逐步提升自身一体化的进程中,还要进行横向比较逐步缩小与发达区域一体化的差距。苏北一直是江苏省的欠发达地区,基础设施和实力较为落后,与苏南的差距尤为明显,因此江苏省政府要大力弘扬"苏北导向性",要想实现江苏省整体城乡一体化,省级财政就要不断加大财政转移支付力度,同时加大金融支持力度,加快苏北区域的发展。对苏南的发达区域,省级政府要侧重于政策扶持,出台更多的惠农政策,允许苏南的城市率先实现城乡一体化,为苏中及苏北的城市提供珍贵的实践经验。

附录A

YINGYONG TONGJI
YU SHIWU

附表一　随机数表

92459	46807	00742	98068	05715	91914	30368	76830	01471	31879
01990	61688	21317	58136	81372	32479	89450	54188	15032	52447
56357	03811	04824	53455	88755	30122	02839	71763	49639	06246
36783	05002	71761	35852	40640	62630	26769	02587	44623	95577
88822	11796	28561	27091	93013	64939	94299	98240	57450	18672
03478	89017	30466	54463	32998	45826	92196	84866	90728	60701
15272	84614	27404	33686	51283	72980	53589	61318	78649	06703
29596	47534	89805	95170	89816	58314	03649	64285	14682	12486
71904	81693	94887	45573	76874	74548	36851	48630	77916	78922
05201	51312	78986	27330	63194	98096	93212	74891	55099	02678
16510	95406	39078	31468	43577	67990	11287	27068	37874	61734
83316	94852	73159	76123	05010	08393	62827	13728	34709	39578
19962	86326	99855	14146	28341	93570	34163	59623	14103	63367
66852	52392	32115	75977	80723	96562	19388	64446	73949	83823
84161	37020	79694	35717	73417	15617	93437	46981	94838	12418
58837	30960	84272	38937	27926	95403	61816	32202	11343	99925
12971	62671	87151	80924	08413	22879	51701	84303	65556	20152
21036	13175	77916	31978	78896	69869	22225	13043	49858	81615
34152	24555	54366	40704	33111	00490	53198	52317	77478	30052
50434	17800	99805	32819	71033	83674	84640	67470	60922	25920
74643	91686	64861	13547	47668	02710	11434	82867	40442	23126
30774	56770	07259	58864	02002	78870	29737	79078	03891	96198
52766	31005	71786	78399	41418	73730	44254	81034	81391	60870
30583	57645	02821	46759	21611	81875	75570	71403	95020	90567
11411	87731	95412	14734	68216	24237	64399	57190	62003	08072

附表二 标准正态分布表

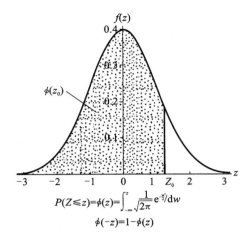

$$P(Z \leq z) = \phi(z) = \int_{-\infty}^{z} \frac{1}{\sqrt{2\pi}} e^{-\frac{w^2}{2}} dw$$

$$\phi(-z) = 1 - \phi(z)$$

Z	0.00	0.01	0.02	0.03	0.04	0.05	0.06	0.07	0.08	0.09
0.0	0.5000	0.5040	0.5080	0.5120	0.5160	0.5199	0.5239	0.5279	0.5319	0.5359
0.1	0.5398	0.5438	0.5478	0.5517	0.5557	0.5596	0.5636	0.5675	0.5714	0.5753
0.2	0.5793	0.5832	0.5871	0.5910	0.5948	0.5987	0.6026	0.6064	0.6103	0.6141
0.3	0.6179	0.6217	0.6255	0.6293	0.6331	0.6368	0.6406	0.6443	0.6480	0.6517
0.4	0.6554	0.6591	0.6628	0.6664	0.6700	0.6736	0.6772	0.6808	0.6808	0.6879
0.5	0.6915	0.6950	0.6985	0.7019	0.7054	0.7088	0.7123	0.7157	0.7190	0.7224
0.6	0.7257	0.7291	0.7324	0.7357	0.7389	0.7422	0.7454	0.7486	0.7517	0.7549
0.7	0.7580	0.7611	0.7642	0.7673	0.7703	0.7734	0.7764	0.7794	0.7823	0.7852
0.8	0.7881	0.7910	0.7939	0.7967	0.7995	0.8023	0.8051	0.8078	0.8106	0.8133
0.9	0.8159	0.8186	0.8212	0.8238	0.8264	0.8289	0.8315	0.8340	0.8365	0.8389
1.0	0.8413	0.8438	0.8461	0.8485	0.8508	0.8531	0.8554	0.8577	0.8599	0.8621
1.1	0.8643	0.8665	0.8686	0.8708	0.8729	0.8749	0.8770	0.8790	0.8810	0.8830
1.2	0.8849	0.8869	0.8888	0.8907	0.8925	0.8944	0.8962	0.8980	0.8997	0.9015
1.3	0.9032	0.9049	0.9066	0.9082	0.9099	0.9115	0.9131	0.9147	0.9162	0.9177
1.4	0.9192	0.9207	0.9222	0.9236	0.9251	0.9265	0.9279	0.9292	0.9306	0.9319
1.5	0.9332	0.9545	0.9357	0.9370	0.9382	0.9394	0.9406	0.9418	0.9429	0.9441
1.6	0.9452	0.9463	0.9474	0.9484	0.9495	0.9505	0.9515	0.9525	0.9535	0.9545
1.7	0.9554	0.9564	0.9573	0.9582	0.9591	0.9599	0.9608	0.9616	0.9625	0.9633

续表

Z	0.00	0.01	0.02	0.03	0.04	0.05	0.06	0.07	0.08	0.09
1.8	0.9641	0.9649	0.9656	0.9664	0.9671	0.9678	0.9686	0.9693	0.9699	0.9706
1.9	0.9713	0.9719	0.9726	0.9732	0.9738	0.9744	0.9750	0.9756	0.9761	0.9767
2.0	0.9772	0.9778	0.9783	0.9788	0.9793	0.9798	0.9803	0.9808	0.9812	0.9817
2.1	0.9821	0.9826	0.9830	0.9834	0.9838	0.9842	0.9846	0.9850	0.9854	0.9857
2.2	0.9861	0.9864	0.9868	0.9871	0.9875	0.9878	0.9881	0.9884	0.9887	0.9890
2.3	0.9893	0.9896	0.9898	0.9901	0.9904	0.9906	0.9909	0.9911	0.9913	0.9916
2.4	0.9918	0.9920	0.9922	0.9925	0.9927	0.9929	0.9931	0.9932	0.9934	0.9936
2.5	0.9938	0.9940	0.9941	0.9943	0.9945	0.9946	0.9948	0.9949	0.9951	0.9952
2.6	0.9953	0.9955	0.9956	0.9957	0.9959	0.9960	0.9961	0.9962	0.9963	0.9964
2.7	0.9965	0.9966	0.9967	0.9968	0.9969	0.9970	0.9971	0.9972	0.9973	0.9974
2.8	0.9974	0.9975	0.9976	0.9977	0.9977	0.9978	0.9979	0.9979	0.9980	0.9981
2.9	0.9981	0.9982	0.9982	0.9983	0.9984	0.9984	0.9985	0.9985	0.9986	0.9986
3.0	0.9987	0.9987	0.9987	0.9988	0.9988	0.9989	0.9989	0.9989	0.9990	0.9990
α	0.400	0.300	0.200	0.100	0.050	0.025	0.020	0.010	0.005	0.001
Z_α	0.253	0.524	0.842	1.282	1.645	1.960	2.054	2.326	2.576	3.090
$Z_{\alpha/2}$	0.842	1.036	1.282	1.645	1.960	2.240	2.326	2.576	2.807	3.291

附表三 t 分布临界值表

查表时注意：v 指自由度，并分为单侧检验和双侧检验两种情况，下面示意图所示是单侧检验的情形。

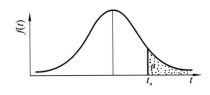

自由度 v	单侧 $\alpha=0.10$ 双侧 $\alpha=0.20$	单侧 $\alpha=0.05$ 双侧 $\alpha=0.10$	单侧 $\alpha=0.025$ 双侧 $\alpha=0.05$	单侧 $\alpha=0.01$ 双侧 $\alpha=0.02$	单侧 $\alpha=0.005$ 双侧 $\alpha=0.01$
1	3.078	6.314	12.706	31.821	63.657
2	1.886	2.920	4.303	6.965	9.925
3	1.638	2.353	3.182	4.541	5.841
4	1.533	2.132	2.776	3.747	4.604
5	1.476	2.015	2.571	3.365	4.032
6	1.440	1.943	2.447	3.143	3.707
7	1.415	1.895	2.365	2.998	3.499
8	1.397	1.860	2.306	2.896	2.355
9	1.383	1.833	2.262	2.821	3.250
10	1.372	1.812	2.228	2.764	3.169
11	1.363	1.796	2.201	2.718	3.106
12	1.356	1.782	2.179	2.681	3.055
13	1.350	1.771	2.160	2.650	3.012
14	1.345	1.761	2.145	2.624	2.977
15	1.341	1.753	2.131	2.602	2.947
16	1.337	1.746	2.120	2.583	2.921
17	1.333	1.740	2.110	2.567	2.898
18	1.330	1.734	2.101	2.552	2.878
19	1.328	1.729	2.093	2.539	2.861
20	1.325	1.725	2.086	2.528	2.845
21	1.323	1.721	2.080	2.518	2.831
22	1.321	1.717	2.074	2.508	2.819
23	1.319	1.714	2.069	2.500	2.807
24	1.318	1.711	2.064	2.492	2.797
25	1.316	1.708	2.060	2.485	2.787
26	1.315	1.706	2.056	2.479	2.779
27	1.314	1.703	2.052	2.473	2.771

续表

自由度 v	单侧 $\alpha=0.10$ 双侧 $\alpha=0.20$	单侧 $\alpha=0.05$ 双侧 $\alpha=0.10$	单侧 $\alpha=0.025$ 双侧 $\alpha=0.05$	单侧 $\alpha=0.01$ 双侧 $\alpha=0.02$	单侧 $\alpha=0.005$ 双侧 $\alpha=0.01$
28	1.313	1.701	2.048	2.467	2.763
29	1.311	1.699	2.045	2.462	2.756
30	1.310	1.697	2.042	2.457	2.750
40	1.303	1.684	2.021	2.423	2.704
50	1.299	1.676	2.009	2.403	2.678
60	1.296	1.671	2.000	2.390	2.660
70	1.294	1.667	1.994	2.381	2.648
80	1.292	1.664	1.990	2.374	2.639
90	1.291	1.662	1.987	2.368	2.632
100	1.290	1.660	1.984	2.364	2.626
125	1.288	1.657	1.979	2.357	2.616
150	1.287	1.655	1.976	2.351	2.609
200	1.286	1.653	1.972	2.345	2.601
∞	1.282	1.645	1.960	2.326	2.576

附表四 χ^2 分布临界值表

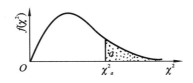

自 由 度	$\chi^2_{0.995}$	$\chi^2_{0.990}$	$\chi^2_{0.975}$	$\chi^2_{0.950}$	$\chi^2_{0.900}$
1	0.0000393	0.0001571	0.0009821	0.0039321	0.0157908
2	0.0100251	0.0201007	0.0506356	0.102587	0.210720
3	0.0717212	0.114832	0.215795	0.351846	0.584375
4	0.206990	0.297110	0.484419	0.710721	1.063623
5	0.411740	0.554300	0.831211	1.145476	1.61031
6	0.675727	0.872085	1.237347	1.63539	2.20413
7	0.989265	1.239043	1.68987	2.16735	2.83311
8	1.344419	1.646482	2.17973	2.73264	3.48954
9	1.734926	2.087912	2.70039	3.32511	4.16816
10	2.15585	2.55821	3.24697	3.94030	4.86518
11	2.60321	3.05347	3.81575	4.57481	5.57779
12	3.07382	3.57056	4.40379	5.22603	6.30380
13	3.56503	4.10691	5.00874	5.89186	7.04150
14	4.07468	4.66043	5.62872	6.57063	7.78953
15	4.60094	5.22935	6.26214	7.26094	8.54675
16	5.14224	5.81221	6.90766	7.96164	9.31223
17	5.69724	6.40776	7.56418	8.67176	10.0852
18	6.26481	7.01491	8.23075	9.39046	10.8649
19	6.84398	7.63273	8.90655	10.1170	11.6509
20	7.43386	8.26040	9.59083	10.8508	12.4426
21	8.03366	8.89720	10.28293	11.5913	13.2396
22	8.64272	9.54249	10.9823	12.3380	14.0415
23	9.26042	10.19567	11.6885	13.0905	14.8479
24	9.88623	10.8564	12.40011	13.8484	15.6587
25	10.5197	11.5240	13.1197	14.6114	16.4734
26	11.1603	12.1981	13.8439	15.3791	17.2919
27	11.8076	12.8786	14.5733	16.1513	18.1138
28	12.4613	13.5648	15.3079	16.9279	18.9392

续表

自由度	$\chi^2_{0.995}$	$\chi^2_{0.990}$	$\chi^2_{0.975}$	$\chi^2_{0.950}$	$\chi^2_{0.900}$
29	13.1211	14.2565	16.0471	17.7083	19.7677
30	13.7867	14.9535	16.7908	18.4926	20.5992
40	20.7065	22.1643	24.4331	26.5093	29.0505
50	27.9907	29.7067	32.3574	34.7642	37.6886
60	35.5346	37.4848	40.4817	43.1879	46.4589
70	43.2752	45.4418	18.7576	51.7393	55.3290
80	51.1720	53.5400	57.1532	60.3915	64.2778
90	59.1963	61.7541	65.6466	69.1260	73.2912
100	67.3276	70.0648	74.2219	77.9295	82.3581
150	109.142	112.668	117.985	122.692	128.275
200	152.241	156.432	162.728	168.279	174.835
300	240.663	245.972	253.912	260.878	269.068
400	330.903	337.155	346.482	354.641	364.207
500	422.303	429.388	439.936	449.147	459.926

自由度	$\chi^2_{0.100}$	$\chi^2_{0.050}$	$\chi^2_{0.025}$	$\chi^2_{0.010}$	$\chi^2_{0.005}$
1	2.70554	3.84146	5.02389	6.63490	7.87944
2	4.60517	5.99147	7.37776	9.21034	10.5966
3	6.25139	7.81473	9.34840	11.3449	12.8381
4	7.77944	9.48773	11.1433	13.2767	14.8602
5	9.23635	11.0705	12.8325	15.0863	16.7496
6	10.6446	12.5916	14.4494	16.8119	18.5476
7	12.0170	14.0671	16.0128	18.4753	20.2777
8	13.3616	15.5073	17.5346	20.0902	21.9550
9	14.6837	16.9190	19.0228	21.6660	23.5893
10	15.9871	18.3070	20.4831	23.2093	25.1882
11	17.2750	19.6751	21.9200	24.7250	26.7569
12	18.5494	21.0261	23.3367	26.2170	28.2995
13	19.8119	22.3621	24.7356	27.6883	29.8194
14	21.0642	23.6848	26.1190	29.1413	31.3193
15	22.3072	24.9958	27.4884	30.5779	32.8013
16	23.5418	26.2962	28.8454	31.9999	34.2672
17	24.7690	27.5871	30.1910	33.4087	35.7185

续表

自 由 度	$\chi^2_{0.100}$	$\chi^2_{0.050}$	$\chi^2_{0.025}$	$\chi^2_{0.010}$	$\chi^2_{0.005}$
18	25.9894	28.8693	31.5264	34.8053	37.1564
19	27.2036	30.1435	35.8523	36.1908	38.5822
20	28.4120	31.4104	34.1696	37.5662	39.9968
21	29.6151	32.6705	35.4789	38.9321	41.4010
22	30.8133	33.9244	36.7807	40.2894	42.7956
23	32.0069	35.1725	38.0757	41.6384	44.1813
24	33.1963	36.4151	39.3641	42.9798	45.5585
25	34.3816	37.6525	40.6465	44.3141	46.9278
26	36.5631	38.8852	41.9232	45.6417	48.2899
27	36.7412	40.1133	43.1944	46.9630	49.6449
28	37.9159	41.3372	44.4607	48.2782	50.9933
29	39.0875	42.5569	45.7222	49.5879	52.3356
30	40.2560	43.7729	46.9792	50.8922	53.6720
40	51.8050	55.7585	59.3417	63.6907	66.7659
50	63.1671	67.5048	71.4202	76.1539	79.4900
60	74.3970	79.0819	83.2976	88.3794	91.9517
70	85.5271	90.5312	95.0231	100.425	104.215
80	96.5782	101.879	106.629	112.329	116.321
90	107.565	113.145	118.136	124.116	128.299
100	118.498	124.342	129.561	135.807	140.169
150	172.581	179.581	185.800	193.208	198.360
200	226.021	233.994	241.058	249.445	255.264
300	331.789	341.395	349.874	359.906	366.844
400	436.649	447.632	457.306	468.724	479.606
500	540.930	553.127	563.852	576.493	585.207

附表五　F 分布临界值表

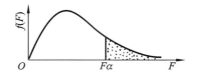

F 分布临界值表（α=0.05）

v_2 \ v_1	1	2	3	4	5	6	8	10	15
1	161.4	199.5	215.7	224.6	230.2	234.0	238.9	241.9	245.9
2	18.51	19.00	19.16	19.25	19.30	19.33	19.37	19.40	19.43
3	10.13	9.55	9.28	9.12	9.01	8.94	8.85	8.79	8.70
4	7.71	6.94	6.59	6.39	6.26	6.16	6.04	5.96	5.86
5	6.61	5.79	5.41	5.19	5.05	4.95	4.82	4.74	4.62
6	5.99	5.14	4.76	4.53	4.39	4.28	4.15	4.06	3.94
7	5.59	4.74	4.35	4.12	3.97	3.87	3.73	3.64	3.51
8	5.32	4.46	4.07	3.84	3.69	3.58	3.44	3.35	3.22
9	5.12	4.26	3.86	3.63	3.48	3.37	3.23	3.14	3.01
10	4.96	4.10	3.71	3.48	3.33	3.22	3.07	2.98	2.85
11	4.84	3.98	3.59	3.36	3.20	3.09	2.95	2.85	2.72
12	4.75	3.89	3.49	3.26	3.11	3.00	2.85	2.75	2.62
13	4.67	3.81	3.41	3.18	3.03	2.92	2.77	2.67	2.53
14	4.60	3.74	3.34	3.11	2.96	2.85	2.70	2.60	2.46
15	4.54	3.68	3.29	3.06	2.90	2.79	2.64	2.54	2.40
16	4.49	3.63	3.24	3.01	2.85	2.74	2.59	2.49	2.35
17	4.45	3.59	3.20	2.96	2.81	2.70	2.55	2.45	2.31
18	4.41	3.55	3.16	2.93	2.77	2.66	2.51	2.41	2.27
19	4.38	3.52	3.13	2.90	2.74	2.63	2.48	2.38	2.23
20	4.35	3.49	3.10	2.87	2.71	2.60	2.45	2.35	2.20
21	4.32	3.47	3.07	2.84	2.68	2.57	2.42	2.32	2.18
22	4.30	3.44	3.05	2.82	2.66	2.55	2.40	2.30	2.15
23	4.28	3.42	3.03	2.80	2.64	2.53	2.37	2.27	2.13
24	4.26	3.40	3.01	2.78	2.62	2.51	2.36	2.25	2.11
25	4.24	3.39	2.99	2.76	2.60	2.49	2.34	2.24	2.09
26	4.23	3.37	2.98	2.74	2.59	2.47	2.32	2.22	2.07
27	4.21	3.35	2.96	2.73	2.57	2.46	2.31	2.20	2.06

续表

v_2 \ v_1	1	2	3	4	5	6	8	10	15
28	4.20	3.34	2.95	2.71	2.56	2.45	2.29	2.19	2.04
29	4.18	3.33	2.93	2.70	2.55	2.43	2.28	2.18	2.03
30	4.17	3.32	2.92	2.69	2.53	2.42	2.27	2.16	2.01
40	4.08	3.23	2.84	2.61	2.45	2.34	2.18	2.08	1.92
50	4.03	3.18	2.79	2.56	2.40	2.29	2.13	2.03	1.87
60	4.00	3.15	2.76	2.53	2.37	2.25	2.10	1.99	1.84
70	3.98	3.13	2.74	2.50	2.35	2.23	2.07	1.97	1.81
80	3.96	3.11	2.72	2.49	2.33	2.21	2.06	1.95	1.79
90	3.95	3.10	2.71	2.47	2.32	2.20	2.04	1.94	1.78
100	3.94	3.09	2.70	2.46	2.31	2.19	2.03	1.93	1.77
125	3.92	3.07	2.68	2.44	2.29	2.17	2.01	1.91	1.75
150	3.90	3.06	2.66	2.43	2.27	2.16	2.00	1.89	1.73
200	3.89	3.04	2.65	2.42	2.26	2.14	1.98	1.88	1.72
∞	3.84	3.00	2.60	2.37	2.21	2.10	1.94	1.83	1.67

F 分布临界值表 ($\alpha = 0.01$)

v_2 \ v_1	1	2	3	4	5	6	8	10	15
1	4052	4999	5403	5625	5764	5859	5981	6065	6157
2	98.50	99.00	99.17	99.25	99.30	99.33	99.37	99.40	99.43
3	34.12	30.82	29.46	28.71	28.24	27.91	27.49	27.23	26.87
4	21.20	18.00	16.69	15.98	15.52	15.21	14.80	14.55	14.20
5	16.26	13.27	12.06	11.39	10.97	10.67	10.29	10.05	9.72
6	13.75	10.92	9.78	9.15	8.75	8.47	8.10	7.87	7.56
7	12.25	9.55	8.45	7.85	7.46	7.19	6.84	6.62	6.31
8	11.26	8.65	7.59	7.01	6.63	6.37	6.03	5.81	5.52
9	10.56	8.02	6.99	6.42	6.06	5.80	5.47	5.26	4.96
10	10.04	7.56	6.55	5.99	5.64	5.39	5.06	4.85	4.56
11	9.65	7.21	6.22	5.67	5.32	5.07	4.74	4.54	4.25
12	9.33	6.93	5.95	5.41	5.06	4.82	4.50	4.30	4.01
13	9.07	6.70	5.74	5.21	4.86	4.62	4.30	4.10	3.82
14	8.86	6.51	5.56	5.04	4.69	4.46	4.14	3.94	3.66

续表

v_1 \ v_2	1	2	3	4	5	6	8	10	15
15	8.86	6.36	5.42	4.89	4.56	4.32	4.00	3.80	3.52
16	8.53	6.23	5.29	4.77	4.44	4.20	3.89	3.69	3.41
17	8.40	6.11	5.19	4.67	4.34	4.10	3.79	3.59	3.31
18	8.29	6.01	5.09	4.58	4.25	4.01	3.71	3.51	3.23
19	8.18	5.93	5.01	4.50	4.17	3.94	3.63	3.43	3.15
20	8.10	5.85	4.94	4.43	4.10	3.87	3.56	3.37	3.09
21	8.02	5.78	4.87	4.37	4.04	3.81	3.51	3.31	3.03
22	7.95	5.72	4.82	4.31	3.99	3.76	3.45	3.26	2.98
23	7.88	5.66	4.76	4.26	3.94	3.71	3.41	3.21	2.93
24	7.82	5.61	4.72	4.22	3.90	3.67	3.36	3.17	2.89
25	7.77	5.57	4.68	4.18	3.85	3.63	3.32	3.13	2.85
26	7.72	5.53	4.64	4.14	3.82	3.59	3.29	3.09	2.81
27	7.68	5.49	4.60	4.11	3.78	3.56	3.26	3.06	2.78
28	7.64	5.45	4.57	4.07	3.75	3.53	3.23	3.03	2.75
29	7.60	5.42	4.54	4.04	3.73	3.50	3.20	3.00	2.73
30	7.56	5.39	4.51	4.02	3.70	3.47	3.17	2.98	2.70
40	7.31	5.18	4.31	3.83	3.51	3.29	2.99	2.80	2.52
50	7.17	5.06	4.20	3.72	3.41	3.19	2.89	2.70	2.42
60	7.08	4.98	4.13	3.65	3.34	3.12	2.82	2.63	2.35
70	7.01	4.92	4.07	3.60	3.29	3.07	2.78	2.59	2.31
80	6.96	4.88	4.04	3.56	3.26	3.04	2.74	2.55	2.27
90	6.93	4.85	4.01	3.53	3.23	3.01	2.72	2.52	2.42
100	6.90	4.82	3.98	3.51	3.21	2.99	2.69	2.50	2.22
125	6.84	4.78	3.94	3.47	3.17	2.95	2.66	2.47	2.19
150	6.81	4.75	3.91	3.45	3.14	2.92	2.63	2.41	2.13
200	6.76	4.71	3.88	3.41	3.11	2.89	2.60	2.41	2.13
∞	6.63	4.61	3.78	3.32	3.02	2.80	2.51	2.23	2.04

附表六　单样本 K-S 检验统计量表

$$D_n = \sup_x [\,|F_n(x) - F_0(x)|\,]$$
$$\alpha = 1 - P(D_n \leqslant d)$$

双侧检验的右尾概率

N	0.200	0.100	0.050	0.020	0.010	N	0.200	0.100	0.050	0.020	0.010
1	0.900	0.950	0.978	0.990	0.995	21	0.226	0.259	0.287	0.321	0.344
2	0.684	0.776	0.842	0.900	0.929	22	0.221	0.253	0.281	0.314	0.337
3	0.565	0.636	0.708	0.785	0.829	23	0.216	0.247	0.275	0.307	0.330
4	0.493	0.565	0.624	0.689	0.734	24	0.212	0.242	0.269	0.301	0.323
5	0.447	0.509	0.563	0.627	0.669	25	0.208	0.238	0.264	0.295	0.317
6	0.410	0.458	0.519	0.577	0.617	26	0.204	0.233	0.259	0.290	0.311
7	0.381	0.436	0.483	0.538	0.576	27	0.200	0.229	0.254	0.284	0.305
8	0.358	0.410	0.454	0.507	0.542	28	0.197	0.225	0.250	0.279	0.300
9	0.339	0.387	0.430	0.480	0.513	29	0.193	0.221	0.246	0.275	0.295
10	0.323	0.369	0.409	0.457	0.489	30	0.190	0.218	0.242	0.270	0.290
11	0.308	0.352	0.391	0.437	0.468	31	0.187	0.214	0.238	0.266	0.285
12	0.296	0.338	0.375	0.419	0.449	32	0.184	0.211	0.234	0.262	0.281
13	0.285	0.325	0.361	0.404	0.432	33	0.182	0.208	0.231	0.258	0.277
14	0.275	0.314	0.349	0.390	0.418	34	0.179	0.205	0.227	0.254	0.273
15	0.266	0.304	0.338	0.377	0.404	35	0.177	0.202	0.224	0.251	0.269
16	0.258	0.295	0.327	0.366	0.392	36	0.174	0.199	0.221	0.247	0.265
17	0.250	0.286	0.318	0.355	0.381	37	0.172	0.196	0.218	0.244	0.262
18	0.244	0.279	0.309	0.346	0.371	38	0.170	0.194	0.215	0.241	0.258
19	0.237	0.271	0.310	0.337	0.361	39	0.168	0.191	0.213	0.238	0.255
20	0.232	0.265	0.294	0.329	0.352	40	0.165	0.189	0.210	0.235	0.252
	0.100	0.050	0.025	0.010	0.005		0.100	0.050	0.025	0.010	0.005

如果 $N > 40$，则按下面的计算得到近似的概率：

0.200	0.100	0.050	0.020	0.010
$1.07\sqrt{N}$	$1.22\sqrt{N}$	$1.36\sqrt{N}$	$1.52\sqrt{N}$	$1.63\sqrt{N}$
0.100	0.050	0.025	0.010	0.005

附表七 符号检验界域表

N	α 0.05	0.01	N	α 0.05	0.01	N	α 0.05	0.01
≤8	0	0	36	11	9	64	23	21
9	1	0	37	12	10	65	24	21
10	1	0	38	12	10	66	24	22
11	1	0	39	12	11	67	25	22
12	2	1	40	13	11	68	25	22
13	2	1	41	13	11	69	25	23
14	2	1	42	14	12	70	26	23
15	3	2	43	14	12	71	26	24
16	3	2	44	15	13	72	27	24
17	4	2	45	15	13	73	27	25
18	4	3	46	15	13	74	28	25
19	4	3	47	16	14	75	28	25
20	5	3	48	16	14	76	28	26
21	5	4	49	17	15	77	29	26
22	5	4	50	17	15	78	29	27
23	6	4	51	18	15	79	30	27
24	6	5	52	18	16	80	30	28
25	7	5	53	18	16	81	31	28
26	7	6	54	19	17	82	31	28
27	7	6	55	19	17	83	32	29
28	8	6	56	20	17	84	32	29
29	8	7	57	20	18	85	32	30
30	9	7	58	21	18	86	33	30
31	9	7	59	21	19	87	33	31
32	9	8	60	21	19	88	34	31
33	10	8	61	22	20	89	34	31
34	10	9	62	22	20	90	35	32
35	11	9	63	23	20			

附表八　游程检验临界值表

表中对应于 n_1 与 n_2 的有两行数值。若 R 等于或小于上行数值，或者等于或大于下行数值，则在 $\alpha=0.025$（单侧检验）或 $\alpha=0.05$（双侧检验）水平上判定序列为非随机的。

n_1 \ n_2	2	3	4	5	6	7	8	9	10	11	12	13	14	15	16	17	18	19	20
2											2	2	2	2	2	2	2	2	2
3				2	2	2	2	2	2	2	2	2	2	3	3	3	3	3	3
4			2 9	2 9	2	3	3	3	3	3	3	3	3	4	4	4	4	4	4
5			2 9	2 10	3 10	3 11	3 11	3	3	4	4	4	4	4	4	4	5	5	5
6		2	2 9	3 10	3 11	3 12	3 12	4 13	4 13	4 13	4 13	5	5	5	5	5	5	6	6
7		2	2 11	3 12	3 13	3 13	4 14	4 14	5 14	5 14	5 15	5 15	5 15	6 15	6	6	6	6	6
8		2	3	3 11	3 12	4 13	4 14	5 14	5 15	5 15	6 16	6 16	6 16	6 16	7 17	7 17	7 17	7 17	7 17
9		2	3	3	4 13	4 14	5 14	5 15	5 16	6 16	6 16	7 17	7 17	7 18	7 18	8 18	8 18	8 18	8 18
10		2	3	4		4 13	4 14	5 14	5 15	6 16	6 16	6 16	7 17	7 17	7 18	7 18	8 18	8 18	8 18
11		2	3	4		4 13	5 14	5 15	6 16	6 17	7 17	7 18	7 19	8 19	8 19	8 20	9 20	9 20	9 21	9 21
12	2	2	3	4		4 13	5 14	6 16	6 16	7 17	7 18	7 19	8 19	8 20	8 20	9 21	9 21	9 21	10 22	10 22
13	2	2	3	4	5	5 15	6 16	6 17	7 18	7 19	8 19	8 20	9 20	9 21	9 21	10 22	10 22	10 23	10 23
14	2	2	3	4	5	5 15	6 16	7 17	7 18	8 19	8 20	9 20	9 21	9 22	10 22	10 23	10 23	11 23	11 24
15	2	3	3	4	5	6 15	6 16	7 17	7 18	8 19	8 20	9 20	9 21	10 21	10 22	11 22	11 23	11 23	12 23
16	2	3	4	4	5	6	6 17	7 18	8 19	8 20	9 21	9 21	10 22	10 23	11 23	11 24	11 25	12 25	12 25
17	2	3	4	4	5	6	7 17	7 18	8 19	9 20	9 21	10 22	10 23	11 23	11 24	11 25	12 25	12 26	13 26

续表

n_1 \ n_2	2	3	4	5	6	7	8	9	10	11	12	13	14	15	16	17	18	19	20
18	2	3	4	5	5	6	7 17	8 18	8 19	9 20	9 21	10 22	10 23	11 24	11 25	12 25	12 26	13 26	13 27
19	2	3	4	5	6	6	7 17	8 18	8 20	9 21	10 22	10 23	11 23	11 24	12 25	12 26	13 26	13 27	13 27
20	2	3	4	5	6	6	7 17	8 18	9 20	9 21	10 22	10 23	11 24	12 25	12 25	13 26	13 27	13 27	14 28

附表九 相关系数临界值表

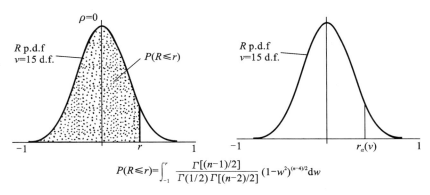

$$P(R\leqslant r)=\int_{-1}^{r}\frac{\Gamma[(n-1)/2]}{\Gamma(1/2)\Gamma[(n-2)/2]}(1-w^2)^{(n-4)/2}dw$$

$v=n-2$	$P(R\leqslant r)$			
	0.95	0.975	0.99	0.995
	$r_{0.05}(v)$	$r_{0.025}(v)$	$r_{0.01}(v)$	$r_{0.005}(v)$
1	0.9877	0.9969	0.9995	0.9999
2	0.9000	0.9500	0.9800	0.9900
3	0.8053	0.8783	0.9343	0.9587
4	0.7292	0.8113	0.8822	0.9172
5	0.6694	0.7544	0.8329	0.8745
6	0.6215	0.7067	0.7887	0.8343
7	0.5822	0.6664	0.7497	0.7977
8	0.5493	0.6319	0.7154	0.7646
9	0.5214	0.6020	0.6850	0.7348
10	0.4972	0.5759	0.6581	0.7079
11	0.4761	0.5529	0.6338	0.6835
12	0.4575	0.5323	0.6120	0.6613
13	0.4408	0.5139	0.5922	0.6411
14	0.4258	0.4973	0.5742	0.6226
15	0.4123	0.4821	0.5577	0.6054
16	0.4000	0.4683	0.5425	0.5897
17	0.3887	0.4555	0.5285	0.5750
18	0.3783	0.4437	0.5154	0.5614
19	0.3687	0.4328	0.5033	0.5487
20	0.3597	0.4226	0.4920	0.5367
25	0.3232	0.3808	0.4450	0.4869
30	0.2959	0.3494	0.4092	0.4487

续表

$v=n-2$	$P(R\leqslant r)$			
	0.95	0.975	0.99	0.995
	$r_{0.05}(v)$	$r_{0.025}(v)$	$r_{0.01}(v)$	$r_{0.005}(v)$
35	0.2746	0.3246	0.3809	0.4182
40	0.2572	0.3044	0.3578	0.3931
45	0.2428	0.2875	0.3383	0.3721
50	0.2306	0.2732	0.3218	0.3541
60	0.2108	0.2500	0.2948	0.3248
70	0.1954	0.2318	0.2736	0.3017
80	0.1829	0.2172	0.2565	0.2829
90	0.1725	0.2049	0.2422	0.2673
100	0.1638	0.1946	0.2300	0.2540

附表十 Spearman 等级相关系数临界值表

$$P(r_s \geqslant c_\alpha) = \alpha$$

$\alpha(2)$	0.20	0.10	0.05	$\alpha(2)$	0.20	0.10	0.05
$\alpha(1)$	0.10	0.05	0.025	$\alpha(1)$	0.10	0.05	0.025
n				n			
4	1.000	1.000		29	0.245	0.312	0.368
5	0.800	0.900	1.000	30	0.240	0.306	0.362
6	0.657	0.829	0.886	31	0.236	0.301	0.356
7	0.571	0.714	0.786	32	0.232	0.296	0.350
8	0.524	0.643	0.738	33	0.229	0.291	0.345
9	0.483	0.600	0.700	34	0.225	0.287	0.340
10	0.455	0.564	0.648	35	0.222	0.283	0.335
11	0.427	0.536	0.618	36	0.219	0.279	0.330
12	0.406	0.503	0.587	37	0.216	0.275	0.325
13	0.385	0.484	0.560	38	0.212	0.271	0.321
14	0.367	0.464	0.538	39	0.210	0.267	0.317
15	0.354	0.446	0.521	40	0.207	0.264	0.313
16	0.341	0.429	0.503	41	0.204	0.261	0.309
17	0.328	0.414	0.485	42	0.202	0.257	0.305
18	0.317	0.401	0.472	43	0.199	0.254	0.301
19	0.309	0.391	0.460	44	0.197	0.251	0.298
20	0.299	0.380	0.447	45	0.194	0.248	0.294
21	0.292	0.370	0.435	46	0.192	0.246	0.291
22	0.284	0.361	0.425	47	0.190	0.243	0.288
23	0.278	0.353	0.415	48	0.188	0.240	0.285
24	0.271	0.344	0.406	49	0.186	0.238	0.282
25	0.265	0.337	0.398	50	0.184	0.235	0.279
26	0.259	0.331	0.390	51	0.182	0.233	0.276
27	0.255	0.324	0.382	52	0.180	0.231	0.274
28	0.250	0.317	0.375	53	0.179	0.228	0.271

附表十一　Kendall 等级相关系数临界值表

$P(K \geq c_a) \leq \alpha$

n	α		
	0.025	0.05	0.10
5	1.000	0.800	0.800
6	0.867	0.733	0.600
7	0.714	0.619	0.524
8	0.643	0.571	0.429
9	0.556	0.500	0.389
10	0.511	0.467	0.378
11	0.491	0.418	0.345
12	0.455	0.394	0.303
13	0.436	0.359	0.308
14	0.407	0.363	0.275
15	0.390	0.333	0.276
16	0.383	0.317	0.250
17	0.368	0.309	0.250
18	0.346	0.294	0.242
19	0.333	0.287	0.228
20	0.326	0.274	0.221
21	0.314	0.267	0.210
22	0.307	0.264	0.203
23	0.296	0.257	0.202
24	0.290	0.246	0.196
25	0.287	0.240	0.193
26	0.280	0.237	0.188
27	0.271	0.231	0.179
28	0.265	0.228	0.180
29	0.261	0.222	0.172
30	0.255	0.218	0.172
31	0.252	0.213	0.166
32	0.246	0.210	0.165
33	0.242	0.205	0.163

续表

n	α		
	0.025	0.05	0.10
34	0.237	0.201	0.159
35	0.234	0.197	0.156
36	0.232	0.194	0.152
37	0.228	0.192	0.150
38	0.223	0.189	0.149
39	0.220	0.188	0.147
40	0.218	0.185	0.144

附表十二 控制图系数表

样本容量 n	极差 R 系数		$\bar{x}-R$ 图		
			$\bar{\bar{x}} \pm A_2\bar{R}$	$D_3\bar{R}$	$D_4\bar{R}$
	d_2	d_3	A_2	D_3	D_4
2	1.128	0.853	1.880	—	3.267
3	1.693	0.888	1.023	—	2.575
4	2.059	0.880	0.729	—	2.282
5	2.326	0.864	0.577	—	2.115
6	2.534	0.848	0.483	—	2.004
7	2.704	0.833	0.419	0.076	1.924
8	2.847	0.820	0.373	0.136	1.864
9	2.970	0.808	0.337	0.184	1.816
10	3.038	0.797	0.308	0.223	1.777

$x-R_s$ 图

x 图 $\begin{cases} \text{UCL}=\bar{x}+2.66\bar{R}_s \\ \text{LCL}=\bar{x}-2.66\bar{R}_s \end{cases}$ R_s 图 $\begin{cases} \text{UCL}=3.27\bar{R}_s \\ \text{LCL}<0 \end{cases}$

样本容量 n	$\bar{\bar{x}}$ 图	x 图（成组）	$\bar{x}-S$ 图		
	$\bar{\bar{x}} \pm m_3A_2\bar{R}$	$\bar{x} \pm E_2\bar{R}$	$\bar{\bar{x}} \pm A_1^*\bar{S}$	$B_3\bar{S}$	$B_4\bar{S}$
	m_3A_2	E_2	A_1^*	B_3	B_4
2	1.880	2.659	2.659	—	3.267
3	1.187	1.772	1.954	—	2.568
4	0.796	1.457	1.628	—	2.266
5	0.691	1.290	1.427	—	2.089
6	0.549	1.184	1.287	0.030	1.970
7	0.509	1.109	1.182	0.118	1.882
8	0.432	1.054	1.099	0.185	1.815
9	0.412	1.010	1.032	0.239	1.761
10	0.363	0.975	0.975	0.284	1.716
11			0.927	0.321	1.679
12			0.886	0.353	1.646
13			0.850	0.382	1.618
14			0.817	0.406	1.594
15			0.789	0.428	1.572
16			0.763	0.448	1.552
17			0.739	0.466	1.534

续表

样本容量 n	$\bar{x}$ 图		x 图（成组）	$\bar{x}-S$ 图		
	$\bar{\bar{x}} \pm m_3 A_2 \bar{R}$		$\bar{x} \pm E_2 \bar{R}$	$\bar{\bar{x}} \pm A_1{}^* \bar{S}$	$B_3 \bar{S}$	$B_4 \bar{S}$
	$m_3 A_2$		E_2	$A_1{}^*$	B_3	B_4
18				0.718	0.482	1.518
19				0.698	0.497	1.503
20				0.680	0.510	1.490
>20				$\dfrac{3}{\sqrt{n}}(1+\dfrac{1}{4n})$	$1-\dfrac{3}{\sqrt{2n}}$	$1+\dfrac{3}{\sqrt{2n}}$

参考文献

REFERENCES

[1] 曾五一,肖红叶.统计学导论[M].2版.北京:科学出版社,2015.
[2] 贾俊平,何晓群,金勇进.统计学[M].7版.北京:中国人民大学出版社,2018.
[3] 贾俊平.统计学——基于Excel[M].北京:中国人民大学出版社,2017.
[4] 张宏亮,龙林,周永红.统计学——实验与习题指导[M].成都:西南财经大学出版社,2011.
[5] 曾五一.统计学[M].2版.北京:中国金融出版社,2011.
[6] 戴维·莱文,蒂莫西·克雷比尔,马克·贝伦森.商务统计学(英文版)[M].6版.北京:中国人民大学出版社,2017.
[7] 袁卫,刘超.统计学——思想、方法与应用[M].2版.北京:中国人民大学出版社,2016.
[8] 曹玲玲.统计学[M].北京:中国石化出版社,2015.